Hauptmann · Italienische Reise

Herrn Karl S. Guthke mit
Dank für seine Rezension
in den GGA und herz-
lichen Grüßen.
Berlin, Juli 1976 M. Machatzke

GERHART HAUPTMANN

Italienische Reise 1897
Tagebuchaufzeichnungen

*Herausgegeben
von Martin Machatzke*

PROPYLÄEN

INHALT

Italienische Reise 1897. Tagebuchaufzeichnungen . 7
Anmerkungen des Herausgebers 153
Dichtung und Dichter an der Wende des
   19. Jahrhunderts. Von Martin Machatzke . . . 185
Register   221

ITALIENISCHE REISE 1897
Tagebuchaufzeichnungen

Dresden, Franklinstr. 1 b,
den 23. Januar 97.

»Philosophiere mit wenigem!« Neoptolemus

Konjektaneen (nur!)

Möser, »Die Spinnstube«.
»Von gelehrten Hofmeistern lernen tausend die Kunst, nach einem Modell zu denken und zu handeln.«

»›Welch eine natürliche Schilderung!‹ rief er aus etc. etc., ›im Vergleich zu solchen Gemälden, worauf der Held in einem einfärbigen Pupur steht, den Himmel über sich einstürzen sieht und den Kopf an einer poetischen Stange unerschrocken in die Höhe hält.‹«

»Helden! Helden!« schreien diejenigen am meisten, die viel zu klein sind, um je einen Helden begreifen oder erkennen zu können. Reichtum der Seele, ein starkes, friedliches, großes Empfinden machen vielleicht Heldentum aus.

Der Winter in seiner Klarheit ist gerade jetzt so schön, daß ich nur ungern von ihm Abschied nehme.

Sämund Sigfussen, ein christlicher Priester, sammelte die populären Geschichten des Nordens und schrieb sie nieder (ältere Edda).

Ecke: »Ich möchte Junge und Mädel sein: daß ich mit der Muttel und mit'n Palle baden gehn könnte.«

Dehmel: Stuckismus, der sich zuweilen zu Klinger und Whitman steigert.

Der Vorschmack des »Frühlingsarbeitsglücks«.

Fräulein O. sagte zu Fräulein G., die sich wehleidig über einen Schmerz beklagte: »Du bist wie'n Mann!!«

Der Graf von Gleichen: *Stoff.*
Joseph und seine Brüder: *Stoff.*

Eine fette, große dicke Lüge liegt über ihr und erdrückt sie.

Der König erinnert sich an Schahriar und Schahseman, auch an Masud.

K.: »Ich weiß, diese Karten werden aufgehoben, und dann kommen sie ins Unsterbliche rein.«

Befreie uns, Herr! von den schweren Träumen.

Zehn Gebote der Frau
Schleiermacher
»Merke auf den Sabbat deines Herzens, daß du ihn feierst, und wenn sie dich halten, so mache dich frei, oder gehe zu Grunde.«

»Die Grazien standen in Athen beim Aufgang nach dem heiligsten Orte zu: unsere Künstler sollten sie über ihre Werkstatt setzen und am Ringe tragen.« Winckelmann, Kl[einere] Aufsätze.

Schmidtlottchen spricht von einer »kranken Tasse« (an welcher die Mutter sich angesteckt) in der »Kongikerei«.

Am 23. Januar.
Abschied von Dresden morgen.
Wie wund und müde ist vom vielen Abschiednehmen zuweilen das Herz.

24. Januar (alt).
Der heilige Franziskus verfluchte die Ameisen: ihre Neigungen widerstreiten dem Evangelio. Er sagte: Bruder Wolf! Schwester Schwalbe!

Der 24. war ein schmerzlicher Tag, ich sehr gedrückt und ganz ohne Glück und immer wieder martervoll grübelnd, wie Unvereinbarliches zu vereinigen sei. M. und ich hatten verabredet, ich sollte aus dem Schnellzug winken, wenn ich bei ihrer Eisbahn vorbeiführe. Ich tat es. Die Bahn war sehr leer, und ich mußte den lieben Menschen sehen, eingemummt im schwarzen Mützchen und türkischen Seidenshawl, ohne zu ihm zu können etc. Alles stieg mir auf. Es war ein qualvoller Abschiedsmoment: man soll so etwas nicht verabreden.

Aller Anfang schwer. Auch dieser Reise Anfang war es.

25. Januar. Wien.
Großer Schneefall. Zweirädrige Karren schaffen, in ununterbrochener Reihe herzukommend, den Schnee aus der Stadt. Meinem Fenster gegenüber, am Ufer, machen sie halt und schütten sich in den kleinen Donauarm aus. Die Sonne scheint. Wien macht mir einen freundlichen, warmen, großartigen und deutschen Eindruck. Niemals hat mich Berlin so angezogen.

Phaläne, Libelle.
»Phaläne, süße Phaläne!«

Tausendundeine Nacht
Der Märchenerzähler gewöhnte die Leute an das Ungewöhnliche; und daß dies geschehe, ist von äußerster Wichtigkeit, da alle Klugheit in gewissem Sinne Superklugheit ist und wiederum der Herr Philister der Superklugen Superklügster: er glaubt, liebt, stützt und schätzt nur das Gewöhnliche.

Im Stephansdom, den ich morgens besuchte, empfing ich einen tiefen Eindruck von dem Grabmal Kaiser Friedrichs III. Es ist aus rotem Marmor (beg. 1467 von Niklas Lerch aus Leyden, vollendet 1513 durch Michael Dichter) und steht im sogenannten »Passionchor«: es ist ein gewaltiger Ernst mit diesem Monument in den Chor gebracht, der nirgend sonst in der Kirche noch erreicht wird. Mich ergriff es sofort mächtig. Es ist drohende, kühle, finstere Kraft ausgesprochen, und die Nische hat eine drohende Weihe. Merkwürdig sind Gestalten von Dämonen in Form von Hunden und Affen: sie füllen, einer an den anderen geschlungen, eine Art Rinne oder Graben aus, der um das ganze Monument geht. Die Kette sah ich unterbrochen durch einen Menschenschädel, zwischen dessen Kinnlade eine dicke Schlange hineinkroch. Die Hunde nehmen allerhand natürliche, beobachtete Stellungen ein, kratzen sich etc. etc.; desgleichen die Affen. Dieser ganze Kranz, der unten um den altarähnlichen Bau herumgeht, ist von grausiger Kälte und Bizarrerie. Wie durfte der Künstler etwas scheinbar so Profanes hier anbringen? Wahrscheinlich hat ihm das gesegnete Unverständnis seiner Auftraggeber, dem noch Neigung und Mut zur Einrede gebrach, es ermöglicht. Was hat der Künstler heut zu erwarten?

Noch einmal das Grabmal Friedrichs III.

Unsern Künstlern fehlt der kurze, gesunde Peter-Vischer-Handwerker-Nacken, der Handwerkerstolz und -trotz, der die Einrede nicht achtet und nicht nur mit dem Kopf durch die Wand will, sondern auch wirklich kann: sie sind nicht Persönlichkeit genug, um sich im Leben als Originale durchzusetzen, geschweige daß sie die Last (in gewissem Sinn) künstlerischer Eigenart durch den Sumpf des Philisteriums siegreich durchzukämpfen imstande wären. Aber freilich: die Aufgabe ist nicht die ihre. Ihr Gepäck ist allzu leicht. Und wo diese Gotteslast ist, da ist auch meistens der Gottesarm – oder aber es gibt ein tragisches Zerbrechen.

Ich lebe in doppeltem Bewußtsein. Zwei Reihen von Zuständen, zwei Leben lebe ich. Maus und Gr.

Es ist ein seltsames Ding um das Wunder dichterischen Schaffens. Man ist klein, arm und gewöhnlich in der Zeit, wo man nicht Werkzeug der Offenbarung wird. Wenn aber die Ruhe herrscht, erweckt sie die Weihe, und nun füllt sich das leere Haus der Seele: man ist groß, reich, stolz und voll Sicherheit. Es ist was von Prophetie darin, was von persönlichem Umgang mit Gott, was von unmittelbarer Beziehung, darunter Kleinmenschliches keine Stätte hat.

Dieser Zustand ist ein Allerheiliges, in das man vor jeder Gemeinheit flüchten kann: wehe, wenn es sich verschließt.

Das Leben ist in gewissem Sinne eine Vorbereitung a[uf] d[en] Tod. Es ist das – es »soll« es nicht sein, wohl verstanden.

Es ist heute eine stille, freudige Gewißheit in mir: es

spricht: Du hast noch Großes zu sagen, das dir ein Größerer aufgetragen.

Mehrere Pfaffen, welche ich im Stephansdom bemerkte, erschienen mir eine wandelnde Gotteslästerung.

Der falsche Kalif

Zum Königsmärchen.
Die Jesusgestalt könnte neben dem König herschreiten, ungenannt: der König müßte sie lieben, aber in gewissem Sinne befehden und schließlich besiegen. Es könnte z. B. der Geringste seiner Untertanen, der Letzte, Verachtetste, sein.

Ein verachteter Christ muß dem Kalifen entgegentreten.

Die Pest.

> Im Tempel wohnt Gott:
> *der Tempel ist Gott.*
> Aber die Tempelpfaffen
> hat der Teufel hineingeschaffen.

»Der blaue Gott« gefunden für »Himmel«.

Kunst ist, was absondert, greift, bildet – je mehr, je besser –, aber sie selbst darf nicht zerfließen.

Im Sterben müssen wir fast alle Helden sein. Tat twam asi.

Der Rabbi von Bacharach: Stoff.

Der Hund der Prinzessin war kurzsichtig, da mußte der Arzt kommen und kam und verschrieb eine Brille.

Das kranke, alte Fräulein, welches außerdem taub ist und Modellpuppen verleiht.

Der Hunger und Durst nach dem intensivsten Lebenshochgefühl.
Geziefer und Licht. »Wir werden hineinfliegen, ohne zu verbrennen.«

> Ein würdiger Zecher
> trinkt den Wein und schonet den Becher.

Auf Sumpfboden kann man nicht tanzen.

»Alt und kalt«: grauenvolles Wort!

Die Vogel-Strauß-Politik ist nicht immer so lächerlich und so ganz vom Übel. Ich erfahre es oft in den Kämpfen meiner Seele, wo ich mir den Frieden dadurch zuweilen herbeiführen muß, daß ich den Kopf in den Sand stecke.

Der Acker der Geschichte wird unter der Hand von den Naturwissenschaften bebaut.

Ich finde in einem alten Diarium: »O du! Du Stütze der Schwachen! an dich muß man sich hängen, von dir kann man sich zum Höchsten tragen lassen.« Dies erinnert mich an eine Szene, die ich erlebte: ein Freund warf sich ekstatisch vor mir nieder und sagte genau das zu mir, was oben steht und was ich im Hinblick auf ein Mädchen einst geschrieben habe.

Klaus: »Aber einen, du! den bin ich nich mehr gut: der hat eim Jungen in Kopp ein Loch gemacht.«

Es kann mir nichts Besseres passieren, als daß der Antagonismus der Welt mich auf mich und in mich immer wieder zurückweist.

Sören Kierkegaards Angriff auf die Christenheit: Stuttgart Frommann. Übers.: Dorner und Schrempf.

Kritische Ausgaben Nibelungentext.
Hagensche: B-, Lachmannsche: A-, Zarnckesche: C-Handschrift.

Am 26. Januar 1897.
Ich gedenke heut 1 Uhr 15 von Wien nach Bruck a.d. Mur zu reisen.

Zur Geschichte der Zeit: K. P. Pobedonoszew, Streitfragen der Gegenwart. Berlin, Deubner 1897.
Zaropapismus.

Seine Majestät: Troddel – Stoff.

Ich sah gestern im Stephansdom, mit großer Ruhe, ein kleines Marie[n]bildchen, das mit einem silbernen (?) Gitter überzogen war und dem man abgöttische Ehre erwies. Etwa sechzig bis achtzig Menschen knieten und standen immer gleichzeitig und Gebete lispelnd davor, in den Anblick des Bildchens versunken. Der Türsteher sagte mir: der Kaiser habe es von Tetschen (?) hierherbringen lassen, weil es ein wundertätiges Bild sei und aus den gemalten Augen der Madonna Tränen geflossen seien. An seinem Fundort sei es nicht genügend verehrt worden, deshalb stehe es nun hier. In der Tat! es brannten, auf einem eisernen Ständer, dicke und dünne, lange und kurze Opferkerzen, deren Flammen der kalte Steinhauch des riesigen dämmrigen Kirchenraumes hin und her bog. In der flackernden Beleuchtung knieten die ahnungslosen Heidenbrüder und Heidenschwestern, erhoben sich dann, küßten das Gitter, bekreuzigten sich und gingen gerechtfertigt von dannen. Ein Pfaff ging vorüber: mir kommt es immer vor, sie könnten nicht geradeaus schauen und halten einen freien Blick nicht aus. Es lag etwas von bösem Gewissen in dieser huschenden Gestalt.

Am 27. Januar.
In einer kleinen steiermärkischen Stadt.

Ich aß mein Abendbrot und trank meinen Wein in einer einfachen Schenkstube. Eine Art Reisender, fesch, frisch, im steirischen Hütel mit breitem, giftgrünem Band, Lodenjoppe und Wadenstrümpfen erschien und nahm auch sein Abendbrot. Er beabsichtigte, ins Theater zu gehen: »Kabale und Liebe«. »Is a sehr scheens Stück.« Mit »So, itzt wär' i do« trat ein Bahnkondukteur in die Stube. Behaglicher langer schwarzer Pelz, pfiffiges östreichisches Gesicht, rund, gut und gesund, unter der blauen Bahnmütze. Der Mann mochte ein guter Fünfziger sein.

Er fing nun an, immer von einem Bein aufs andre tretend, einen Schnaps auf dem Tischrand, mit dem Steirerhut zu plaudern: aufgeweckt, aufgeräumt, meist witzig und immer lustig.

Es ging über den Reichsrat und über einen zu wählenden Abgeordneten. »Nur koan Schwoarzen, lieber an Sozialisten.« Drüben im Deutschland, da sind die Sozialisten klüger wie die »G'studierten«, und sie »hoam oal's aus sich.« – »Woas Deutschland mocht, mochen wir noach.« – »'s Leiten (beim Abgang des Zugs) hoams oabg'schoaft, – hoam mir a 's Leiten abgeschoaft« etc. . . .

Er läßt sich über den Fortschritt im allgemeinen aus. »Heut is so a Kind von drei Joarn gscheiter wie so an olter Troddel – ich bin gegn meim Sohn ein olter Troddel. Doas mochn die Schuln. 66, doa woar a G'meiner aus Preißen klüger wie an Offizier von uns, doa hot ein G'meiner mehr gwußt wie an Offizier von uns.«

Dann sprachen sie von den verrotteten Zuständen an den Bahnen und hofften von dem »Eisenbahnministerium« Abhülfe. Große Depeschen würden erlassen, wenn irgendein Verwandter eines Betriebsdirektors reise, ganz im Stile amtlicher Erlasse würde geboten, »dem betreffenden Reisenden überall aufs zuvorkommendste zu begegnen« etc. . . .

Alles in allem, ich gewann den Eindruck von einem geweckten Deutschtum, lebendiger, frischer Fortschrittsfreude. Starke, fast schwärmerische Liebe zum Deutschen Reich aus den Reden des Kondukteurs. Ich hatte übrigens große Freude an dem behaglichen Menschen, und mein Vergnügen war mehr als anzengruberisch. Hier springt der Quell des Volkstums so stark und reich, daß einem Anzengruber merkwürdig beschränkt erscheint. Hier könnten hundert Anzengruber schöpfen. Die österreichischen Schriftsteller, welche diese Quelle so unbeachtet lassen, sind einem rätselhaft.

Ich sah mir übrigens einige Szenen von »Kabale und Liebe« [an]. So lächerlich alles an der Darstellung war, so begreiflich unzulänglich, die dramatische Kraft der Dichtung schlug doch entschieden durch und zwang mir Bewunderung ab.

Flammarion, Planet Mars.
Jeder Stern eine Sonne, umgeben von unbekannten Wohnsitzen. Erde dritter Planet (der um die Sonne krei-

senden) zwischen den Bahnen der Venus und des Mars. Reine, wolkenlose Atmosphäre, »es ist ein Land, wo es immer schön ist.« Organisation des Wasserumlaufs. »Regen *steigt* herab.« Geometrisches Netz gradliniger Kanäle. 4 Seen und Oasen Kreuzungspunkte der Kanäle.

Atmosphäre leichter, weniger dick als die unsrige, etwa die unsrer höchsten Gebirge. Man hat dort beinahe keine Schwere. 1000 Kilogramm auf dem Mars nur 376 Kilo. Tag und Nacht länger als bei uns. Das Jahr 686 [Tage], 23 Stunden, 30 Minuten, 41 Sekunden: der Fünfzigjährige des Mars hat 94 Erdenjahre.

Die erstorbene Schlacke: der Mond.

Pinus austriaca: überall die Bahn begleitend bis ins Gebirge hinein.

Mare adriatico cum mare germanico coniunxit (?). Überschrift Semmeringdurchstichs (?).

Wer das Bad versteht, begreift die Reinheit und Heiligkeit des Leibes.

28. Januar 1897.
Graz. Sonnenschein, Kälte.

Die indischen Götter blinzeln nicht.

A. sagt von B., daß er weiche Haare habe. C. faßt B. Haare an und sagt: »Weich? das is ja Blumendraht.«

Zum Tausendundeine-Nacht-Drama.
Die Liebesnächte und ihre reine Poesie.
Die Träume der Geliebten und des Geliebten.

Das Aufschrecken, im Halbschlaf erzählen und wieder einschlafen.

»Mit deinem Haar, in deinem Haar wasche ich meine Hände.«

Wie gemein hat das Christentum die reichen und reinen Beziehungen zwischen Leib und Leib gemacht: eine Wahrheit, die mir förmlich eingeboren worden ist und von der ich schon mit sechzehn Jahren durchdrungen war.

29. Januar. Triest.

Während in Bruck und Graz die Wagenräder ein klimperndes und quietschendes Geräusch machten, weil sie über hartgefrorenen Schnee fahren mußten, rumpeln sie hier über kahle und trockene Steine. Dresden, Wien, alles hinauf bis zum Semmering, Steiermark, Krain: überall tiefer Schnee, grimmiger Winter, und hier Wärme-Grade.

Triest als Stadt, südlich, hell, geräumig: seine Lage ist schön und großartig, an die Nizzas erinnernd. Die Adria macht eine flache Bucht, die in das Gestade der Halbinsel Istrien östlich zu verlaufen scheint, andererseits durch einen Vorsprung begrenzt ist, den das edle Schloß Miramare krönt.

Triest, gelegen an dieser Bucht, nimmt den Raum ein, den die zum Meer drängenden Gebirgsmassen übriglassen. Sucht man die Bergabhänge zu gewinnen, deren Häuser und Villen man schon durch das Hotelfenster über die Dächer grüßen sieht, so findet man schnell und leicht eine zwischen Mauern aufsteigende, meist steile Straße, die [über die] Stadtdächer hinausführt.

Als ich so meinen Morgenspaziergang machte, im warmen Sonnenschein, meinen Überrock überm Arm, erlebte ich einige jener frischen, gesunden, gegenwarts- und zukunftsfröhlichen Stunden, wie sie mir nur der wolkenlose Morgen des Frühlings geben kann. Ein unendliches Bedauern mit allen denen empfand ich, die unter der Kälte und Wolkenlast der Winterzonen ihr Leben hinschleppen müssen.

»Gott ist hier, der gerecht macht, wer will verdammen?« Röm.8,33.
Diesen Spruch hatte ein frommer Proselytenmacher in Ivos Hand gespielt. Handelt da der gute, enge, magere Frömmling wohl klug und eigentlich im Sinne seines Jüngerglaubens? Schwerlich: erstlich ist diese Goldschrift auf dem blutroten Gelatineblättchen einstweilen dem Naiven ein Rätsel; ist sie das nicht mehr und graviert sie sich in die Seele, dann ade, Eiferertum!

Die Sünde wider den heiligen Geist ist nicht so schwer wie die wider den heiligen Leib: die letzte Sünde schließt die erste ein.

Goethe hat keine Helden: der Vorwurf ist gegen ihn erhoben worden. Hat Shakespeare Helden? Aischylos? etc. etc. Heißt Heldenhaftigkeit Titanentum, Riesenmaß der Empfindung, des Trotzes, der Tat, so sinkt alles zur Zwerghaftigkeit zusammen vor Goethes »Prometheus«-Fragment: und hier ist Goethe der Einfache, Natürliche, Echte, nicht Gereckte und nicht Gestreckte, Goethe der Selbstbekenner, nicht einer fremden Angelegenheit Stimme leihend, sondern in eigenster Sache. O Holofernes! o Byron! o Schiller! o Tell und ihr tutti quanti.
Goethe, der Held seiner Werke.

Miramare

Schloß am Meer.
Steineichen. Zypressen.
Allerlei Koniferen.

Araukarien.
Taxus.
Lorbeer.
Buchsbaum.

Ein Mensch, welcher ganz redlich, ehrlich und offen wäre, müßte sich dadurch ganz isolieren: oder er würde die größten Menschen der Zeit zu Freunden haben.

Drama.
Wie der Schlaf die Geliebte aus den Armen des Geliebten nimmt, der deshalb sich sträubt gegen ihn.

Ach die Feigenblätter! in Miramare steht eine Bronze, die Napoleons I. Züge trägt und sein Geschenk ist. Mit Draht ist an sein Schwänzel ein Feigenblatt angedreht: der Draht ist verrostet, das Organchen sieht wund und verrostet aus. Man möchte den armen, nackten Napoleon am liebsten zu einem Spezialisten schicken.

Die Fahrt über Nabresina durch das kolossale, meilengedehnte Muschelkalktrümmerfeld. Herrliche Abendfahrt von Triest überm Meere, dann ins Trümmerhochland, das, sich mehr und mehr verdüsternd, in schwerlastender wüstester Öde und Nacht dalag.

1. Februar. Venedig.
Da bin ich zum drittenmal in Italien, und diese ganze ungeheure alte Kultur, gegen welche die unsre jung und oft kindisch ist, tritt mir entgegen. Was man vergißt, wenn man lange in Deutschland ist, von Italien nur hört und höchstens sieht: wie die Gänse von Deutschland sich über die Alpen schleifen lassen, um als Gickgack wieder heimzukehren. Wahrlich: Italien ist mehr als ein Touristenland! Allerdings, die Termite, welche diesen

Bau, Venedig, sich baute, ist nicht mehr zwischen den Häusern und Palästen zu finden; es ist auch hier erstorben. Man fühlt: hier wandelt nichts mehr, – nicht ein Mensch mehr, im stolzen Bewußtsein oder Unbewußtsein jener göttlichen Kulturkraft, die so märchengewaltig und wirklichkeitsgewaltig zugleich sich hervortat.

Ich fühle, mit tausend Wurzeln senkt sich meine Seele in diese Gegenwart.

Der Kulturheld, gemilderter Sitte! mit euren »Helden« (Bramarbassen) laßt mich in Frieden!

Venedig.
Da strömen die Leute nach Italien, jeder Barbier und jeder Schlachter tut es: Die ganze zähe träge Masse des deutschen Philisteriums wälzt sich über die Berge, jahraus jahrein, und als dieselbe träge und zähe Masse wieder zurück. Nichts kann der Philister lernen. Er drückt und lagert wie Schlamm über der Kunst seiner Zeit, er ist eine dicke Schicht sterilen Gezähs über dem Garten wahrer Kultur: Kümmerlich muß meistens bleiben, was die Schicht durchbricht: auch wird zuweilen ein großer Baum, aber nie, nie der planvolle, herrliche Garten.

Das moderne Deutschland, im Vergleich zum alten Italien: noch nicht einmal amerikanisch wirkt es.

Als ich vor dreizehn Jahren, noch krank, aus Italien zurück über den Brenner fuhr, sagte ich mir: was du hinter dir ließest, war zu riesenmäßig, als daß du es jetzt fassen könntest; aber du wirst wiederkehren und besser gewappnet. – Ich hatte Italien vergessen, nun bin ich wieder darin; und so überwältigend groß ist schon der Atem des Kommenden, während ich noch in meinem Zimmer am Markusplatz sitze, daß mir ist als wie einem, der vor einem ganz märchenhaft unermeßlichen Schatze steht, der, wie er fühlt, bald sein Eigentum sein wird.

Ich danke dir, himmlische Macht, daß du mich so hast lassen wiederkehren. Du hast mir schon mit diesem Moment ein so klares und festes Glück gegeben, wie ich es nicht zu genießen dachte. Ich bin etwas geworden, und mehr, ich fühle: *ich bin etwas*. Die Zeit, welche zwischen damals und jetzt liegt, ist keine verlorene gewesen mit all ihren glücklichen und schweren Stunden, denn sie haben mir die Größe des Augenblicks vorbereitet. Ich stehe da und danke dir, Gott, für deinen – meinen Reichtum! und daß du mich bis hierher wolltest führen.

Mittag.

Das Schicksal hat mich richtig geleitet. Nur so, fast zufällig, kam ich nach Venedig und wenig erwarten[d]: Nun ist es mir in San Marco aufgegangen.

Seltsam, auch im Hinblick auf meinen augenblicklichen Plan: das Drama »Sittulhassan«. Aber was sind mir jetzt Dramen? – oder ... ? Jedenfalls durfte ich nirgend anders hingehen wie hierher, wo ich alles finde, was ich suche und was mir nottut.

Die Orientpracht der Kirche San Marco hat mir Venedig erschlossen. In dieses goldene Haus gehören die Purpur- und Goldgewänder der Dogenzeit; was an Gegenwarttypen darin herumflaniert, hat nur den einen Vorzug, in seiner grauen Alltäglichkeit nicht aufzufallen.

Ein Priester, der die Messe zelebrierte, in der linken Seitenkapelle, trug ein feuerfarbenes Meßgewand und stimmte sich so ein in die Art des Ganzen.

In aller Trunkenheit schweifte die Seele für Augenblicke nach dem Sebaldusgrab in die Heimat: es hält sich in seiner großen, einfachen und individuellen Art vollkommen. Es hat eine reinere Stimme wie all diese Herrlichkeit. Diese Herrlichkeit hat keine Stimme, aber sie predigt doch.

Von San Marco zu Tizian ist kein großer Schritt. Tizian mußte Venezianer sein und unter San Marcos Gewölben wandeln.

Die Priester sind nichts als die zufälligen Besiedler dieser Prachtschale – oder sind sie mehr? – Ja, in gewissem Sinne:

Der sonore, monotone Schwall der Responsorien (?), welcher an die Gesänge von Wilden erinnert, verriet den tätigen Wahn, der auch dieses Wunder geschaffen.

Tätiger Wahn! zeugender Wahn! ist nicht dies alles, was wir wünschen können. Diese Schale ist da, um eine religiöse Hauptempfindung teils zu zeugen, teils zu verherrlichen, teils zu umhüllen. Marmor, Porphyr, Gold, Eisen: alles durch den Geist zur Einheit gefügt, eine Hülse für etwas Ungreifbares, -meßbares, -wägbares: für eine Empfindung.

(Das Sakrament.)

[Randnotiz:] Die Scala Santa jedes Künstlers.

2. Februar 97.

Unten auf der Piazza konzertieren die Bersaglieri: ein hübscher, nachahmenswerter Brauch, diese öffentlichen Konzerte. Ganz Venedig ist auf den Straßen und strömt über den Platz: ein herrlicher Konzertsaal. Das Summsen der Menschenmenge erfüllt auch mein Zimmer, wo ich mich soeben gesetzt habe, um ruhig einige Eindrücke niederzulegen.

Das Denkmal Goldonis, auf einem kleinen Platz im

Innern der Stadt, macht einen gesunden, lebendigen und sehr drolligen Eindruck. Wie der Mann da stockschwingend spazierengeht, bezopft, im Dreispitz: keck, launig lachend und am geschwungenen Röckchen die Spuren der Zudringlichkeit vieler Hundert venezianischer Tauben, gehört er unter das Volk, das ihn rauchend und schwatzend, in Alltagstracht, umgibt.

Der heutige Tag begann damit, daß ich in San Marco einer großen Messe beiwohnte. Meine Befangenheit ließ mich nicht viel davontragen. Alles in allem ward ich an die Worte im »Faust« erinnert:

»Weiß nicht, was sie kochen und schaffen.«
»Schweben auf, schweben ab, neigen sich, beugen sich.«
»Sie streuen und weihen.«
»Eine Hexenzunft.«

Es gab Musik, leidliche Stimmen, lateinisches Sologenäsel, Schellengebimmel. Es wurde mit einem goldstarrenden Bischof allerhand Hokuspokus getrieben, die Bischofsmütze bald von seinem weißen Scheitel genommen, bald wieder daraufgesetzt, wobei er die allbekannte demütige Beterfigur machte, die auf unzähligen Grabsteinen verewigt ist: kurz, die »christliche Demut« hatte, zur Ehre Gottes, einen gewaltigen Pomp um die Schultern gelegt, und sie weiß wohl, warum.

Dieser geistliche Pomp verbindet das neue Venedig mit dem alten: er ist der gleiche geblieben, während der weltliche, der ihm einstmals die Waage hielt, dahin ist. Der Dogenpalast ist leer; seine Herren wissen mit dem Prachtgehäuse nichts mehr anzufangen, als eine Galerie für fremde Besucher daraus zu machen: sie füllen es nicht mehr aus, sie gehören auch nicht hinein. Aber die Pfaffen zelebrieren in San Marco, »neigen sich, beugen sich«, »streuen und weihen« heut wie einst.

Der Weihrauchkessel wurde natürlich wacker geschwungen, nach gut orientalischem Brauch – bald der Bischof, bald die Geistlichen angeräuchert –, oder er mußte vor der goldnen Wand des Hauptaltares Opferwolken emporwirbeln an Lichtflammen vorüber in das hohe Goldgewölbe hinauf.

Das Heidnische dieser Zeremonien, das so unverkennbar hervortrat in all der berauschenden Sinnfälligkeit, machte sie mir sympathisch.

Christus freilich – – –

Christus, der auf dem Altar gekreuzigt hängt, über dem Altar herabschaut, im Mosaik des Apsis-Gewölbes thront, am Halse des Bischofs, der übrigen Priester etc., dessen Bildnis in der jammervollen Entwürdigung der Kreuzesstellung überall zu erblicken ist, gehört nur in einem gewissen Sinne zwischen diese goldnen Wände: nämlich wenn man diese als seine Begräbnishalle auffaßt, daraus für ihn keine Auferstehung möglich ist.

Auf den lebendigen Heiland ist dieses alles ein Hohn.

Nachmittag.

Übrigens stieg ich auf den Markusturm. Der Glöckner kündigte, mit zwei Schlägen, an eine der Glocken, die zweite Stunde an. Man hat zwischen den Bögen der Loggia Gitter angebracht, um das Hinunterspringen zu verhindern. Hundertunddrei Menschen haben hier dem Zug ins Grauen nicht widerstehen können und sind auf den Fliesen der Piazza zerschmettert.

Man gewinnt den bekannten Überblick. Man erkannte – es war nicht klar – gerade noch das Festland und die imposante Eisenbahnbrücke über die Laguna morta (?). Berge sah man nicht, ins Meer nicht weit hinaus, der Lido lag im Dunst etc. etc.

3. Februar morgens.

Ein an das Reisen gewohnter Organismus wie der meinige, der im Zeichen der Wanderjahre steht, paßt sich an die allersonderbarste Umgebung leichtlich an. So geht es mir mit Venedig. Ich fange an, mich in das Ungewöhnlichste hineinzugewöhnen.

Als ich zum erstenmal aus dem Bahnhofsgebäude trat, nachts, vor mir eine breite Wasserstraße, jenseits davon, unmittelbar daraus aufsteigend, die Häuserzeile – als ich dann in die schwarze Gondel stieg und nun bald, nach all dem klirrenden Lärm der Bahn und des Bahnhofs, nichts weiter vernahm als das tauchen[de] Ruder und hie und da Ruf und Gegenruf begegnender Gondoliers – da herrschte das Märchen des Ortes ganz in mir.

Wir fuhren ... oder glitten ... oder schwebten durch Gassen und Gäßchen – wir strichen an den Mauern dicht hin, ohne sie zu berühren, um die Ecken desgleichen; man hätte zwischen Stein- und Bordwand nicht eine Hand einzwängen können.

Wir überschritten den Großen Kanal mit seinen Straßenlaternen zu beiden Seiten, wir hielten vor einem Hotel, wo wir eine Dame absetzten, und man blickte plötzlich in ein komfortables Vestibül, elektrisch beleuchtet, mit Teppichen und Japonerien geschmückt. Dann ging es wieder zwischen den hohen Wänden voran; in das Ausgestorbene, Stille drangen ferne Rufe, singende Stimmen – es tauchte ein Trupp Menschen auf, der lärmend über ein Brückchen zog, durch das gleich darauf der Gondolier, sich tief beugend, seine Barke drängte. Der Lärm erstarb sogleich wieder, wie die Menschen verschwanden: spukhaft verschwanden sie, spukhaft tauchten andere auf: in den Mantel gemummt, hallenden Schritts, bog einer singend um die Ecke, eilend in der Kälte auf dem kleinen Fußsteig, der, neben dem Wasser hingeführt, schnell wieder ins Innre des Häusergewirrs einbog.

Endlich stieß die Gondel, mit hohem Halse, an einen schwarzen Schwan erinnernd, auf einen von hohen Mauern umgebenen kleinen Wasserplatz hinaus und legte an eine steinerne Treppe an: fünf Schritt von hier, und man wird überrascht durch das einzige Wunder des Markusplatzes. Es hallt darin wie in einem Saal, von Schritten, und es scheint, als hätten die Schatten der Totenstadt sich hier Rendezvous gegeben.

Ich bin, wie gesagt, dem »Allersonderbarsten« nun angepaßt und sehe die Menschen nicht mehr für Schatten an. Die Totenstadt ist der lebendigen gewichen; und es ist recht lebendig, dieses Venedig von heut.

Venedig ist Vormittag, im großen ganzen, im Innern der Häuser beschäftigt, überfüllt um die Mittagsstunde die Kaffeehäuser und strömt, je mehr der Tag gegen den Abend zuschreitet, auf Gassen und Plätze. Da wimmelt es auf dem Markusplatz und an der Riva dei Schiavoni vor allem.

Um zehn Uhr des Abends werden in Wien die Häuser geschlossen, und selbst der Hausschlüssel ist den Mietern versagt. Hier sah ich gestern, nach zehn Uhr, vier vergnügte Buben, gutgekleidet, auf der Piazza ihr Ballspiel treiben und in gesunder Fröhlichkeit lachen, auf den Händen gehen etc. Man fühlte, es war nichts Außerordentliches für sie dabei: die Frische aber – Morgenfrische –, mit der sie es taten und die überhaupt in dem ganzen abendlichen Treiben bis in die Nacht hinein vorhält, ist verwunderlich.

Ich durchschritt gestern den Palazzo Ducale, und das sinnlich-farbige Bild des alten Venedig vervollkommnete sich mehr in meiner Vorstellung. Ich merke übrigens, wie die zerstreuten Eindrücke zur Einheit in meinem Geiste aneinanderwachsen und als Ganzes mir bleibender Besitz werden. Ich habe noch keinerlei Verhältnis zu

Tizian, Veronese und Tintoretto (am ehesten zu diesem), wie diese Maler im Palazzo Ducale sich darstellen. Das ganze Werk, der ganze großartige Rückstand einer versunkenen Epoche, einer verschwundenen Menschengemeinschaft war es, der mich zunächst gefangennahm.

Wenn ich von meinen Empfindungen reden soll, so darf ich sagen, daß Staunen die vornehmlichste war, die ich in der Betrachtung der Herrlichkeiten des Dogenpalastes hatte. Ich staunte, ich bestaunte. Der Prunk trat vor den Wert, ja, er schien mir zuweilen der einzige Wert.

Ich blieb objektiv und bin es noch jetzt. Alles Gegenwärtige redete die Sprache der Vergangenheit zu mir, nicht Vergangenes, die ewige Sprache der Vergangenheit, Gegenwart und Zukunft.

Nichts allgemein Menschliches klingt unmittelbar an, und so empfand ich mich in Absonderung besonders als Mensch und schließlich als Deutscher.

Es ist überhaupt seltsam, wie ich das Sebaldusgrab überallhin mit mir herumtrage: es ist mir soviel wie der »Faust« und vielleicht noch mehr. Auch Goethe konnte sich nicht vom Deutschen zu weit entfernen: das war seine Größe und war sein Glück.

Die Scala d'Oro ist mir bisher entgangen. Scala Santa, Scala dei Giganti, Scala d'Oro, welche Symbole des Künstlerberufs. Ob einer seine Scala Santa habe und seine Scala d'Oro: das ist die Frage, deren Antwort über »Sein oder Nichtsein« des Künstlers entscheidet.

Der Dogenpalast wurde fünfmal zerstört und immer schöner wieder aufgebaut: dies geschah unmittelbar durch die Kraft des Menschen, mittelbar durch die Kraft Gottes. Gott zerstört, Gott erbaut das Zerstörte herrlicher. Ein Gegenstand seiner göttlich furchtbaren Wirksamkeit ist auch zuweilen die Seele des einzelnen Künstlers.

3. Februar. Nachmittag.

Ich sah gestern im Theater eine kleine Grabesblume: ein Mädchen von etwa elf Jahren, welches so schön war, daß es zur Andacht und Ehrfurcht stimmte. Eine freie und breite Stirn, große, wahrscheinlich blaue Augen, eine unendlich feine und grade Nase mit zarten Flügelchen, dem lieblichsten Mund.

Man gab, im Teatro Rossini, zuerst »Pagliacci« und dann »Cavalleria«. Solange ich im Theater war, mußte ich immer nur das Kind betrachten: alles, was außer ihm die Räume füllte, gehörte einer niederen Menschheit an.

Es war ganz augenfällig: im Kranze der Logen, unter mancherlei Schönheit, war nichts, das, nur mit einigem Recht, vergleichlich erschienen wäre. Die müde Grazie, mit der sie saß, seitlich zurückgelehnt, den linken Arm auf der Brüstung und gerade, mit feingewendetem Kopf, gegen die Bühne aus ihrer Loge heraussah, war vollkommen.

Man hatte das Kind in schwach-bläuliche Stoffe leger gekleidet, und das war gut: es paßte zu seiner Blässe und zu dem seidigen Blond der Haare, die schlicht auf die zarten Schultern fielen.

Die Eltern saßen im Hintergrund: traten sie mehr ins Licht, so war in der Alltäglichkeit ihrer Erscheinung nichts zu entdecken, was auf das Kind hätte hinweisen können: wurde nun dieses von ihnen angeredet, so erschraken gleichsam die goldnen Haare über die aufgescheuchte Wendung des süßen Madonnenköpfchens, das sich dann, lieb und gutwillig, durchaus kindlich den Eltern zuwandte.

Sonst aber war es in Schauen und Hören versunken: wobei sich ein Adel ausdrückte, der sich empfinden, aber nicht schildern läßt. Was kann man sagen? – Man könnte von etwas unnahbar Reinem sprechen, das, wie es ist, leben und sterben wird, aber niemals mit irgend etwas

Gemeinem verbündet sein kann. – Man könnte von dem tiefgeistigen Ausdruck in den Mienen der kleinen Prinzessin sprechen, die eine ist, und wäre sie zehnmal die Tochter des ärmsten Gondelführers; von dem Anstand und hohen Ernst könnte man berichten, womit sie, sich ganz hingebend und doch ganz bewahrend, ganz ohne Stolz und doch so unendlich stolz, die gebotene Kunst entgegennahm.

Ich habe einige Zeit damit zugebracht, mir auszumalen, was ich tun würde, wenn dieses Kind meine Tochter wäre: wie ich versuchen würde, mit ganzer Liebe ihm dienend, es einem frühen Tode abzukämpfen.

4. Februar.

Nach einer langen, ruhlosen Nacht. Erbärmliche Träume. Es war mir, als müßte ich wandern, wandern, wandern, rastlos. Ich ersehnte den Tag und sagte mir, daß er kommen müßte. Ich hatte eine unbestimmte Vorstellung von Gebirgen: auf und ab, auf und ab stieg ich, bis der Morgen zu grauen anhob.

> Ein Sumpf zieht am Gebirge hin,
> verpestet alles schon Errungne;
> den faulen Pfuhl auch abzuziehn,
> das Letzte wär' das Höchsterrungne.
> »Faust« II.

Ich las dies noch gestern, vor dem Einschlafen. Wenn der Sozialismus es als ewigen Denkspruch nähme, so täte er recht; und ich traue ihm zu, daß darin sein innerster Beruf ausgedrückt ist.

> Eröffn' ich Räume vielen Millionen,
> nicht sicher zwar, doch tätig frei zu wohnen.

Ich las folgende Beschwörung:

»Der Waibsamen der gebenedeite Jungfrau Maria ihres Sohnes Jesus von Nazareth soll der hölischen Schlange den Kopf zerdretten und der Gottesfriede lege den Satan unter deinen Füßen und dazu ist erschienen der Sohn Gottes die Werke des Teufels zu zerstören; es half +. +. +. +. +. N. ›K.+. 7 +.‹ Du Erz-Zaubergeist, du hast den Georg Martin Hofmann seinen Hund angegriffen, so fall es von ihm ab in dein Mark und in dein Bein; so ist es wiederum heimgesagt, ich beschwöre dich um die 5 Wunden Jesu, du böser Geist, ich beschwöre dich um die 5 Wunden Jesu von diesem Fleisch und Bein, ich beschwöre dich um die 5 Wunden Jesu zu dieser Stunde: laß den Georg Martin Hofmann seinen Hund wieder gesund; es helfe Gott Vater, Sohn und heilger Geist.«

Als Goethe, im Jahre 1786 von Ende September bis Mitte Oktober, hier in Venedig weilte (37 Jahr alt), erregten, vor anderen, die Werke des Palladio seine Aufmerksamkeit. Er studierte die Bücher des Meisters und eilte, seine Bauten aufzufinden und zu betrachten.

Ich war nun in San Giorgio Maggiore und Redentore: es ist richtig, daß Redentore die schönere ist: es ist hier ein Ausdruck erreicht, der grazil und mächtig zugleich wirkt.

Die bemalten Brettfiguren, die Goethen ärgerten, stehen noch in den Nischen: sie ärgern wohl jedermann.

Als wir den Raum betraten, den ein Mann gedacht und errichtet, der sich in dem heidnischen Jungbrunnen griechischer Kunst gebadet, ein anderer freier und großer Mensch, in demselben Quelle erneut, durch seine Betrachtung geweiht hatte, erhob sich aus einer Ecke ein altes, häßliches Weib – der einzige Mensch außer uns –, das gleich einer Spinne widerlich auf uns zukam.

Die Nase war der Alten durch Krankheit zerstört. Sie empfing ihren Soldo und lief zu einem unter der Kanzel angebrachten flachen, mit dunkler Ölfarbe gestrichenen Marienrelief, das sie mit schmatzenden Küssen bedeckte, seinen Kopf zwischen die Hände fassend, streichelnd und immer wieder den Mund der Madonna suchend, küssend und alles ekelhaft liebkosend. »Ein Sumpf zieht am Gebirge hin, verpestet alles schon Errungne; den faulen Pfuhl auch abzuziehn, das Letzte wär' das Höchsterrungne.«

Baedeker hat recht, der Blick aus dem Turme von San Giorgio, Campanile, über Venedig ist der schönste, den man genießen kann. Man hat hier, durch den Canal di S. Marco, den erforderlichen Abstand. Von hier aus gesehen, ist Venedig am meisten Venedig, d. h. eine Stadt, deren Besonderheit, nächst dem Kühnen, fast Unglaublichen ihrer Anlage, durch die orientalischen Elemente seiner Bauten bedingt ist.

Das Orientalische von Venedig leuchtet hier ganz vornehmlich ein. Die phantastischen Säulen der Piazzetta, der Dogenpalast mit seiner Teppich-Fassade, die silbrigen Kuppeln von San Marco und über den Häusern alle die grazilen minarettartigen Türme, die wie schlanke Blumen aufsteigen. Es ist, als habe der Wind den Pollenstaub irgendeiner Fabelblüte des Orients hierher übers Meer geweht und so in den Schlamm der Lagunen diese blumige Stadt gesät.

Man kann sich an Blumen nicht stützen noch aufrichten, aber man kann sich, mit Vorsicht, erquicken an ihnen, sich erfüllen mit ihrer Farbe und ihrem Duft.

Von diesem Warmen, Lachenden, Sonnenerwärmten des Orients hat am meisten Tizian: Das bestätigt sogleich sein Altarbild in der Sakristei von S. Maria della Salute: »Der heilige Markus und vier andere Heilige« (1512). Blühend warm ruht es in der kalten, steinernen Umrahmung des Altars.

4. Februar. Nachmittag.

Fahrt nach dem Lido: eine flache Insel mit einigen herrlichen Bäumen, vielen Forts, Hecken, dem jüdischen Kirchhof, einem kleinen Flecken und übrigens zerstreuten Wohnungen armer Menschen.

Die Schönheit der Insel ist ihr Strand.

Ich ging über den harten Sand und erfrischte mich. Ich ermaß die Weiten, und während der ruhige Wellenschlag in himmlischer Monotonie mein Ohr berührte, fühlte ich zum erstenmal, seit Monaten, wieder drängende Schaffenslust.

Venedig versank mir.

Das weite Meer, das alte, das rauschende, das freie unendliche Meer hatte sich aufgetan, und ich fühlte: und wäre es Venedig, ich gehöre nicht zwischen die Hütten noch zwischen die Paläste. Im Freien ist meine Wohnung.

Das Meer gleicht einem Teppich, die Brandungen sind die Säume, die Städte der Gestade die Quasten.

Sittulhassan

Sittulhassan lustwandelte mit mir auf dem Lido. Er ist ein Baumeister, ein Sklave, der sich als Sklave gebärdet: er ist aber auch ein heimlicher Kalif und liebt Sittulhassan: das erzählte sie mir. Eine Lerche trillerte dazu über den Wiesen.

»Ich liebe in dir nicht den Kalifen, den alle kennen, er lebt auch nicht für mich: den ich liebe, das ist mein Kalif.«

»Wie wird mein Grabmal sein?«

Der Kalif schildert es ihr.
»Und du wirst es bauen, Hassan!«

5. Februar.
Der beste Tag begann mir oft hoffnungslos und der übelste wie Gottes Sonntag.

Durch M. bekam ich gestern einen Brief, von Dr. Burckhard aus Wien, nachgesandt: Er enthielt die Besetzung der »Versunkenen Glocke« am Burgtheater.

Heinrich	Hartmann
Magda	Schratt
Pfarrer	Römpler
Schulmeister	Gimnig
Barbier	Schöne
Rautendelein	Reinhold
Nickelmann	Lewinsky
Waldschrat	Thimig
Wittichen	Schönchen

Ich antwortete heut:
Lieber Herr Doktor,
freundlichen Dank für die Benachrichtigung.

Es ist natürlich, daß eine Besetzung, wie sie, in ihren wesentlichen Teilen, bei unsrer Besprechung in Berlin gar nicht in Frage kam, mich nun überrascht: schließlich aber – was vermag ich zu tun? was kann ich dazu sagen?

Ich befehle meinen Geist in Ihre Hände und bin, mit herzlichem Gruß, immer Ihr dankbarer G. H.

Ich habe heut einen Begriff bekommen von dem Ernste des Tizian. Auch Tintoretto ist mir in seiner Kraft aufgegangen und Paolo Veronese zu guter Letzt: alles in der Accademia di Belle Arti, welche auf den Fundamenten des Palladio errichtet zu sein scheint, jener Carità, in welche Goethe »vor allem eilte« und deren Plan und teilweise Ausführung er so sehr bewundert hat.

Meine Ansicht von Tizian, als ob er nur warm und süß sei, mußte sich ändern vor seiner »Assunta«, und Tintorettos herbe Macht und Ganzheit ging mir auf vor einem Bilde, worauf dargestellt ist, wie der heilige Markus einen Sklaven befreit.

Paolo Veronese schließlich hat sich mir in aller Großartigkeit eingeprägt durch das Gastmahl Levis, des reichen Mannes, bei welchem Christus zu Gaste ist.

Ich sehne mich, diese drei Werke wiederzusehen.

Interessant und bedeutend ist außer dem und noch vielem anderen Tizians »Tempelgang Mariä«. Dieses Bild, für die Wand gemalt, an der es noch jetzt ist, in der Sala dell'Albergo der Carità (1539), ist dem Ort seiner Bestimmung in der Tat so angepaßt, daß man die Klugheit des Meisters daran bewundern muß.

Genauer auf alles dies einzugehen ist heut nicht mehr möglich. Ich will nur noch eins erwähnen: nämlich wie bei der »Assunta« und der »Befreiung des Sklaven« der lebendige Moment ausgedrückt ist.

Ich habe mich an den Handzeichnungen Raffaels und Michelangelos geweidet.

In seiner Art verleugnet Raffael hier nirgend die Art Peruginos. Er tat es naiver in der Strichelei hier, was sich fleißig ausspricht und zuweilen ans Pedantische streift. Freilich ist eine Reinheit und Kindheit gewahrt, welche einem im tiefsten nachgeht.

Ein herrliches Blatt von Perugino.

Die Fornarina, viele süße, edle Köpfchen, an denen man sich nicht sattsieht.

Michelangelo ist frei und durchaus malerisch in der

Art, wie er ein Bildhauerwerk mit dem Griffel vorbildet.

6. Februar.
8 1/2 Uhr und noch sehr dunkel. Regen! Regen! erschlaffender Scirocco. Ich hatte eine schlechte, lange Nacht. Der Mensch, der die ruhvolle Zuflucht des Schlafs verliert, gleicht einem Tiere, dessen Bau man vermauert hat, während es abwesend war: es ist nun den Jägern und Hunden preisgegeben, wenn nicht sein schützendes Haus sich doch wieder auftut.

Sollte man nicht Träume eingehender bei Diagnosen verwerten können? Es war mir, als müßten sich alle Kräfte meiner Seele im Traum, etwas Fremdes, Gefährliches zu überwinden: es war ein rastloses, immer wieder unternommenes Bemühen, immer vergeblich und deshalb so quälend.

Man ißt hier oft einen Fisch, der Branzino heißt und vorzüglich im Geschmack ist, ein anderer, groß wie ein kleiner Karpfen und rot wie ein Goldfisch, schmeckt weniger fein. Er heißt Triglia und wird sehr geschätzt.

Bevor ich von Berlin abreiste, besuchte ich Theodor Fontane. Er erzählte, daß Menzel sich nicht recht weitergetraut habe als bis nach Genua. Mir scheint, gerade er konnte Italien ohne Gefahr durch- und durchreisen.

Der Kalif spricht über Kulturheldentum: Redet nicht immer von Helden als von Bramarbassen. Ein Raufbold ist kein Held. Christus ist einer, Mahomed ist einer. Auch macht der Sieg nicht zum Helden: dieser gibt sich nicht immer dem Werk. Nicht daß einer unterliegt, nimmt ihm das Heldentum, sondern *wie* einer unterliegt. Es ist so offenkundig, das hier Gesagte, sollte es wenigstens sein, und doch hört man nicht auf, nach dem Helden des Kolportage-Romans zu rufen.

Heldentum ist nicht leicht erkennbar, nicht leicht begreiflich.

Über Goethes »Italienischer Reise« liegt das Behagen des Ausruhens, die Freude am Besitz seiner selbst. So war er ein König, und selbst die Größten, mit denen er umging, durften zu ihm nur aufgefordert sprechen, und dann nur das Tiefste und Beste, was sie wußten.

Palladio, Veronese etc.

6. Februar. Abends.

Ich bin müde und ein wenig krank, dennoch drängt es mich noch zu einigen Worten. Morgen gedenke ich Venedig zu verlassen, und wenn, durch die Ungunst der Jahreszeit erzeugt, während meines Aufenthaltes Momente der Abstumpfung hie und da gekommen sind, so erscheint mir jetzt, was ich gesehen und genossen, da die Abschiedsstunde nicht fern ist, in seinem vollen, außerordentlichen Wert.

Ein harmloser Lärm einer sich ergötzenden Volksmenge dringt herauf, Tamburinklirren, eine auf den Fasching deutende Fröhlichkeit äußert sich. Der Festsaal der Venezianer, der schönste der Welt, mit dem Himmel als Kuppel darüber, hallt wider von Schritten, Gesprächen und hellem Lachen.

Ich werde nicht leicht von hier weggehen und ganz gewiß – wo ich das Leben habe – wiederkehren. Hat man erst einmal von dem Honig dieser Waben gegessen, so gelüstet es doppelt.

»C'est la perle de l'Italie; je n'ai rien vu d'égal; je

ne sais qu'une ville qui en approche, de bien loin, et seulement pour les architectures: c'est Oxford. Dans toute la presqu'île, rien ne peut lui être comparé. Quand on se rappelle les sales rues de Rome et de Naples, quand on pense aux rues sèches, étroites de Florence et de Sienne, quand ensuite on contemple ces palais de marbre, ces ponts de marbre, ces églises de marbre, cette superbe broderie de colonnes, de balcons, de fenêtres, de corniches gothiques, mauresquess, byzantines, et l'universelle présence de l'eau mouvante et luisante, on se demande, pourquoi on n'est pas venu ici tout de suite, pourquoi on a perdu deux mois dans les autres villes, pourquoi on n'a pas employé tout son temps à Venise... On se sent prêt à être heureux; on se dit, que la vie est belle et bonne« etc. Als Taine im Jahre 1864 auf einer Reise durch Italien begriffen war, schrieb er dies, zu Venedig, am 21. April in sein Tagebuch. Er setzt hinzu, berauscht von der ersten Gondelfahrt zwischen den Palästen auf dem Canal grande: »On oublie tout, son métier, ses projets, soi-même« etc.

7. Februar.
Da wir in jetziger Jahreszeit abwechselnd helle und dunkle, aber zumeist rauhe Tage gelebt haben, sah ich nicht wie Taine Venedig in seinem vollen Blütenzauber; dennoch empfand ich, was er sagt, nicht minder, und was den Nachsatz angeht, so bestätigt auch ihn meine Erfahrung: »On oublie tout, son métier, ses projets, soi-même.« Es ist überaus wichtig, daß dieses Vergessen herrscht, daß es überhaupt durchgesetzt werde, da die heilende Kraft des Reisens darauf beruht. Abgezogen und fast immer gänzlich nach außen in Anspruch genommen, findet man keine Zeit – weder das Verharschen alter Wunden dadurch zu hindern, daß man darin wühlt,

noch auch kann man versucht sein, gefoltert durch Ungeduld, den im dunklen Boden des Unbewußten quellenden Keim einer neuen Kunstbildung vorzeitig ans Licht zu graben.

Der Landwirt, der seinen Acker kennt, schafft ihm, nachdem er ihn abgeerntet, Ruhe. Er erwartet nichts von ihm. Gleichsam ohne Beruf läßt er ihn liegen, freut sich, wenn die Sonne ihn bescheint, warmer Regen ihn durchdringt, und ist dankbar, wenn er eine hübsche Feldblume, von ungefähr, auf ihm pflückt.

Es ist wahr, man vergißt alles: seinen Beruf, seine Pläne, sich selbst – nicht immer, aber doch während langer Stunden in dieser Stadt. Die Wirkung der destruktiven Mächte, die, nach allen Richtungen, die Seele durchfurchten und aufrissen, wird ausgeglichen, der Acker setzt sich, schließt sich. Während man noch vor wenig Wochen in dem eigentlich Sekundären des Künstlerberufes, wie die Fliege im Netze der Spinne, hing, so daß von der brutalen Alternative »Sein oder Nichtsein« alles, außer das Grob-Persönliche, verdrängt ward, kostet es nun Überwindung, Eng-Persönliches zu berühren.

»On oublie tout, son métier, ses projets«, und selbst das »Anch' io sono pittore« erscheint einem abgeschmackt.

Der Acker liegt also brach, der Himmel Italiens spannt sich darüber, die Sonne Tizians und Veroneses durchwärmt und der Regen der Renaissance durchdringt ihn: so kann ich wohl die Geduld sein und brauche nicht einmal der Dinge zu warten, die da kommen wollen (nur daß ich die Feldblumen beiläufig pflücke); der Zustand ist mehr als erträglich.

Ich möchte noch etwas einfügen: Goethe, in Venedig, verfiel eines Tages darauf, wie er sagt, einem kommenden Polizeipräfekten »vorzuarbeiten« und einen Plan zur Hebung der öffentlichen Reinlichkeit auszusinnen. Er setzt hinzu, so habe man immer Neigung, »vor fremden Türen zu kehren«. – Man hat sie nicht immer, und wenn man sie hat, so beweist dies, daß man von eigenen Lasten nicht sehr bedrückt ist und den Segen jenes Zustandes genießt, wo man »son métier et ses projets« vergessen hat.

In gewissem Sinne genieße ich, wie Taine, in Venedig einen der letzten großen Städteeindrücke auf italienischem Boden, obgleich ich, auf dieser Reise, mit ihm begonnen habe: meine Meinung danach ist die, daß Venedig und Italien zwei recht verschiedene Begriffe sind. Venedig hat mit dem übrigen Italien zwar vieles gemein, aber das übrige Italien mit Venedig nur wenig, und wenn Venedig ein kostbarer Juwelenschmuck ist, der die seltensten Steine in edelster Fassung in sich und an sich vereint, so ist das übrige Italien ein ganz ungeheures Magazin der großartigsten, sehr verschieden gearteten Trümmer.

Dem Franzosen Taine mußte Venedig den tiefsten Eindruck machen, denn das Venezianische ist dem Französischen verwandt. Merkwürdig, daß Goethen das Goethische der Stadt nicht zuerst ansprach. Das Festliche des Ortes springt sogleich in die Augen, das Göttlich-Spielerische, Orientalisch-Grazile dieses marmornen Lustlagers bestrickt sofort. Man fühlt den Venezianer von einst und sieht ihn wandeln. Er ist der Westländer, der eine orientalische Renaissance erlebte. (Auch Goethe erlebte sie später und schuf sein Venedig, den »West-östlichen Divan«.) Der Italiener des übrigen Italiens erlebte sie nicht.

Der Kanonenschuß verkündet eben die zwölfte Stunde, und alle Glocken rumoren stark. Ich möchte schließen, nachdem ich noch weniges ausgedrückt. Die orientalische Renaissance des Venezianers schuf seinen Typus, es war zuallererst keine Künstler-Renaissance, sondern der Laie erlebte sie unbewußt.

Ich verschiebe meine Abreise.

Am 8. Februar 97.
Mit jedem Morgen herrlicher ersteht Venedig. Die Sonne, hell durch meine drei hohen Fenster scheinend, durchwärmt den Stoff meines Anzugs und blendet mich von dem weißen Papier. Im Schatten des Fensterkreuzes bringe ich meine Zeilen darauf.

Ich hatte von der orientalischen Renaissance des Venezianers gesprochen, die eine eingefleischte war und sich naiv-unbewußt vollzogen hatte. Der venezianische Laie war viel mehr Orientale, als beispielsweise Raffael Grieche war, und er hatte das Orientalische mit dem Eigensten verknüpft, und dieses Eigenste war stark, gesund, ja unverwüstlich: so konnte das Venezianische, als ein Neues, entstehen, von dessen Kulturinhalt Venedig zeugt:

Venedig ist heiter, genußfroh, genußgewohnt; es ist graziös, elegant und schwärmerisch. Venedig besitzt einen ewigen Festsaal und eine ewige Feststraße: den Markusplatz und den Canal Grande, und das Festliche ist ihm der Sinn des Lebens. Wo Venedig prahlt, so prahlt es in unnachahmlicher Großartigkeit und mit Geschmack.

Venedig ist offen, edel, frei, groß und von paradiesischer Schönheit, wo es lebt und liebt, aber es hat seine Bleidächer, seine verdeckte Seufzerbrücke, seine wingligen und verpesteten Wassergäßchen, seine tückischen Falltüren, seine geheimen Denunziationen.

Venedig, das ist der Venezianer. Wie Venedig, gleich Aphrodite, aus dem Schaum des Meeres geboren scheint, so konnte er, von scharlachnem Gewande umhüllt, in seiner Gondel, zurückgelehnt, lautlos schwebend, sich eines gleichen Ursprungs dünken: das Gondelfahrzeug befördert die stolze Träumerei. Es hat aber auch in der Schwanenruhe seiner aufrauschenden Bewegungen etwas, das auf die Haltung des vornehmen Venezianers nicht ohne Einfluß geblieben sein kann und diese von den barbaresken Manieren des übrigen Italiens unterschieden haben muß.

Gondola! Gondola! Gondola! rufen die Gondelführer. Das kleine schwarze Fahrzeug hat an Venedigs Märchengröße vielleicht ein größeres Verdienst als irgendwer jetzt ahnt. Es ist vielleicht, mehr als irgend etwas anderes, der Schöpfer des Venezianers und der Schöpfer Venedigs geworden. Ist aber dies der Fall, dann schließt sich der Ring, und der Venezianer, der sich und seine Stadt, gleich der Göttin der Schönheit, aus dem Meere entsprungen wähnte, träumte, hätte einen Wahrtraum gehabt.

Dasjenige Bild, welches vor andern mir nachgeht, ist »Christus im Hause Levis« von Paolo Veronese. Ich weiß nicht, ob ich richtig empfinde, aber es scheint mir, als ob es im Stofflichen durchaus venezianisch wäre. Jedenfalls habe ich – ganz abgesehen vom Künstlerischen – mich daran gewöhnt, ein Stück venezianischer Kultur und Überkultur in diesem Kunstwerke mit zu begreifen. Ich sehe in Levi, dem Gastgeber, wie er, Pupur, mit Hermelin verbrämt, um den vornehm-verwöhnten Leichnam gehüllt, von allem Sinnlichen und Geistigen des Momentes nur schwach interessiert, an eigner Tafel sitzt, den Venezianer par excellence. Es ist der Typ, wie jede Kultur ihn notwendig aufweist (wir würden ihn Fin de siècle nennen); nur daß er hier imponierend und groß bleibt: ein adliger Sproß, von Überkultur beinahe erstickt, von einem gelassenen Stolz bis ins Mark erfüllt und Leben und Tod gleich wenig beachtend.

Nachmittags.
Ich habe eine Photographie des »Gastmahls« gekauft und finde bestätigt, was ich oben geschrieben habe. Mit Hilfe des Abbildes konnte ich mir das Original genau in Erinnerung bringen und tat es, auf der Piazza sitzend, von heller, warmer Sonne beschienen, beiläufig meinen

Kaffee nehmend, in Muße. Es waren dies, schalte ich ein, Augenblicke der heiteren Vertiefung, des reinen Genießens, die, wie ich mir wohl bewußt bin, Höhenpunkte des Lebens bedeuten.

Übrigens wird dieses Kunstwerk mehr und mehr zum Ereignis für mich. Indessen, um bei der Schnur zu bleiben, schiebe ich jetzt hinaus, davon im ganzen zu handeln, und wende mich wieder dem reichen Levi zu: ich stelle mir vor, daß diesem Manne nichts Menschliches so recht fremd war, außer das Mitgefühl. Ich stelle mir vor, daß die göttlichen Dinge sich ihm in allzumenschliche, äußere Angelegenheiten auflösten. Er hat sich gewiß in den Wissenschaften versucht, aus Langweile, und Kenntnisse erworben, aus Anlage; er protegierte die Kunst, denn er schätzte im Künstler den Wesensverwandten und einzigen, von dem er noch etwas zu erwarten hatte. Das Herrschen war ihm Bedürfnis, mitunter Wollust, sonst war er klug wie die Schlange, giftig und tückisch wie sie. Den Zeremonien unterwarf er sich, auch denen der Kirche, aber die Priester fühlten sein kaltes, messerscharfes Lächeln, das durch und durch spottete; und wenn ihn die goldene Schnur der Staatsetikette ein wenig rieb, so war's ihm ein Kitzel mehr und willkommen. Skepsis blieb sein unverwüstlicher Wesenszug, aber was lag ihm daran, ein Bekenner zu sein. Ein Augurenlächeln genügte für die Auguren, die anderen aber – wer waren sie? Er hätte sich ebensowenig versucht gefühlt, den goldnen Pferden der Markusmoschee seine Weisheit zu predigen, oder seine Geheimnisse von der Loggia des Dogenpalastes auf den Markt hinuntergeschrien. Wenn etwas Reiz besaß – was sonst als das Versteckte, Hinterhältige, Außerordentliche, das, was rar, besonders, gefährlich, nur nicht allgemein war. – Der Mensch dieser Art war einst jung, dann wurde er reif, überreif, und zuletzt gar krank, und so sitzt er an Veroneses Tafel.

Er hat nicht gegessen. Der »Meister«, der »Rabbi« ihm gegenüber, den er zu sich geladen, einer bizarren Laune nachgebend vielleicht, hält sich gut. Es ist immer noch einiger Anteil an ihm zu nehmen. Die Anstalten lohnen sich. Und hätte der »Rabbi« sich nicht bewährt, was wäre im Grunde verloren. Man hätte essen und trinken gesehen, alles mit Eifer, Appetit und Genuß, man hätte die naive Melodie einer jugendlichen Seele ans Ohr klingen hören, man hätte Frische und Leben um sich gespürt und für ein Weilchen, vielleicht, den nörgelnden Schmerz eines schleichenden Übels vergessen.

Am 9. Februar 1897. Venedig.
Ich weiß nicht, ob das, was ich von der Figur des reichen Mannes auf dem »Gastmahl« abgelesen und ausgesagt, richtig gelesen und ausgesagt ist. Ich glaube es. Keinesfalls würde ich durch irgendeinen gelehrten Traktat ohne weiteres zu widerlegen sein. In seiner Kunst verbirgt sich der Künstler oft, so zwar, daß er gänzlich unfaßbar bleibt. Man kann sogar sagen, daß der große Künstler, in seines Schaffens Maienblüte, zum Ausdruck dessen gelangt, was er selbst von sich nicht weiß; so könnte ein Malergenie, das sich für orthodox und strenggläubig hält, ganz widerchristliche Bilder malen, und wenn es geschieht, so geschieht es ohne Gefahr, denn außer den Puritanern ist es wenigen christlichen Seelen gegeben, den Satan aus solchen Produkten herauszuwittern.

Dies ist ein glücklicher Umstand, der hoch zu preisen ist. Bestünde er nicht, hätte nicht Gott diese kleine Blende an der Stirn seiner Teufelsbanner angebracht, was wäre wohl übrig geblieben von allen Schätzen der Kunst, an denen wir uns heute erquicken und aufrichten können? Ich meine: nichts; denn antichristlich ist alle Kunst und jeder Künstler, der frömmste nicht ausgenommen, geborener Antichrist, schon deshalb, weil er das weltliche Jammertal, das Bereich des Teufels und seiner pseudoparadiesischen Verführungskünste, mit allen verfluchten Sinnen liebt und umspannt, im Weltlichen wurzelt und immer offen den Sinnen dient.

Ich sagte, daß Levi der Venezianer ist, und ich setze hinzu, daß sich dieser Typ mit seinem Anflug orientalischer Weichlichkeit, mit seiner Feinheit und Überreife in Italien sonst schwerlich noch hat entwickeln können.

Ich täusche mich nicht über den Wert meiner Betrachtungen: ich stelle sie an, weil ich noch immer lieber die Berge, außerhalb der gebahnten Wege, zu Fuß besteige, als daß ich mich in der Drahtseilbahn hinaufziehen lasse. Wer aber die Neigung hat wie ich, darf Irrwege nicht scheuen, auch sie verhelfen zur Kenntnis des Ortes und bieten zuweilen bessere Aussicht als die rechten.

⟨Inwiefern Veroneses »Gastmahl« mir zum Ereignis ward? darüber ins Klare zu kommen, will ich versuchen. Mein Bemühen zu diesem Ende führt mich von allem Venezianischen ab, da diese fragliche Angelegenheit rein künstlerischer Natur ist.

Seit ungefähr zwölf Jahren befasse ich mich in der Stille mit dem großen und einzigen Gegenstande auch dieses Bildes. Von dem Augenblick an, wo ich, mit naiver Entdeckerfreude, wie jetzt Venedig, so meinen Christus aus dem Stückwerk des Bibelbuches zusammenfügte, habe ich wohl zwanzig und mehr Mal die Darstellung vergeblich versucht. Es ist einer meiner sehnlichsten Wünsche geblieben, daß ich diese Frucht austragen und zur Welt bringen könnte. Kein Frühling entfaltet sich, ohne daß mir der »Menschensohn« wiedererstünde. Ich sehe ihn wandeln in meiner – in unserer Welt, ich verfolge ihn mit den Blicken, ich erkenne ihn in den seltsamsten Situationen, allen feindlichen, heuchlerischen Mächten der Zeit gegenüber. Doch immer schwindet er wieder hin.⟩

Nachmittag.
Zum drittenmal heute bin ich in einer Gondel von der Piazzetta bis zum Cà d'Oro geschwommen, nachdem ich am Vormittage das Arsenal besucht hatte: hier ist ein Modell des Bucintoro zu sehen, jenes goldnen Prachtschiffes, darin der Doge, alljährlich am Himmelfahrtstage, die Vermählung Venedigs mit dem Meere vollzog.

Es bedarf keines großen Aufwandes an Phantasie, sich vorzustellen, wie dieser schwimmende Prunkkoloß, diese ragende Goldmasse sich zwischen den Marmorpalästen des Canal Grande einherbewegt haben mag. An Bord den Dogen und den Adel Venedigs, von Purpur und Seide starrend, muß es einen Anblick geboten haben von wahrhaft gotteslästerlicher Pracht.

Napoleon I. hat das Schiff verbrennen lassen. Er fand nichts Schonenswertes daran als Gold, das er ausmünzen ließ.

10. Februar. Venedig.
Addio, Venezia!
Ich habe nur den allergeringsten Teil meiner Eindrücke hier niedergelegt. Unerwähnt geblieben ist unter den Kirchen Frari mit den Grabmälern Tizians und Canovas und SS. Giovanni e Paolo. Von Kunstwerken: Reiterbild Bartolomeo Colleonis, A. Verrocchio († 1488); alsdann die Paläste, unter denen, abgesehen von der besonderen Schönheit der Cà d'Oro, Michele Sammichelis Palazzo Grimani der edelste ist: er und Cà d'Oro stellen zwei Pole des venezianischen Geistes dar.

Noch richte ich den Blick auf die Marmorfassade der Procuratie Nuove, meinen Fenstern gegenüber, noch höre ich die Tauben des Markusplatzes gurren, in einigen Stunden ist das wirkliche Venedig versunken, das Venedig der Italiener von heut, aber ich gehe nicht leer aus. Mein Venedig im Herzen, beneide ich den Italiener nicht um das seine.

Sittulhassan.
Wunsch des Bucintoro. Fahrt auf ihm.

Die Pest.

Gewiß spuke ich noch in seinen Träumen.

Verona, den 12. Februar 97.

Nach Venedig wirkt es nur wenig. Beim Anblick der Arena geht das Kulturgefühl leer aus. Ein kolossaler und zweckmäßiger Bau, der bestialischen Zwecken diente. Unter dem Volk begegnet man sehr viele[n] kleine[n], zurückgeblieben[en] Menschen: Zwergen mit klugen Gesichtern. Menzel, als er den Markt malte, ist wohl nicht allzusehr aufgefallen. Die Stimmen, die man abends und nachts hört, sind roh. In Venedig sang man, hier grölt man. Interessant waren mir die Grabmäler der Skaliger; das von Can Signorio della Scala (Meister Bonino da Campione, 1375) als von dem gleichen Typus, dessen höchste Vollendung das Sebaldusgrab darstellt.

Ich war heut vormittag einige Stunden im Giardino Giusti. Es gibt dort, wie bekannt, herrliche Zypressen. Eine kolossale Felswand schließt den Garten ab: d. h. nicht eigentlich, denn sie ist selbst zum Garten gemacht. Schmale Wege, schöne Terrassen mit freien Ausblicken über Stadt und Hügel, ein hübsches romanisches Tempelchen, darin ich lange gesessen habe. Ein kleiner Singvogel tat mir die Liebe und machte Musik, aus den immergrünen Sträuchern heraus. Auch noch oben, über der Felswand, ist Garten. Dort hängt eine schöne Kanzel, auf der man den schlanken, einsamen Spitzen der Zypressen der unteren Anlage näher ist. Man kommt auf einer steinernen Wendeltreppe im Innern des Gesteins bis dort hinauf. Ich blieb ein Weilchen und stieg dann nieder zu den Beeten unter Glas: sie waren geöffnet, und das warme Hyazinthenarom erquickte mich. Einige Bienen waren auch schon schwelgerisch beim Raube. Ich setzte mich und betrachtete aus nächster Nähe die erschloßne Herrlichkeit, für ein Weilchen das ganze Italien vergessend.

Florenz. 14. Februar 97.

Ich lebe noch in der Vorfreude. Oder besser: ich halte mich stille, möglichst stille, alle Ungeduld auszuscheiden beflissen.

Von der Nachtfahrt ermüdet, unternahm ich gestern nicht viel: eine Fahrt nach der Certosa di Val d'Ema und über die Viale dei Colli. Um eine Anlage aufzufinden, welche von gleicher Schönheit wäre wie diese Straße, sollte man wohl vergeblich suchen: von hier aus erkennt man Florenz, das, wenn es zu sagen erlaubt ist, so eine keineswegs michelangeleske, sondern durchaus raffaelitische Schönheit besitzt. So weit das Auge die hügelige Landschaft ermißt, ist sie ein paradiesischer Garten, ein wundervoller Kulturteppich. Menschenhand hat alles berührt und gewirkt, und das rohe, rauhe, großartige Material der Natur tritt nirgend hervor: dies bedingt seine lieblich geartete Besonderheit, seinen Vorzug und seinen Mangel.

Der Kulturmensch par excellence hat nichts Besseres

zu wünschen, als hier seine Tage beschließen zu dürfen. Was mich anbelangt, ich hatte in allem Genuß der Herrlichkeiten ein solches Gefühl, als könnte man hier ersticken und als müßte ich wandern, wandern, rastlos, um ins Freie zu kommen. Das macht der Barbar in mir, und ich schätze ihn wahrlich nicht als mein geringstes Teil. Ich könnte auf einer paradiesischen Insel lange glücklich sein, weil sie ja doch das ewige freie Meer umspült, aber wo alle Täler und alle Hügel Gärten sind, da könnte ich meinen Garten nicht pflanzen. Einige Quadratmeter Humus in einer Steinwüste wären mir lieber als diese unendliche Gartenpracht. Ich bin nicht an sie gebunden, deshalb genieße ich sie aus Herzensgrund.

Die Terrasse der Hügelstraße weitet sich an einem gewissen Punkt zur Piazzale Michelangelo. Dieser Platz, in seiner Art, ist des Meisters würdig, es ist etwas in seiner Großartigkeit Überraschenderes nicht zu denken. Aber wie gut er gedacht, ausgeführt und benannt ist, man hat auch eine Bronzekopie des David mit einem Sockel dahin gestellt, auf dem die Idealgestalten »Nacht«, »Morgen« etc. in Verkleinerungen angebracht sind. Mit solchen Kopien den Meister ehren zu wollen ist mindestens armselig. Hier mußte ein echter Michelangelo stehen – oder die Arbeit und Ehrung eines echten großen Meisters der Gegenwart, etwa Hildebrands, oder gar nichts.

Abends flanierte ich ein wenig herum, kam auf die Piazza della Signoria und konnte noch einige Minuten bei den Meistern zweiten und dritten Grades zu Gaste sein. Ich besah mir den Herkules und Cacus des Baccio Bandinelli, Bildhauers und Günstlings der Gemahlin des Cosimus von Medicis, desselben, der den Cellini angeblich mit seinem Neide verfolgt und unter anderen klugen Sachen gesagt haben soll, daß die Alten keine Anatomie verstanden hätten.

Ich will gelegentlich, kuriositätshalber, nachsehen, ob die Ausstellungen, die Cellini an Herkules und Cacus macht, zutreffen. Ganz leidenschaftslos betrachtet, ist die marmorne Gruppe kein übler Koloß und Herkules und sein »Löw-Ochsen-Gesicht« von seinem Platze immerhin wirksam.

Der Perseus freilich ist besser gekonnt und für mehr als dekorativ zu nehmen. Der Körper geschmeidig und von schwellender Kraft, das Haupt der Meduse, von seiner Linken am Schopf gehalten, hat einen schönen, rätselhaften Ausdruck des Todes. Der lockenförmige Blutfluß in Bronze ist freilich geschmacklos und ein bißchen allzu naiv für einen Zeitgenossen des Buonarroti.

Die besonderen Geister, welche mit großen Anlagen, große Schicksale herausfordernd und bemeisternd, groß wurden, mußten in vielen Momenten bereit sein, an ihre Entschlüsse den Einsatz ihrer ganzen Persönlichkeit zu wagen. Es geht da oftmals auf Leben und Tod. Die Philisterseele hat vor solchen Anforderungen Abscheu, geht ihnen überall meilenweit aus dem Wege und würde niemals einen ganzen Einsatz wagen oder billigen.

Ich gehe nun ins Haus des Michelangelo Buonarroti.

Am 14. abends.
Ich wohne ebenerdig. Mein Fenster ist vergittert und geht auf den Lungarno, eine breite Straße, die längs dem Arno hinführt. Seit einer halben Stunde steht mitten auf dem Pflaster ein Sänger, singt Lied auf Lied und begleitet sich auf der Gitarre. Seine Stimme ist nicht so schön wie die eines Kollegen, der gestern auf der Piazza Manin stand, trotzdem hat er wie sein Kollege sein Publikum um sich gelockt und hält es fest.

Es ist eine milde, warme Mondnacht, und der Sänger singt Liebe: sein Lied ist ganz Liebesgesang, schluchzend, schmelzend, das Süßeste herausdrängend und immer Begehren und heißes sehnsüchtiges Flehen, ganz unmännlich und eben deshalb ganz männlich.

Diese Kunst, welche Natur ist, lebt leider nicht mehr in unserem Volke. Das Liebesleben des einfachen Mannes hat diese höhere Äußerungsform nicht. Wir haben zumeist Haushahnstimmen und Haushahngebaren dazu.

Ein zweiter Sänger hat den ersten abgelöst. Ich hatte die Läden geschlossen, und weil mich ein Lied sehr ansprach, wollte ich nochmals einiges Gemünzte hinausreichen, wobei ich den Wechsel erst merkte; so glich eine Stimme der andern. Auch dieser singt, »wie der Vogel singt«.

Ein Nachtigallhähnchen freilich ist ihm über, es singt und dichtet zugleich. Ich glaube, es dichtet immer ein einziges Lied, das es in jedem Frühling tiefer und reicher herausarbeitet und vollendeter in die Nacht fluten läßt. Mir fallen da alte, seltsame Stunden ein. Ich sehe das einfache, sommerheiße schlesische Dörfchen vor mir, wo ich einige Jahre als Landwirtseleve verlebte. Es lag in Büschen und Bäumen versteckt und tönte allnächtlich von Nachtigallen. Es war ein Vergnügen von mir, gleich einer Nachtigall im Busch verborgen, ihren Gesang, so gut ich konnte, mit einem Wasserpfeifchen zu kopieren, das ich mir selber schnitt, um so einen Wettstreit hervorzurufen, was stets gelang. Je schlechter ich pfiff, um so herrlicher klangen die Nachtigallen. Und hatt' ich sie erst in Zug gebracht, wohl gar ihrer drei oder vier miteinander in einen Krieg verwickelt, so lag ich still und genoß die Wonnen.

Das Haus Michelangelos war heut geschlossen, da, was ich nicht wußte, Sonntag ist. Ich werde es morgen sehen. Ich kenne nun dafür Fiesole, das ich zu Fuß besuchte. Der Tag war glücklich, schön und lachend, der Abend schwer von einem tiefen, süßen Ernst.

Florenz, den 15. Februar 97.

Verläßt man in der Richtung nach Fiesole die Stadt, so biegt die Straße nach einiger Zeit in ein Tal, das Größe und in seinen Gärten und Villen heroischen Charakter hat. Je mehr man in ihm vorwärts- und aufwärtsschreitet, um so wundervoller weitet sich die Landschaft, die geräumige Talung von niedrigen Baumpflanzungen übersponnen, mit weißen Gebäuden besprengt, allenthalben mit Hainen von Koniferen und Zypressen geschmückt. Ist es auch Gartenherrlichkeit, die sich überall dehnt, auch den Berg hinauf, der den Hintergrund bildet und von Fiesole gekrönt wird, man atmet hier freier als auf der Hügelstraße.

Das Weiß der sonnenbeschienenen Mauern, daneben tiefdunkle, schlanke Zypressengruppen, helles Frühgrün des Grundes, durch silbriges Weißgrün der Steineichen leuchtend, die grauen Terrassenmauern burgartig trotzig und im Osten ein brauner, kahler Berg, dies alles ist hell und doch von verhaltenem Ernst.

Alles Bestrickende, Liebliche ist hier überall auch voll Trotz und Kraft. Es sind hier Berge, nicht Hügel. Die Straßen zur Höhe teils steil, teils graziös unternehmend, und die Anlage der schönsten Villen und Gärten erscheint kühn, ja waghalsig.

Es wäre vergeblich, versuchen die Schönheiten anzudeuten, die sich erschließen mit jeder Wendung. Man ermißt, über efeubewucherte Mauern, großartige Tiefen und steile Höhen, man hat Blicke in ewige, feuchte Nacht von Zypressenhainen, man lauscht dem Gesange verborgener Vögel, man späht in Weiten, wo die Arnoschlange sich silbern windet, man entdeckt Florenz wieder, das sich für eine Weile versteckt hielt, und kommt so höher und höher hinauf, von einer immer großartigeren Raumempfindung beglückt.

Auf dem Heimweg hatte ich Nacht und Vollmond.

Als ich vorgestern, von der Hügelstraße, zum ersten Male die Landschaft ermaß, konnte ich die Seele eines Michelangelo mit ihr nicht in Einklang bringen. Auch nicht einen Hauch von der gigantischen Schwermut dieses Mannes schien sie zu bergen. Ich hätte an das sonnige, ruhige Meer denken sollen und an alles, was es nicht verrät. Doch dieser Vergleich trifft nicht zu. Auch das sonnige, ruhige Meer ist gewaltig, was die Landschaft von Florenz am Tage nicht ist. Nachts aber gewinnt sie unendliche Hoheit und eine sinnverwirrende Schönheit.

Gegen Abend.

Ich habe Hildebrand aufgesucht. Vor vierzehn Jahren, als ich von Rom nach Deutschland zurückreiste, ging ich mit einer Empfehlung von Böhtlingk in Jena zu ihm. In Erinnerung daran und weil ich inzwischen den Mann würdigen gelernt habe, machte ich heute den gleichen Gang.

Die vergangenen Jahre haben den Meister zu großen, verdienten Erfolgen geführt, so bewohnt er denn jetzt ein altes Klostergebäude, sein Eigentum, an der Piazza Francesco, geräumig und großartig in der Anlage.

An einer mächtigen Gartenpforte klingelte ich, unsicher, ob ich nicht etwa an das Besitztum eines Kardinals geraten sei statt an die Tür eines deutschen Bildhauers. Aber ich war vor der rechten Schmiede. Nicht ohne Mißtrauen ward ich empfangen, wie sich's gehört; aber während ich noch mit einem Faktotum unterhandelte und sagte, daß ich nicht stören wolle, wenn etwa der Meister arbeite, erschien dieser selbst.

Ich nannte den Namen; er fragte mich, ob ich Maler

sei. Ich verneinte es. Nun kam ihm ein Schriftsteller meines Namens ins Gedächtnis.

Hildebrand ist ein behäbiger, gütiger Mann, bärtig und mit großen hellen, sehgewohnten Augen. Alles Weiche, Reine, Ruhige und Edle, man fühlt es, kann in dieser klaren, stürmelosen Natur zur Vollendung gelangen. Was ich sage, erfordert vielleicht Einschränkung. Aber gesetzt, er wäre ein Mensch mit Konflikten, in den ruhigen Spiegel seiner schaffenden Seele greifen sie niemals verwirrend hinein.

Seine Behäbigkeit ist im Grunde Geduld der Größe, die ihre Zeit der Kunst gibt, ohne zu zählen, Tag um Tag, Woche um Woche, Jahr um Jahr des kostbaren Lebens.

Er hat den Süden gesucht mit sichrem Instinkt. Ewige Sonne, klare Luft, gleichmäßige Wärme, keine Winde, Stürme, Wolkengewitter, kein Schnee, keine Erstarrung. Der Süden hat seine Frucht gereift.

Er ist in diesem Moment der einzige Große und Ganze, den Deutschland besitzt. Sein Marmor lebt. Das Letzte, der Atem des Lebens ist erreicht. Wo die andern aufhören, da beginnt seine feinste und höchste Tätigkeit. Winckelmann würde an ihm seine Wonne haben, Goethe ihn bewundern und lieben.

Ich fühlte durch seine Reden eine Art eingefleischter Verehrung für den Marmor, einen feinsten Respekt für das Material, eine tiefe, zurückhaltende Neigung für es.

Sein Verhältnis zum Marmor ist ähnlich dem, welches der Dichter zu seiner Muttersprache hat, und eben nur der, welcher ein Ganzer ist. Nach dem Vorhandensein und Charakter dieses Verhältnisses kann man immer Annäherndes auf Wert und Unwert des Künstlers schließen.

Florenz, den 16. Februar 97.
Ich sah eine Luna in Gips bei Hildebrand: ein erblühendes Mädchen, weich, warm, ganz zart und ganz mildleuchtend, kommt sie zu Tale. Zögern und liebliches Schreiten ist eins in ihrer Bewegung, sie geht nicht, sie schwebt nicht, sie teilt sich unmerklich den Tälern mit wie Mondesklarheit.

Die tiefste deutsche Lyrik strömt aus dieser vollendeten griechischen Bildung.

Wir sprachen mancherlei. Von Italien, Deutschland, Berlin. Es schien mir, als hätte das Künstlerkind im einen sich mit dem Künstlerkinde im andern befreundet.

Das Haus des Michelangelo Buonarroti, das ich gestern besuchte, bietet nichts Persönliches. Die Sammlung und Ausstattung im Innern ist ein Sammelsurium von guten und mäßigen Dingen, darin das Michelangeleske zurücktritt; das Ganze die nachträgliche Anlage eines Neffen, recht gut gemeint, aber im Grunde doch überflüssig. Es steht ganz anders mit dem Hause Antonio Velas in der Nähe von Lugano oder mit dem Dürerhause in Nürnberg, wo man die Lebenswärme der Abgeschiedenen noch empfindet. Eine Tafel über der Pforte des Hauses, eine Büste Buonarrotis im Hof – und der Eindruck wäre hier tiefer gewesen.

Gegen Abend.
Sagrestia Nuova.
Über Michelangelo muß ich umlernen. Ich weiß nicht, wie die Grabkapelle in letzter Vollendung gedacht ist, aber sie ist und muß bleiben: ein Tempel von abgeklärtester Heiterkeit.

Michelangelo ward hier zum Griechen; und durchgedrungen zum Feinsten, Ruhigsten und Einfachsten seiner

Natur, gleicht er sich Raffaelischem an und Goethischem aus der Tasso-Iphigenien-Zeit. Faßt man die Abbilder der Männer ins Auge, die den Grabmälern Namen geben, Giuliano und Lorenzo von Medici, so legt sich Freiheit und Ruhe in ihnen dar. Der Denker ist nur ein Sinner, geschweige daß er ein Grübler wäre; und der Feldherr ist nichts denn lebendige, heitere Kraft und Schönheit, gelassen entfaltet.

Florenz, den 17. Februar.

Noch einmal und noch oft die Sagrestia Nuova. Taine, glaub' ich, nennt sie kalt oder frostig. Das ist grundfalsch. Sie ist auch nicht warm: diese Art Sinnfälligkeit wohnt ihr nicht inne. Man kann sie olympisch nennen; und nur wer Olympisches zuweilen erlebt, wird zu ihr ein echtes Verhältnis gewinnen.

Man kann das Olympische als heiter-erhaben fassen, womit es jedoch bei weitem nicht erschöpfend bezeichnet ist. Es liegt sogar in dem Wort »erhaben« schon etwas Halsreckerisch-Posenhaftes, was allem Olympischen fern ist; und auch in dem Worte »heiter«, im reinsten goethischen Sinne gebraucht, liegt ein Zuviel, so daß die Bezeichnung im ganzen sich auch als zu grob erweist.

Jener großartige Zustand der Seele, dessen bedeutende Männer, nachdem sie Hölle und Himmel gleichsam haben ermessen müssen, doch noch teilhaftig werden, ist weder ernst noch heiter zu nennen. Er ist von aller Pose entfernt, er ist nicht heilig, nicht profan, er ist von göttlicher Kindheit, von ältester Weisheit. Man ist versucht, indem man die vergebliche Mühe, ihn schildern zu wollen, erkennt, wie ein Kind zu definieren und etwa zu sagen, daß das Olympische eben just das Olympische sei.

Vor der Seele Buonarrotis, des Olympiers, lag keine

Wolke, als er die Sagrestia Nuova schuf; nichts Menschliches noch Göttliches vermochte ihn zu beängstigen. Sein Auftraggeber, der Tod, ward eine stumme gleichgiltige Figur und verschwand vom Bauplatz, ohne verwiesen zu sein. Alles Olympische achtet den Tod nicht.

So ist denn in dieser Grabkapelle nichts als Leben: kein Moder, kein Grufthauch, nichts Lastendes oder Beängstigendes.

Aber es ist auch kein Christentum darin.

Vor der Seele Buonarrotis, des Olympiers, lagen die Tiefen in eignem Licht. Die Bahn seiner Augen trübte kein heiliger Pfaffenweihrauchdunst. Er baute sein Haus olympisch reinlich. Denn sein Haus ist es, des Meisters Haus: es ist niemand darin als er. Nicht Giuliano di Medici, nicht Lorenzo di Medici noch irgendein Medici, sondern allein Michelangelos marmorne Schönheit.

Gegen Abend.

Ich ging heut zum zweitenmal in die Grabkapelle und nahm, während ich dort war, auch von dem Abschnitt Kenntnis, den Taine ihr widmet: er enthält viel Gutes. Die großen Gebilde »Abend« und »Morgen«, »Tag« und »Nacht« haben Taine gebannt und ihn vom Stile des Ganzen abgelenkt. Er beschreibt sie gut, doch ist »figures colossales«, wie er sie nennt, befremdlich für mich.

Es heißt, daß Michelangelo, da Florenz vom Papste erobert war, sich lange in Lebensgefahr befand, verborgen lebte und endlich verschont ward, um die Kapelle der Mediceer zu vollenden. Da wäre wohl kein Gefängnis für ihn zu finden gewesen, welches so wenig eins war als dies. Hier war eine Freistatt für ihn und kein Gefängnis. Hier war er unter dem Schutz und Schirm einer göttlichen Konzeption; und ihre ursprüngliche Größe und Weihe – es konnte nicht anders sein! – mußte ihn wieder durchdringen, weihen und groß und olympisch machen.

Ich werde sogleich abgeholt und verschiebe es, mehr von dem zu sagen, was mich in diesen Tagen im Tiefsten beschäftigt. Übrigens las ich heute, einige Tage versäumte ich es, eine deutsche Zeitung und erfuhr, wie sich Griechen und Türken Kretas wegen in die Haare geraten – ferner, daß Friedrich Mitterwurzer gestorben sei und noch einiges weniger Traurige. Schließlich erhielt ich den Koran, auf dessen Offenbarungen ich gespannt bin.

18. Februar.

Die »Nacht« erscheint Taine ähnlich einer in barbarische Gefangenschaft geratenen Diana. Die »Morgenröte« erwacht aus einem schlechten Traum; »qu'il est triste de rouvrir les yeux et de sentir qu'on va porter encore une fois le faix d'une journée humaine!« – Bei dem »Tage« denkt er an Figuren Dantes, besonders an »Ugolin, rongeant le crâne de son ennemi«.

Er sagt: alle diese Figuren seien nicht von unserem Blut, aus ihrer Nacktheit spräche nichts als Schmerz und Rasse, und es könnte bei ihrem Anblick kein anderes Gefühl aufkommen als Furcht und Mitleid.

Das letzte ist ganz falsch, das übrige verkleinernd. Die ganze Betrachtungsart gibt ihm nur Teile in die Hand und benimmt ihm die Aussicht, die große, michelangeleske Einheit des Ganzen zu begreifen.

Ein Kunstwerk wie dieses ist aus einer großen, stolzen Empfindung geboren (denn eine andere trägt die Bürde der Riesenarbeit nicht) und von ihr in allen seinen Teilen durchherrscht. Sieger (des Stoffes) ist jeder große Schöpfer zuerst, und hell und festlich bekränzt in der Arbeit selbst derjenige, der sonst im schwarzen Gewand des Grams einhergeht. Alles, wovon er im Leben beherrscht wird, beherrscht er in seiner Kunst: das ist der Punkt.

Man muß nicht Michelangelo mit Leopardi begreifen wollen.

Verkleinernd sind alle Vergleiche bei Unvergleichlichem. »Ugolino« und »Hirnschale« aber ist dieser marmornen Klarheit gegenüber trübseliger Irrtum.

Als Michelangelo, aus aller Erniedrigung heraus, seinen Grund und Boden, sein Reich und Werk wiederbetrat, da ward er und fühlte sich ein Fürst über allen Fürsten. Erniedrigung, Rachedurst: alles fiel von ihm ab und mußte von ihm abfallen, bevor er den Meißel ansetzen durfte. Zu ganzer Größe und Vollkommenheit mußte er sich aufrecken, bis er sein eignes Werk wiedererreichte, um, ohne sich zu schänden, daran fortwirken zu können.

Gewiß: hätten die Wände Ohren und könnten sie sprechen, wir würden von geflüsterten Flüchen und knirschend ausgestoßenen Rufen des Hasses und mehr noch der Verachtung erfahren. Und auch so: ich sehe den Meister, wie er umherging, pfiff, bitter lachte, sang, dies und jenes zur Hand nahm, seinen Holzhammer in die Ecke warf, aber immer doch seiner geheimen, sicheren Richtschnur nachging, über den Druck und Dunst der Stunde bergeshoch und unter das Oberflächengekräusel der eignen Seele meerestief.

Taine sah den Tempel für sich, die Allegorien für sich, die Mediceer für sich.

Nachmittag.
Flüchtiges Durcheilen der Uffizien. Unter den Antiken besonders viele con amore gemeißelte Halbjünglinge, Halbmänner oder auch Halbweiber – wie man will: ein Knabe mit der Rohrflöte, welchen ein Faun beschwatzt, ein Apoll, ein Merkur, Ganymed und schließlich die vollkommenen Hermaphroditen, ungesunde, ein wenig

weichliche Gesellschaft, und nicht im mindesten keusch. Ein Nerone Fanciullo hielt mich auf; ein knablicher Körper, eine feine, lustige, lebendige Hand, ein kindlicher, lieber Mund mit einer spitz-drolligen Oberlippe. Das ganze rundliche, nackte Kerlchen lorbeergekrönt. Nero? – »Glaublich, sehr glaublich.«

Aus dem Doryphorus schlug mir ein mit dem michelangelesken der Grabkapelle wesensverwandter Hauch entgegen, jenes Heitere, gemütisch Freie, was trotz allem in ihr obherrscht.

An Tizian ging ich vorüber, sogar an seinen Handzeichnungen; auch Raffael hielt mich nicht; aber die Blätter Buonarrotis banden mich. Vor der Kraft dieser mächtigen Handschrift erscheint das Umgebende marklos und weibisch.

»Er war ein Mann, nehmt alles nur in allem«, ein Wirker, ein Schöpfer, ein Vollbringer, »ein leidender Held« zuweilen, aber immer ein siegender Held. Er hatte seine eigene Heiterkeit, seine eigene Schönheit, aber es war Heiterkeit und es war Schönheit. Und es geht nicht an, von der »verzweifelten« oder hoffnungslosen »Nacktheit« seiner Figuren zu sprechen.

Vater gibt mir die Nachricht, daß Onkel Adolf Straehler am zwölften Februar gestorben ist. Er schließt seinen Brief: »Wir Alten müssen ja nun alle das Feld endlich räumen, das ist natürlich. – Der Gedanke daran stört meine Lebensfreudigkeit nicht. Ich freue mich des Tages, der mir in mäßiger Gesundheit verliehen wird, und sage nur: walt's Gott!«

19. Februar.
»Vor der Seele Michelangelos, des Olympiers, lag keine Wolke, als er die Sagrestia Nuova schuf, nichts Mensch-

liches noch Göttliches vermochtte ihn zu beängstigen«: Worte, die ich jüngst niedergeschrieben habe und, trotz Taine, aufrechterhalte. Den Historiker führt sein Drang, das Mysterium der Kunst zu erklären, vom tiefsten Begreifen ab. Das Mysterium muß man nicht antasten.

Die Sagrestia Nuova ist nur *ein* Werk gleichwie das Sebaldusgrab, und alle äußere Verschiedenheit zerstört nicht ihre Wesensverwandtschaft.

In beiden Gebilden ist reinstes, feinstes, tiefstes und großartigstes Persönlichkeitsleben über Gräber entfaltet.

In beiden Gebilden erhebt sich das Leben sieghaft über den Tod, der sein Thema ist. Beide bedeuten auch Überwindung des Todes.

Dies ist ihre göttliche Kraft, hierin beruht ihre olympische Heiterkeit. Peter Vischers Werk, »das aus sich selber, klingend, sich bewegt«, strömt ununterbrochene Harmonien nach allen Seiten in die mächtige Mutterkirche aus, die es beherbergt: ein wundervoller, ewiger Hymnus des Lebens, der zu Tränen ergreift.

Wenn man ihn einmal gehört hat, um sich blickt und ahnungslos [die] tauben Menschen um das Heiligste sinnlos herumgehen hört, wenn man der plärrenden Kanzelbehäbigkeit gedenkt, die den gleichen Raum mit schalem Zungengedresch zu entweihen das Privileg hat, so möchte man dreinrufen: Hört ihr denn nicht, fühlt ihr denn nicht das ewige Wunder, das Gott gewirkt, mitten unter euch!? Höret doch auf, es zu entweihen!

Ich habe fälschlich gesagt – und dies ist der Segen von Tagebüchern, daß sie nicht fertige Ansichten verlangen, sondern als guter Nährboden Keime aufnehmen, zum Licht drängen und zur Reife treiben – ich habe also fälschlich gesagt: »Sein – Michelangelos – Auftraggeber, der Tod, ward eine stumme, gleichgiltige Figur und verschwand vom Bauplatz« und: »Alles Olympische achtet den Tod nicht.« Alles Olympische fürchtet den Tod nicht, muß man berichtigen, und achtet nicht seine Schrecken; es empfindet ihn ruhig, eher als Freund denn als Feind, und ergibt sich der Weihe seines Mysteriums gern, frei und heiter.

20. Februar.

In Michelangelos Werk ist Mysterium des Todes und heitere, weihevolle Ergebung darein. Die erzgewordene Phantasie Peter Vischers ist deutsch-orientalisch, die marmorgewordene Buonarrotis italienisch-griechisch. Peter Vischer ist frömmer, und obgleich er sich selbst, mit Hammer und Schurz, in sein Werk gebracht, tritt er doch mehr hinter ihm zurück als Buonarroti hinter dem seinen. Peter Vischer ist persönlich-naiver; Michelangelo persönlich-großartiger. Peter Vischer, könnte man sagen, wenn es nicht Blasphemie wäre, ist redselig, Michelangelo wortkarg.

Das Griechische und Gehaltene der Konzeption Buonarrotis schloß alles Chaotische aus, das im Sebaldusgrab zugleich in Erscheinung tritt und in Ordnung sich gliedert.

Michelangelos Werk ist groß gewollt, erdacht und ausgeführt. Peter Vischers Werk ist geworden und gewachsen, im Formalen ewig geheimnisvoll: Es ist eigentlich kein Werk, sondern ein unbegreifliches Wunder, während die Sagrestia ein Werk bleibt.

Ich bin geneigt, den Künstlertyp, den Peter Vischer darstellt, für den ursprünglichsten zu halten. Er ist der Mensch, der Begnadung demütig empfängt und Empfindung, fromm, gläubig und ergeben dem Geiste Gottes, welchen er in sich weiß. Er ist nur seinen Gesellen ein Meister, im übrigen aber nur ganz Werkzeug.

Anders ein Michelangelo.

In ihm ist Prometheuswille, Trotz des Einsamen, Losgelösten, Gottestrotz. In ihm ist Meisterschaft, Herrlichkeit, die nichts wissen will von Demut und Begnadung. Hierin liegt Tragik, aber sie liegt nicht zutage. Peter Vischer ist einig mit Gott, Goethe machte seinen Frieden mit ihm, Michelangelo nicht.

Er ist ein Gigant, und seine Taten sind Taten des Giganten. Deshalb ist sein griechisch leichtwandelnder Gleichmut so groß und besonders. Daher das Innergewaltige seines olympischen Werks.

Die Totenkapelle ist grazil und hochstrebend: hell und leicht ihre Kuppel. Viel Licht ist darin. Nischen aus Marmor, von leichtem, edelstem Ebenmaß, durch korinthische Säulenformen begrenzt, rundum in mäßiger Höhe. Statuen, welche hineingedacht sind, fehlen. Zwei Sarkophage der Medicis sind von einer so letztgefundenen Schönheit in Ernst und Grazie, daß, wenn die darauf ruhenden Figuren im taineschen Sinne wirkten, das Mißverhältnis vollkommen wäre.

Giuliano und Lorenzo di Medici, über den Särgen thronend, sind wie griechische Krieger gekleidet. Giulianos Haltung von praxitelischer Ruhe und jugendlich ahnungsloser Würde, so daß er ins Glück eingeboren und eingewöhnt, ganz griechisch-göttlich wirkt.

Lorenzo dagegen, ihm gegenüber, ist merkwürdig.

Er sitzt, schön wie sein Verwandter, schöner als er; aber er hat sich selbst und das Leben vergessen, das ihn durchdringt. Sein Auge sinnt, fern, fern über Vergangenes, über Zukünftiges. Er ist ganz traumverloren, versonnen.

So füllt er den Raum des Lichts mit einem weichen, ernsten Stimmungsgehalt, mit einem Sehnsüchtigen, Unbegreiflichen, Ungelösten, aber unendlich Süßen.

Dies ist der Tribut Michelangelos an das Grab.

Taine sagt von Lorenzo: So muß Barbarossa ausgesehen haben, bevor er den Befehl erteilte, den Pflug über Mailand zu führen. Man kann gar nicht grimmiger fehlgreifen. Was haben wir hier mit Barbarossa zu schaffen und was mit den Medicis? Das tiefgeschöpfte Gebilde des großen Künstlers ist ganz persönlich und namenlos. Aber nehmen wir auch irgendeinen Großen vor einem welthistorischen Entschluß: dies mag ein bedeutender Vorwurf sein, nur würde er klein werden in der Grabkapelle. Er würde auch laut und entweihend wirken in dem Stillen, Ewigen, das hier sich umspinnt.

Die Stimmung der weichen Rätselsehnsucht, die von Lorenzo ausgeht, mußte geschont werden. Sie ist hier das feinste Fluidum, und so fein sie ist, muß sie doch die lauteste Aussprache im Raume bleiben. Alles andere muß stiller und ruhender sein. Daher die tiefe, unendliche, erschütternde Stille in dieser Kapelle, diese leuchtende Stille.

Man muß diese Stille finden, um die Hoheit und Einheit des Werkes zu begreifen, jenes Letzte und Zarteste der Kunstabsicht und des reinen Triumphes der Vollendung, welches ihr Lebensatem ist.

Nachmittag.

Grato m'è il sonno, e più l'esser di sasso,
mentre che il danno e la vergogna dura;
non veder, non sentir m'è gran ventura,
però non mi destar, deh, parla basso.
laß, rede leise.

Zu diesen Versen ward Michelangelo durch seine Figur der »Nacht« bewegt. Er ist hier Lyriker und nicht Bildhauer, und die Lyrik ist Kind des Augenblicks. Er ist als Dichter neuschöpferisch und keineswegs der genaue Analytiker seines Bildhauerwerkes. Was sich in dem Gedicht erschöpft findet, ist der Zustand seiner Seele, als er es schrieb. Aber das »Parla basso!« ist anzumerken. Dieses »Sprich leise, leise!« sagt Michelangelo zu allen, welche die Kapelle betreten, er hat es während der Arbeit zu sich selbst gesagt, er hat es zu seinen Figuren gesagt, auch zu den vier gigantesken Gestalten: dem Tage, der Nacht, dem Morgen, dem Abend.

Florenz, den 21. Februar.

Jede der vier Gestalten ist gewaltig, nicht kolossal; eine jede von ihnen hält inne in einer großen Bewegung. Der Tag blickt frei und grad, man fühlt es, das Auge stark und unbewölkt. Unendliche, scheinbar ruhende Macht ist dieser Sonnegigant.

Fern weiche der »Ugolino« Taines, der seines Feindes Hirnschale nagt!

Die Nacht ist sein Gegenteil, als Weib gebildet. Tag und Nacht zeugen das Leben. Die Nacht ist schön, schwer und tief. An ihr ruht alles, doch in ihr lebt und wirkt alles, nebulos; halb unbewußt. Sie ist der schmerzduldende, bürdenempfindende Erschöpfungsteil des Daseins. Der freie, ruhige, glückliche Augenblick thront zwischen und über ihnen: der Marmor-Giuliano: das ist ihr Kind.

Die Morgenröte ist Halbschwester der Nacht, der Abend Halbbruder des Tages. In Abend und Morgenröte kämpfen die Schatten des Schlafs mit den Gewalten des Tages. Ihr Geschöpf ist ein Zwittergeschöpf: der Marmor-Lorenzo. – In ihm empfindet das Leben, noch im Licht, die Nacht und den Tod und wird zum Wachtraum. Der Tod aber ruht in den Sarkophagen als Ungeschautes, Unbegriffnes.

Rom, 22. Februar 97.

Rom. Regen. Schauder. Eine schlechte Nacht. Alles Alte steigt auf. Wieder ist Karnevalszeit. Damals fuhr man mich, durch die Masken, den Corso entlang, zum Krankenhause. Es ist mehr als elf Jahr her, und doch wie gestern. Ein Traum alles, was dazwischenliegt, und das ist nicht wenig. Damals, kaum daß ich mich wieder zu schleppen vermochte: fort! – Heut: der gleiche Drang. Nein. Hier ist nicht gut sein für mich, in keiner Beziehung. Vor Jahren ging ich herum, von diesen verrömerten Deutschen geächtet. Heut ächte ich sie. Ich kann sie nicht nur entbehren, vielmehr ist mir Berührung mit ihnen Pein. Zwei Menschen, die Nächsten und: die Natur. Die tätigen Kräfte einer empfänglichen Gegenwart, einer größeren Zukunft gewidmet. Arbeiten in der Stille. Den Menschen dienen, aber sich nicht mit ihnen gemein machen, um sich selbst zu behalten und andere nicht verachten zu müssen. Gestern, der letzte Tag in Florenz, das war einer von denen, welche die Seele reinigen, ein Tag wie der heutige tut das Gegenteil. Es liegt alles so stumpf und tot in mir.

Ich fuhr nach der Via Flaminia. Dort sitzen zwei Menschen, welche die glücklichsten sein könnten, wenn andere nicht eben dadurch litten. Der alte Freund ist jung und – alt geworden. Ganz plötzlich empfand ich es, als ich ihn ansah.

Er sagt mir: »Rom, das ist eine Rumpelkammer. Viel Schund, und das Gute ziemlich versteckt darin.« – »Alle Wege führen nach Rom«, steht auf den Tellern des babylonischen Riesenhotels, darin ich wohne, aber es ist nicht mehr recht einzusehen, warum.

Ich weiß wohl, wie Regentrübe und die Suggestionskraft peinlicher Erinnerungen in diesen Augenblicken stark aus mir wirken, und wünsche und hoffe, daß der Bann sich löse. Sicher ist, daß es mich rückwärts zieht und daß Venedig wie Florenz licht, blumig und festlich in meiner Erinnerung stehen, während das *Rom* meiner Erinnerung und das Rom, welches ich sehe, gleich gefährlich, fremd, unwirtlich und kalt wirken.

Was suche ich eigentlich hier? in einer Stadt, aus der ich zweimal geflohen bin?

Via degli Incurabili hieß das Gäßchen, auf dem ich, vor mehr als elf Jahren schon, hier in Rom meine Wohnung hatte.

Fatum.

Ich möchte nicht von hier fort, ohne den Moses, die Sixtinische Kapelle und Tizians »Himmlische und irdische Liebe« gesehen zu haben.

Notizen.
Die Nichtbestätigung der Richtigkeit eigener Lebensart. Was wird dadurch gesündigt, daß man Richtiges, von andern über uns behauptet, nicht zugibt.

Rom, den 23. Februar.
Ein Sonnenmorgen. Es vergißt sich, lebt, liebt und lacht sich so leicht im Sonnenschein. Noch sitze ich in meinem Hotelzimmer und sehe nur ein Stück des blauen Himmels über Rom, von Rom selbst nichts, aber ich fühle, heut werde ich mit dieser Stadt Versöhnung feiern.

24. Februar.
Ich habe mich mit Rom nicht ausgesöhnt. Es liegt mir, trotz Sonnenschein, schwer in den Gliedern. Aber ich habe eins der erhabensten Werke wiedergesehen und überhaupt erst kennengelernt: die Pietà von Michelangelo. Da ich in einigen Minuten aufbreche, um nach Tivoli zu gehen, verschiebe ich jetzt, über dieses ergreifendste

Werk weiteres zu sagen, und registriere nur noch die übrigen Eindrücke des Tages: Sixtinische Kapelle, Raffaels Stanzen, die Appische Straße und die Rundsicht auf die Gebirge.

25. Februar.
Tivoli.

27. Februar.
Es ist viel unausgesprochen geblieben in den letzten Tagen, und auch heut wird nicht viel zu Tage treten. Nur möchte ich notieren, daß ich Ludwig v. Hofmann erst am Tage vergeblich gesucht, dann, am Abend, gefunden habe. Er saß im Café und träumte, sah mich auch nicht, bis ich dicht bei ihm stand, begriff auch, aufschauend, nicht gleich, wer ich war, und erkannte mich schließlich. Ich legte mich, als ich den Abend mit ihm verbracht hatte, befriedigt im Innersten nieder, denn ich hatte einem einsamen Manne, den ich immer liebgehabt, durch meine Gegenwart Freude gemacht. Ich selbst aber habe mir seine einfache, echte und sympathische Art aufgefrischt und mich in einer mir werten Beziehung befestigt.

Wir tauschten Erlebtes aus. Seine Mutter war gestorben, und er trauerte tief und ohne Pose. Wir sprachen dann über Kunst, und er erzählte mir, daß er erst jetzt ein wirkliches, eigenes Verhältnis zu Michelangelo bekommen habe. Da gerieten wir denn in gutes Fahrwasser. Ich gab einiges Eigengewonnene, weiß aber nicht, ob Maler an meiner Betrachtungsart ein Interesse zu nehmen vermögen. Es schien, als ob es bei ihm der Fall wäre.

Er verkehrt hauptsächlich mit Greiner, von dem er mit großer Neigung spricht. Die heitere Natur dieses Mannes und auch sein Ernst sind ihm, scheint es, tägliche Erfrischung.

Er braucht Erfrischung, man fühlt es ihm an. Es schwebt über ihm die Gefahr der Vereinsamung.

1. März. Cocumella.

Es scheint mir, daß hier der Platz ist, den ich in der letzten Zeit mit Schmerzen gesucht habe. Von der Schönheit des Ortes, jetzt, im ersten, unbegreiflichen Ansturm, eine Vorstellung zu geben ist unmöglich. Der Gedanke, daß, was man staunend anschaut, nun Tag für Tag sich entfalten soll und daß man es täglich soll genießen können, will nicht in den Sinn. Man leidet Schmerzen von dieser Pracht und Größe, während die Sonne sinkt, versunken ist und über dichten Zitronen- und Orangenwäldern die Fläche des Meeres verlischt. Ein Vogel singt, und Glocken läuten ferne.

2. März 97.

Cocumella! Mit Behagen schreibe ich das Wort, weil es für mich zu einem wohltätigen Begriff geworden ist: Ich sitze – und alles ist ruhig um mich – wie der Mönch in seiner Zelle, die Tür auf das flache Terrassendach offen, ich höre den lauen Regen darauf und auf die bemooste Brüstung träufeln; Sperlinge zanken sich unten in den Orangen- und Zitronenbüschen.

Die Cocumella ist wirklich ein altes Kloster, und Jesuiten sind es gewesen, die es bewohnt haben; denn hier ist alles auf heitren Genuß des Lebens im Grunde gestellt. Es ist eine morgenländische Anlage, Behagen atmend, ganz ohne Schwere.

Die Einwohner stören einander nicht, so getrennt und geräumig ist alles: fast jeder hat sein kleines, gesondertes Bereich, das an sich viele Reize bietet. So bewohne ich eine der kleinsten und geringsten Kabinen der Cocumella, aber ich erinnere mich nicht, je so herrlich gehaust zu haben.

Diese ganze geistlich-weltliche Anlage soll nun, so hoffe ich, auch meinem verwandten, obgleich heidnischen Gemüt zugute kommen. Alle die Andachtsplätzchen, durch kluge Vorschau irgendeines gesegneten geistlichen Vaters bald ins luftige, sonnige Dach, bald ins Gedeckte, Warme des Gebäudes verlegt, sind mir nun hochwillkommen. Es gibt deren, wohin man sich wendet; und nie fand ich ein Haus und Garten so vollkommen dem Bedürfnis nach Abgeschiedenheit, nach innerer Fassung und Sammlung entsprochen wie hier. Aber das Großartige ist ein Abstieg am Felsen und im Felsen hinunter zum Strande des Meeres. Hier ist ein kleiner, besonderer Bootshafen des Klosters ermöglicht, weil das Meer ein halbmondförmiges Stück Strand unter den Steinwänden freiläßt.

Es gibt nichts Fremdartigeres und Größeres als diesen Teil des klösterlichen Eigentums. Alle Lieblichkeit[en] verschwinden, und ein gewaltiger Ernst, der Natur und Kultur beherrscht, [bleibt zurück.] Ein breiter Zickzackweg führt schön und bequem ein Stück zur Tiefe,

3. März.

von mächtigen Stützmauern getragen, dann tritt er in die hochausgewölbte Felsenmasse hinein, durch welche bogige Riesenfenster seitlich ins Freie, gegen das Meer hin, geschlagen sind.

Diese Fenster nun sind zu Loggien umgestaltet, hier sitzt man, gegen Regen und Hitze geschützt, vor dem Absturz durch burgzinnenartige Brustwehren bewahrt, in phantastischen Höhlenräumen und kann sich, die unendliche Fläche des tiefherrauschenden Meeres allein vor Augen, mehr Einsiedel fühlen als irgendwo.

Die Tage seit der Abreise von Florenz waren beherrscht von dem traurigen Faschingtreiben des Alltagstrubels. Der ganz besinnungslose Wirbel riß in sich hinein, mit sich fort und machte besinnungslos. Hier kann man sich wieder fassen. Aber es muß doch erst Zeit vergehen, bis aller Staub von der erregten und abgehetzten Seele genommen ist, bis sie, Ruhe um Ruhe auskostend, zugleich stark und zart und gesund sich gebadet.

Welche schöne Illusionen hatte ich vom Süden in mir, aber es schien, auf der Fahrt von Rom nach Neapel, als flüchtete[n] sie, wie Vögel von Bäumen auffliegen, denen man sich naht, vor mir her. Ich empfand und betrauerte nur schwere Verluste.

Aber nun ist ein gesicherter Punkt gefunden.

Von meinen Felsenloggien oder -söllern aus bin ich zur Versöhnung geneigt und fühle beruhigt, wie innere Ordnung und Gleichgewicht wieder entsteht. Auch kommen die Illusionen herzugeflogen, zahm und willig und zahlreich wie die Tauben des Markusplatzes.

Ich möchte noch etwas von unsrer kleinen Marine sagen. Steht man auf dem halbmondförmigen Stück Strand, so ist man durch Felsenmauer und Meer von aller Welt geschieden. Der Sand ist dunkelgrau, die Felsenmauer desgleichen: in ihr verbinden sich Natur und Architektur zu einer phantastischen Einheit. Riesige Quaderpfeiler von unten auf bis zur Höhe unterstützen die überhangenden Steinmassen, Vorsprünge sind mit kräftigen Rundtürmen geziert und gedeckt, Söller, Treppchen, Höhlen sind überall an der schwindelnden Steile sichtbar, die überall auch vegetatives Leben schmückt.

Oliven hängen über den Abgrund, Schlingpflanzen in grünen Draperien in die Felsenhöhlentore. Violette große Blumen brechen aus den Fugen des Quadersteingemäuers, und oben krönen anmutige, helle Gartenzäune und die lichte, heitere Villa irgendeines Reichen das Ganze; man wird nicht müde, diese liebliche Krönung sich einzuprägen, wie das Weiß der Architektur mit dem Grün des Orangenlaubes heiter wechselt und die Silhouetten der graziösen Pinien von dem himmlischen Blau sich heben.

Die Pietà.

Als ich vor zwölf Jahren in Rom war, muß ich schon oft vor der Pietà gestanden haben. Ich hatte eine Erinnerung daran, als ich sie wiedersah. In all der Zeit seither war ich an den Gipsabgüssen empfindungslos vorübergegangen. Allerdings bleibt ausgeschlossen, daß ich damals eine Wirkung empfangen haben kann wie diesmal. Ich sehe von Rom eigentlich nichts als die Pietà, wenigstens tritt sie vor alles als die erhabenste, reinste, schönste und rührendste Bildung.

Ich muß hiernach sagen: sie ist wohl doch Michelangelos Meisterstück. Am gewaltigsten ist mir dieser gottähnliche Schöpfer in der Sixtina, am tiefsten, innerlichsten, persönlichsten und vollendetsten hier. Alles Titanentum ist zerbrochen vor einer rätselhaften Übermacht, und einfach, ohne Trotz leidend, ergibt sich die nur von Gott entkräftigte Größe – groß.

Wie wenig ist mit dem allen gesagt! Das höchste Werk der Kunst bleibt ewig unbegriffen. Doch soviel läßt sich sicher erkennen: Hier ist Michelangelo ungereckt und -gestreckt, in einfachen Maßen, hier ist ein reines, schlichtes Bekenntnis.

Ich habe mich nur mit Schmerzen losgerissen von der wundervollen Tragik dieses Leidensbildes.

Nachmittag.

Ich habe mein Zimmer gewechselt und wohne nun, wie ein Dichter nur wohnen kann und soll. Die luftigste und abgeschlossenste Klause des Klosters habe ich ausfindig gemacht und besetzt, nachdem eine Miß sie verlassen hat, die nur drei Tage darin gewohnt hat. Die Ärmste!

Ich bin in meine Klause verliebt, sie ist klein, großblumig tapeziert, die Steindiele bedeckt ein ausgeblichener Rokokoteppich, der Plafond: ein Himmel mit Schwalben und Schmetterlingen. Es ist wohl alles wie eine Laube gedacht, man sieht Stangen für Ranken, quadratisch um das Himmelsblau gelegt, und allerhand Feldblumensträuße, Efeu und Rosenbüsche, die sehr hübsch sind, obgleich man nicht recht begreift, wie sie aus den Stangen hervorwachsen.

Zwei Türen hat meine Zelle, und das ist ihre besondere Schönheit: die eine führt auf ein Dach, das mir allein gehört. Man erblickt durch sie eine großartige, rauhe, graue, nahe Gebirgswand und hellfarbige Hausdächer unter Pinien und zwischen Orangen in flacher Talung, man sieht die Wolken über den Gipfel ziehen, bald ihn verdeckend, bald wieder enthüllend. Dann ist die zweite Tür, die nach Norden geht, sonst aber ins Leere führt; ein leichtes Gitter schützt vor dem Absturz auf ein tiefes, rotgepflastertes Terrassendach. Sie öffnet dem Blick die Richtung auf Gärten und Meer, auf den jenseitigen Strand, vom Vesuv bis zum Posilip.

Eine herrliche Pinienkrone, nahe dem Meere, verdeckt mir mit grüner Nadelmasse den Posilip, eine andere, kleinere Torre del Greco, und zwischen beiden steigt eine Zypresse. So bilde ich mir denn ein, indem ich sitze, über das Geländer lehne, auf meinem Dach umhergehe, mich recke und strecke und überall ungestört meinen Gedanken nachhänge, ich hätte, wie etwa ein Jesuitenpater, der Welt Valet gesagt, um die Welt zu genießen. Ein leiser, eingebildeter, eitler Gedanke spricht, Gott hätte mir dieses Zimmerchen seit langem schon aufgebaut und bestimmt und alle seine bisherigen Bewohner seien nicht seine eigentlichen Bewohner gewesen. Dem sei, wie ihm wolle, es ist hier schön, und das Meer rauscht weich und unaufhörlich in meine Einsiedelei.

Ich fürchte, für einen »Christus« habe ich die rechte Stunde ungenutzt vorübergelassen. Sie war um die Zeit des »Hannele«. Oder ist der Stoff heute nicht mehr zu fassen? Auch Goethe vermochte es nicht.

Schon im Suchen nach Arbeitsbedingungen liegt etwas von rührender Treue.

4. März.

Das Wetter ist umgeschlagen. Die ganze Nacht rüttelte und klirrte der Wind, der zuweilen ein richtiger Bergsturm war, an meiner Laterne. Mir war es bei all dem Wuchten, Blasen, Klappern und Rauschen, als sollte der Mönch samt der Zelle ins Meer geweht werden. Es war keine gute Nacht, und doch auch wieder ... Ich horchte auf alles ganz ruhig, mit wenig Phantastik und Grübelei, und das Meer toste so machtvoll laut, daß es ein tiefer, urgewaltvoller Choral war.

Dann prasselte Regen – dann Hagel, so daß ich glaubte, er werde das untre Dach durchschlagen und mein Bett überschütten. Ich machte Licht und war erstaunt, den gemalten Himmel über mir und alle Tapeten noch trocken zu finden.

So habe ich den Süden nicht gekannt.

Zu Hunderten purzeln Orangen und Zitronen aus den wildschwankenden Wäldern unter mir, Steineichen fledern, wildgezaust, Palmen schlagen mit den Wedeln. Ganz ungeheuer ist die Aufregung in der Natur, und alles von großartiger Schönheit. Ich aber bin glücklich in meiner Klause. Sie bewährt sich herrlich. Hoch sitze ich mitten im tollen Spiel der Gewalten und schaue ihm zu. Die Türe biegt sich herein unterm Sturmdruck. Tropfenschauer sprühen, so daß ich mein Tischchen zurückziehen muß, aber solange ich selbst und meine Siebensachen noch trocken bleibe[n], bin ich vergnügt und lasse den Himmel getrost walten.

»Deutsche Rundschau«. 13. Jahrgang, Heft 6, März 87. Briefe R. Wagners. Interessant für mich in vieler Beziehung, auch weil sie die Krise enthalten, die auch mein Dasein aufweist. Man kann sie die Durchbruchkrise nennen. Ich litt reichlich, was Wagner litt. Merkwürdig ist der Fatalismus. Folgendes ist eine gute Anmerkung:

»Wenn mich eines in meinem Leben unheilbar trostlos verstimmt und betrübt hat, so ist dies eine Eigenschaft der ›Welt‹, gegen welche unsereins eben gar nichts vermag. Das ist der Dünkel der Philisterseele auf ihre ›praktische Klugheit‹ und die oft gemütlich lächelnde Anmaßung, den seltenen, unbegriffnen, tiefen Geistern gegenüber, einzig klug und weise zu sein. Diese abscheuliche Klugheit, diese lächerliche Mattigkeit im Begreifen und Würdigen der Dinge des Lebens, welche dem phantastischen Tollkopf gegenüber dann und wann Triumphe feiert, zerfällt, genau genommen, dem eigentlichen tieferen Geiste gegenüber, in den nur tierischen Instinkt zum Auffinden des gerade heute Nützlichen und Nötigen; da der tiefere Geist oft absichtlich – eben um sich im weiteren Blick nicht stören zu lassen – dies unmittelbar Nötige häufig übersieht, erscheint er jener praktischen Weltintelligenz sinnlos und absolut unverständlich. Das müssen wir uns nun gefallen lassen, daß die Welt, die wir sehr wohl begreifen, uns nicht begreift und unser unpraktisches Wesen zu bemitleiden sich erlaubt. Wenn dies Verhältnis aber auf das Gebiet der Moralität hinübertritt, der Philister sich für einzig sittlich hält, bloß weil er die wahre Sittlichkeit gar nicht begreift und gar kein Gefühl dafür hat, wird uns die Nachgiebigkeit und das ironische

Zugeständnis des Rechthabens auf der andern Seite schwierig.« Etc. So Wagner.

Die Schönheit ist rein, ohne Farbe und Geschmack, »wie das vollkommenste Wasser aus der Quelle geschöpft«. Winckelmann (dessen Kunstgeschichte ich gestern abend zum erstenmal aufgeschlagen.)

Nachmittag.
Noch immer knackt, saust und knistert es um mich wie in der Deckkabine eines Schiffes. Die Sonne scheint in den Sturm, und das Meer stäubt, hochaufgeregt, weiße, frische Schäume, indem es blau und heilig unter aufklarendem weißlichen Himmel einherwallt.

M. schreibt aus Triest, voller Glück und Zufriedenheit. Ich freue mich herzlich darüber. Ich wünschte, daß alles noch mehr zur Ruhe käme und in Ruhe bliebe. Tue ich da einen rechten Wunsch? Darf es in der Seele eines Dramenschreibers Windstille sein? oder muß er nicht vielmehr den Sturm beherbergen, für immer?

Die reine (ruhige), farb- und geschmacklose »Schönheit« Winckelmanns, der Goethe in »Iphigenie« sich bedenklich nähert, ist nicht die des Dramatikers noch die meine. Ich bin unten am Meer gewesen: Dort ist das Drama. Weit und ruhig herantragend, schwillt die See. Ein breiter Damm hebt sich hoch und vorwärts, der Kamm überrollt sich. Eine Schaumlinie, von einem Grenzfelsen zum andern gedehnt, schließt die Marine ab. Augenblicke, sie zischt, rauscht, donnert, platzt und schäumt in sich zusammen. Sie verbreitet sich flach heranspringend, überallhin, auf den dunklen Strand.

Das, was ich nun wiederum unter dem Namen »Märchen« zu schreiben beginne, hat in tieferem Sinne Realität als irgendein Historiendrama.

Sucht mich in allen Verkleidungen und euch in mir!

Heut ist ein arbeitsreicher Tag gewesen. Im Schaffen bin ich glücklich und frei und – nicht klein. Voll Stolz, Festigkeit, Zuversicht und Liebe. Verbunden mit allem Liebsten wie nie in der Muße. Da hab' ich auch Kraft, andere zu tragen, da jubelt es in mir von Fanfaren. Ich bringe euch! ich gebe euch! Schöne, herrliche Dinge!

Warum soll ich denn eigentlich lügen und verhehlen, daß M. G. hier ist. Eben guckte sie herein, mit einer Gitarre im Arm, lachend, ich ging und sie sang und spielte mir.

5. März.

Wieder die Pietà.

Empfindet man ein Kunstwerk zum erstenmal, so geschieht es nur dann auf rechte Art, wenn man Fehler durchaus nicht bemerkt. Ob der Kopf der Maria zu klein, ihr Körper zu groß im Vergleich zu dem des Heilands? sind für den Empfangenden Nebenfragen und schwerer zu beantworten, als irgendein Rezensentlein denkt. Im Grunde sind es nur Meisterprobleme.

Du, der du vor ein Kunstwerk trittst, sei gesammelt und still. Die erregte Fläche eines Sees empfängt kein Bild unverzerrt. Dies ist keine neue Wahrheit, aber sie wird nicht beherzigt. Sie kann nicht beherzigt werden im sinneabnützenden Treiben der großen Stadt, wo der Markt selbst die Tempel durchlärmt und Heiligtümer zwischen den Fleischbänken zum Verkauf liegen.

Damit ist das Mißverhältnis berührt zwischen gewonnener Einsicht und betätigter Einsicht. Ich kenne junge und alte Leute, die in allgemeinen Sentenzen, Maximen und Urteilen Einsicht verraten, durch welche sie ganz harmlos und ahnungslos ihre eigenen täglichen

Handlungen als eine Reihe von Torheiten und Erbärmlichkeiten brandmarken.
Alltäglich ist diese Erscheinung.
Solche Menschen sind ganz unrettbar, sofern sie von ihrer widerspruchsvollen Art keine Vorstellung haben, hoffnungsvoller jedoch, wenn sie bewußt sündigen. Bewußt oder unbewußt: es geschieht nach Bequemlichkeit. Alles Törichte, Unlautere, Erbärmliche, Belanglose läßt sich breitziehen zu jener geliebten Bettelsuppe der Masse, welche statt Kaffee Surrogat trinkt (und leider trinken muß) und es mit gutem Gelde noch bezahlt.

Keine Madonna Raffaels hat für mich das Tiefe, Erschütternde, Universelle, Ewigkeitshallende dieser Pietà Michelangelos.
Was ist mir alle süße Einfalt, alle fromme Reinheit raffaelitischer Schönheit angesichts dieser erhaben-leidenden Gottesmutter.
Ich fühle, tiefüberzeugt, in ihr den Genius Michelangelos: dies war sein weibliches Teil, sein duldendes Teil. So war seine große, weiche, unbewehrte, unbefleckt-empfangende Künstlerseele: dies war seine letzte, tiefste, ewige, eigenste Schönheit.
Und nun das Wunder dieser Geburt: wie hier das Feinste, Unwägbare des Inneren in Marmor lebt. Der Geist ward Stein, und der Stein ward Fleisch und Leben, und das Leben ward Leiden, und das Leiden gebar den Tod. – Aber das sind gestammelte Worte. ([Am Rand:] Über Gotik.)
Titanenhände und eine titanische Bildkraft, die das Zärtlichste, Schmerzlichste zugleich mit Allgewalt und mit vollendeter Schonung herausbilden muß und der das Wunder gelingt!

Der Jesuitismus eines Winckelmann war leider Notwendigkeit. So ist denn das schmerzliche Schauspiel vorhanden, daß einer, der eine Geschichte der Kunst des freiesten der Völker, des griechischen, unternimmt, sich auf ihrem ersten Blatt eines Fürsten »untertänigsten Knecht« nennt.

[Randnotizen:] Ihr, die ihr Helden sucht: Hier ist Moses und die Propheten. Hier Religion. Der Meißel nicht getraut schmerzendes Fleisch. Die verschütteten Quellen. Das Ausweiten der Seele an Michelangelo.

Über Stile.
Der harte Stil Luther[s]. Der weiche, bildsame Künstlerstil Goethes.

Was habe ich mit Haupt- und Staatsaktionen zu schaffen. Wißt ihr denn nicht, daß, wie die Geschichte Kulturgeschichte, mein Drama ein Kulturdrama werden mußte. Der Zusammenhang ist deutlich für Sehende und Gebildete. Sofern nur Leben da ist, fehlt auch die Bewegung nicht, die bewußte so wenig wie die unbewußte. Und alle bewußte Bewegung ist »Handlung«.

6. März.
Pietà.

Das Köpfchen der Madonna ist von einer Jungfräulichkeit und Anmut, die Schmerz und Alter nicht haben zerstören können. Ewiges Weh, Ewigkeitsalter und Ewigkeitsjugend sind in diesen unergründlichen Zügen vermählt, deren unendliche Schönheit zu Tränen rührt. Alle unsägliche Anmut und Lieblichkeit ziehen an, und alles unnahbar Hohe wirkt auch zugleich: so daß man gebannt und erschüttert fernsteht.

Man fühlt, was die Seele des größten Meisters an

Sehnsucht und Wunsch und Süße barg, das ruht und lebt nun in diesem Kopf.

Das ganze Weib ist keines Alters. Dieser mächtige, mütterliche Körper hat alle Tüchtigkeit und Spannkraft der Unberührtheit. Man weiß, er hat diesen Sohn geboren, der tot und lastend auf ihren Knien liegt. In aller Demut und Großheit trägt sie, noch ganz mit ihm verbunden, das in Seligkeit empfangene, mit Schmerzen geborene Schmerzenskind: einen Gottessohn, den Menschen ans Kreuz geschlagen.

Es gibt Beurteiler, welche sagen: diese Maria sei zu groß im Vergleich zu Christus. Sie mögen, streng realistisch genommen, nicht Unrecht haben. Aber was will der Realismus des Zollstocks an diesem Werk, das eine inkommensurable Größe ist. Dies ist entrückte Kunst. Meint ihr, der Meister sah nicht, was ihr seht, meint ihr, der große Architekt, Messer und Rechner der Peterskuppel kannte das Einmaleins nicht? Meint ihr, er sah nicht, was er machte? – Aber er wollte bei diesem Werk nicht messen, es wurde und mußte werden nach anderen, inneren, unsterblichen Maßen. Es ist eben Meisterkunst, entrückte Kunst.

Alle Materie – man muß es aussprechen – ist hier letzten Endes nur Dienerin. Aller Name, und sei es Maria, sei es Jesus, ist nur »Schall und Rauch, umnebelnd Himmelsglut«. Entrückt allem Pfaffentum, Formel- und Namenswesen, allem Welken und Traditionellen, allem Kirchen- und Schulmäßigen: eine freie, unvergleichliche Neugeburt ist dieses Werk. Die Mutter war in dieser halbgöttlichen Übergröße gedacht. Wie trüge sie sonst den schweren, toten Sohn. Sie hält ihn im Arm, sie wird ihn begraben, sie wird neue Kinder zur Welt bringen und auch die überdauern: sie, das ewig mütterliche Leben.

Ich sagte an einer anderen Stelle: »In ihm (Michelangelo) ist Prometheuswille, Trotz des Einsamen, Losgelösten, Gottestrotz... Vischer ist einig mit Gott, Goethe machte seinen Frieden mit ihm, Michelangelo nicht.«

So ist nun hier der ergreifende Augenblick, wo aller finsterer Trotz der titanischen Seele sich lösen muß und alles Bewältigte frei und würdig bekennt: Der Herr hat gegeben, der Herr hat genommen.

Wo wäre ein zweites Testament mit solchen ewigen Zügen geschrieben. Wo gab sich je ein Titan, wie hier, im Augenblick seines höchsten Vermögens. Wie mag Gott fertig werden mit dem Geschenk dieser Kapitulation, diesem furchtbar klagenden Stein.

Ehrfurcht und heilige Scheu erfüllte mich immer und noch bei dem Namen Michelangelos. Er war zu hoch und einsam und fremd und entrückt für Liebe: das ist nun nicht mehr. Hier ist er zu lieben wie der Heiland selbst. Wie liebt er die Kreatur und wie kennt er den Schmerz der Kreatur! Diese stolze, liebende, geprüfte Mutter ist seine Seele.

Der Heiland ist tot. Man muß diese edlen, gemarterten Glieder sehen und empfinden, wie unsäglicher Schmerz sie geheiligt hat, bevor der Tod sie erlöste, um zu erkennen, für welchen Schmerz Michelangelos Seele Mitleid hat, wieviel Schmerz seine eigne Seele geheiligt hat.

Der Heiland ist tot, und doch, keine Berührung seiner Glieder würde schonend genug sein, daß man nicht dabei befürchten müßte, dem toten Fleisch noch wehe zu tun. Man sieht den Meister, der, an sein Wunder glaubend, sich kaum getraut, den Meißel an seine eigene Schöpfung zu setzen, der zögert bei jedem Schlag der letzten Vollendung. Hier merke ich Mitleid von göttlicher Art, das stark ist und schöpferisch.

Ihr, die ihr nach heldischer Art dürstet: Wohlan! hier ist Heldentum. Oder ist euch dieser Held zu alt geworden? So schmerzlich liegen die Dinge, daß ihr auch nicht entfernt wißt, was ihr für Helden nehmen sollt, und noch schmerzlicher: ihr werdet vor den Titanen geführt, und der Blick eures Maulwurfsauges reicht ihm noch nicht bis zum Knie.

Da wäre der erste Schritt, daß ihr versuchtet, die Großen, deren tote Namen euren Zungen viel zu geläufig sind, zu erkennen und eure Seelen an ihren Seelen zu weiten, statt daß ihr den Leichenfledderern auf die Finger seht, die ein kleinliches, ekelhaftes, diebisches Geschäft treiben, das sie Psychologie nennen.

Kommt zu den Quellen, sie sind nicht verschüttet! Goethe und alle Großen tranken daraus. Da wird denn zunächst aller kleinbürgerlicher Schmutz und Geruch von euch verschwinden, wenn ihr nicht, wie ein armer Ungenannter unter meinen Berliner Kameraden, zu vollkommenen Schmutzfinken geworden seid.

Versteht mich nicht falsch! ich meine im Leben, nicht in der Kunst. Wer ein Lümpchen im Leben ist und nicht mindestens ein Lump, der wird keine Stufe der Scala d'Oro ersteigen. Aber nur Männer von vollkommenem Adel ersteigen sie ganz.

Es ist nun die Frage, wie hoch ihr zu gelangen wünscht.

Mancher weiß von der Scala d'Oro nichts und irrt umher, gepeinigt und gezogen, durch ein Gewirr von Treppchen, Gäßchen, Kämmerchen und Stiegen, ohne nur je über das Flachland hinauszukommen. Es liegt wohl daran, daß ihr die Gipfel nicht kennt.

Kommt und trinkt aus den Quellen und seht die Gipfel.

Unsere Bewegung fing sich gesund an, aber sie hat eine Tendenz zur Breite gehabt. Sie muß die Tendenz zur Höhe bekommen.

Naturalismus! Realismus! Du lieber Gott! Das ist der Boden jeder Kunst. Der Baum, der wachsen will, muß seine Wurzeln wohl in die Erde senken. Je besser die Erde, je verzweigter und festergeklammert die Wurzeln, um so höher zum Himmel der Baum. Es ist zuviel Knieholz bei uns.

7. März.

Epigonen sind schwache Schüler der großen Meister. Sie stellen die Größe der Meister als unerreichlich dar, weil sie von ihnen nicht erreicht werden kann. Die Wahrheit ist, daß sie von ihrer Größe nur dies und das, nicht aber ihre Ganzheit begreifen. Doch »dies und das« bleibt eben nur »dies und das« und ist noch nicht einmal was Rechtes: es wird in den Händen der Epigönchen eben auch epigonerlich.

Aber es bleibt ihr Kapital, und sie schalten und wuchern wacker damit auf ihre Art.

Da gibt es ein Bremer Schneiderlein. Es meinte, auch Shakespeare wäre einer und stahl ihm ... ich weiß nicht was! Es sagte aber, es sei Shakespeares Elle gewesen.

Nun hält sich's für den Besitzer von Shakespeares Elle, das Schneiderlein, macht aber doch miserable Gewänder.

Im Ernst: Bulthaupts Dramen! Ich halte für möglich, daß sie, von einem Primaner verfaßt, das Wohlgefallen seines Rektors erregen könnten.

Solange ich mich auf meine Art bemühe, läuft dieses erregte Schneiderlein mit »Shakespeares Elle« neben mir und droht mir damit.

Wie konnte ein Mensch an der richtig begriffenen Größe Shakespeares je so zum Narren werden.

Merken die Epigonen, daß ein stärkeres, selbstherrliches Geschlecht heraufkommt, so bangen sie für ihre Existenz.

Sie scharen sich um ihre Götzenbilder und führen, Beschwörungen murmelnd, den Namen Gottes so unnützlich wie möglich. Aber ihre natürlichen Feinde bemerken dies nicht. Sie werfen sich weder vor den Götzen nieder noch nehmen sie Vermittelung an. Ein jeder Starke sucht und findet ein eigenes Verhältnis zur Größe.

So werden die Epigönchen überflüssig und zetern.

Aber die Starken verständigen sich leicht, über die beängstigten Pfaffenköpfchen hinweg.

Ein junger Lyriker, der große Züge hat und Größe sucht, um sich darein zu flüchten, wiederholt eine Idee zu oft. Ein weibliches Individuum wird zum Weibe überhaupt. Es ist und war zugleich von Ewigkeit und wird sein in Ewigkeit. Die Mutter des Heilands ist zugleich seine Geliebte etc., so daß der Kreis der Geschehnisse sich schließt: Dies nennt er die Dinge »sub specie aeterni« betrachten. Dies ist nun aller Persönlichkeit Tod. Das Individuum soll man schonen. Auch Goethe hatte solche Momente lyrischen Zerfließens, auch Michelangelo sogar, am Ende indessen war die geraffte Form, der stolze Aufbau ihres Wesens, die kühne Behauptung ihrer besonderen Individualität das Große an ihnen, denn nur diese kann Schicksale haben, leiden oder besiegen.

Der Wein reift in der Traube, man kredenzt ihn in kunstreichem Becher, genossen, tritt er in das bewunderungswürdigste aller Gefäße, den menschlichen Körper. Kunst ist, was absondert, formt, aus dem Chaos zur Ordnung bildet. Und wehe dem Bildner, der nicht, selbst gebildet, das eigne Chaos beherrscht.

Der Mensch ist eine Form. Ihre Tragik ist und wird bleiben, daß sie zerbricht. Selbstmord ist kein Beginn ewigen Lebens.

Man sehe den Kampf Michelangelos mit dem Marmor: den Gigantenkampf um die Form!

Johannes Schlaf, der Dichter, dessen ein Scharlatan sich bediente: der Verfasser der »Familie Selicke«, des »Meister Oelze«, hat seine tiefste, schmerzlichste Art an Walt Whitman entdeckt.

Sein leidendes Dasein, sein Ringen um die faktische Daseinsform, den gesunden Geist und Leib, ist fühlbar. Da macht er sich denn, Chaos ahnend, in tiefer zitternder Seele mit übersinnlichen Sinnen, vertraut mit dem Ewigen.

Das ist sein »Frühling«.

Schlaf und Hölderlin. Zwei Erscheinungen, die das Herz zur Liebe und Trauer aufregen. Tiefstes, schönheitsdürstiges, lauteres deutsches Wesen tritt in beiden zu Tage und – reine Größe.

Schlaf hat uns manches gelehrt.

Die Storchschnabelmanier seines Freundes erzielte er spielend, ohne Storchschnabel. Aber auch er verwarf diese Exerzitien bald, die allzu bequem und mechanisch sind. Er hat Wichtiges und Persönliches auf dem Herzen.

Abends.

Ein Brief von Maus. Die alte Festigkeit und Treue. Die Worte sind wie Segen über meinem Tun.

8. März.

Michelangelos Dichtungen gestern erhalten. Wie war dieser Große so kindlich bereit, Großes zu verehren! Er hält nichts zurück, etwa aus kleiner Befürchtung und Eitelkeit. So tut dieser Herrliche, und nun beachte man unsre Kleinen. Wie sorgfältig vermeiden sie alles, was ihnen einen Anflug zur Größe kostet. Sie meinen, Verehren, das sei Erniedrigen. Und weil sie sich groß dünken, so wollen sie sparsam sein. O ihr Pfennigfuchser der Begeisterung! Kleinbürger im Reiche der Kunst! Sie haben ihr Gärtchen, sie lieben ihren Kohl und werfen, wo es nur sein kann, Steine in Nachbars Gärtchen. Sie haben ein kleines Kapitalchen und müssen damit auch haushalten. O ja doch, ihr müßt ja haushalten! so haltet denn wacker haus!

Es ist erstaunlich, wie dieser Gute und Beste mit sich ringt. Diese von vornherein groß und geschlossen angelegte Person ringt um reine Persönlichkeit. Er baut sein Inneres frei, schön und edel auf wie einen Palast. Keine Winkligkeit, kein Moder, kein Kehricht.

Ich kenne Leute, die zu Gott beten sollten, Tag und Nacht: Herr, erbaue mich. Sie sollten alle ihre Kräfte nach innen wenden und in sich Ordnung und Schönheit zu schaffen suchen. Statt dessen häufen sie Kehricht und altes Gerümpel.

Ich kenne einen Menschen, der ist ein Häuptling dieses Geschlechtes. Kehricht und Moder parfümiert alle seine Worte, und er gibt ihrer, Woche um Woche, sehr viele von sich. Da wird eine üble, pestheckende Münze in Kurs gesetzt.

Es ist überhaupt der leidige Fall, daß die Schwächlinge immer von Stärke reden und die Feigen immer nach Heldentum schreien. Da meinen sie denn selbst Helden zu sein, wenn sie Schmerz in Galle und Tücke umsetzen. Im übrigen kennen sie alle Allüren und wechseln sie schneller als eine hysterische Jungfrau. Nur weinen und ehrlichen Schmerz bekennen hört man sie nie.

Nun, das, was ihnen unter der Würde ist, wird heldische Würde bei Michelangelo. Man lese das Stück »An Florenz«. Ein einfaches, reines Leidens- und Schmerzensbekenntnis.

9.März.

Wer in zu intimer Beziehung zur landschaftlichen Natur lebt, dessen Seele wird ein zu treuer Spiegel ihrer wechselnden Stimmung.

11. März.

Der gestrige Tag brachte vielerlei Erregungen. Telegramm aus Wien über »Glocken«-Aufführung, Zeitungen aus Berlin. Fuldas »Sohn des Kalifen« hat dort Erfolg gehabt.

F. Hollaender schreibt einen guten, sympathischen Artikel über das Stück, doch hat man noch keine sichere Stellung Fulda gegenüber. Man macht ihm Vorwürfe, die er nicht verdient, und gibt ihm Lob, das er nicht verdient. Das Kurze und Lange ist: Fulda macht hübsche Stücke, aber er lebt nicht, leidet nicht, quillt und formt nicht Poesie. Seine Sachen sind deshalb auch keine Schöpfungen, es sind Gemächte. An diesem Faktum ändert aller bunte Augenblickszauber der Bühne nichts: und das ist bös.

Übrigens ist heut ein Tag, grau und regnerisch, den hinzubringen nicht leicht ist. Lust und Kraft und Hoffnung zur angefangenen Arbeit fehlen total, eine gewisse Blasiertheit macht sich herrschen. Eine Lebenspause. Dabei singt eine unselige Tremolostimme zum Klavier im Salon, darein mein Zimmer mündet. Es vereinigt sich alles zur Misere.

Ich schlafe, weck mich nicht! geh! ich bin Stein:
das beste Los in diesem Schattenreiche.
Sprich leise, leise, daß mich nicht erreiche,
was mich erweckt zur Qual ins Erdensein.

Ich schlafe. Weck mich nicht; sieh, ich bin Stein.
Wohl daß ich Stein bin! geh! sprich leise, leise.
Nichts sehen! nichts – nichts fühlen: Götterspeise!
O zwinge du mich nicht in Erdenpein.

Briefe sind gekommen. Himmel und Erde haben sich aufgeklärt.

Goethe muß vom »Prometheus«-Fragment aus begriffen werden: so gelangt man zu der gewaltigen Einheit des Gottmenschen: diese Wahrheit steht mir längst fest. Es ist wörtlich zu nehmen, daß er »mit Göttersinn und Menschenhand« bilden wollte, was wir bei unsren Weibern animalisch können und müssen.

12. März.

Über Dimensionen. Es ist wichtig, daß die Gestalten des Dichters und Bildners Lebensgröße nicht zu weit überschreiten. Nur so, scheint mir, behalten sie ihre lebendigen Seelen und haben eine Dauer. Der Geist mag sich dehnen. Alles Ausermeßbare ermißt nun der Menschengeist, durch äußerliches Körpervolumen wird er nicht bedingt. Mit einem Wort: die »Kolossen« sind keine vornehmen Gebilde der Kunst. Goethe schuf keine »Kolossen«, Shakespeare ebensowenig, nicht einmal Michelangelo, der den Zug ins Riesenmäßige am stärksten hat. Man betrachte die Bescheidenheit seiner Dimensionen in der Sagrestia, an der Pietà, welche unter den Kolossen der Peterskirche verschwindet. Nicht einmal der Moses wirkt an seinem Ort äußerlich kolossalisch. Hebbel schuf jenes Koloß, welches mit Größe gar nichts gemein hat: den Holofernes.

Es gibt auch eine überlebensgroße Musik. Sie verliert ihre Individualgeburt. Sie verleugnet die Erde und das Menschengefäß, darin ihre Wurzeln doch sind. Schwebende Bäume sind über jeden Begriff. In gewissem Sinne leidet Wagners Musik an diesem Fehler. Beethoven ist auch deshalb so groß, weil seine Dimensionen einfach bleiben. Er singt immer, er spricht immer etwas Einfaches, Ehrliches, Menschliches, durchaus Ungeschraubtes, er bleibt ganz treu-subjektiv. Wer so schaffen will, muß eine wahrhaft reiche und universelle Person sein, denn da gibt es kein Erborgen. Das »Kolossalische« ist nur zu oft das bekannte Löwenfell.

Der kleine Geist freilich sieht darin zumeist die Größe. Er vermißt die Größe bei natürlichen Dimensionen. Daher der Ruf nach dem Helden, womit sie uns plagen. Selbst eine Christus-Gestalt wurde von Goethe einfach gefaßt. Ins Menschliche bringen nennt der Philister und Christ herunterziehen. Ja, weil das Menschliche heruntergezogen ist. Der Künstler-Heide erhebt das Menschliche. Tut es auch!!

Nachmittag.

Also, Pudel! schüttle dich noch einmal! wieder hat's einen Regen und Schloßen gegeben. Man hat in Paris ein Stück aufgeführt, »La Cloche engloutie«: es muß recht schlecht gewesen sein, ist auch dafür gebührend durchgefallen.

Nun aber kommen die Leute und schimpfen auf mich.

Sie nennen mich »einen untergeordneten Schriftsteller«. Sie sagen, ich hätte nichts anderes getan, als das Gute aus aller Herren Küchen zu einem schlechten Gericht zusammengetragen. Sie fallen über mich her: diese Teufelsfranzosen.

Ja, was habe ich doch mit dieser »Cloche engloutie« gemein? Soll es mich etwa für sie verantwortlich machen, daß ich ein Stück geschrieben, »Die versunkene Glocke«? Es scheint.

Ich erhebe hiermit meinen stillen Protest.

Ein dramatischer Dichter ist immer insofern zu beklagen, als es ihm selten vergönnt ist, ohne Vermittler vor sein Publikum zu treten: ich meine die Bühne.

Bühne und »Bühne« sind aber so zweierlei wie Dichter und »Dichter«. Jedermann weiß das, allein, wie selten zieht man die Konsequenzen.

Dies sollte man, dünkt mich, tun; zum mindesten sollte der Kritiker es nicht unterlassen. Er würde dann nie in die Ungerechtigkeit verfallen, etwa Bizet nach der Walze einer ramponierten Drehorgel zu beurteilen.

Ich zweifle nicht im mindesten daran, daß jenes Abendvergnügen, welches das »L'œuvre« in Paris mit seiner »Cloche engloutie« veranstaltet hat, gelinde gesagt, entsetzlich schön gewesen ist. Mich selbst würde nicht die Aussicht auf ein großes Vermögen haben bestimmen können, ihm beizuwohnen. Man hätte mich eher dazu vermocht, drei Tage auf Latten zu liegen: denn schließlich ist es nicht schön, von seinem eignen Popanz in Gemeinschaft mit anderen sich anwidern und langweilen zu lassen. Die Pariser Kritik mag also ihr Recht, sich zu entsetzen, behalten, aber sofern sie ihr Recht hat, hat sie auch Pflichten: Pflichten der künstlerischen Gerechtigkeit, Pflichten des internationalen, literarischen Anstandes: und diese hat sie gröblich verletzt. Sehe ich mich nach der Ursache ihrer nicht gerade schönen Aufwallung um, so habe ich zwischen intellektueller Unzulänglichkeit und Chauvinismus die Wahl. Ich denke mir ein Gemengsel von beiden Bodensorten als die Muttererde dieses gemeinplätzlichen Waldes, der so plötzlich dasteht, mit dürren Zweigen allerdings und mit trockenen Blättern.

Also, ich protestiere zum andern Mal. Was auf einem Leierkasten gespielt wird, muß notwendig zu einem Leierkasten-Stück werden, und wehe, wenn es gar eine Sinfonie in fünf Sätzen wäre. Die Hörer müßten von Sinnen kommen. Man darf sogar sagen, je feiner und edler das Orchesterwerk, je entsetzlicher die Leierkastenwirkung: und dies, ihr Herren in Paris! solltet ihr wissen.

Es ist noch ein zweiter Punkt von gleichgroßer Wichtigkeit: die Übersetzung.

Übersetzung bei einem Werk wie die »Glocke«, das

in die Sprache geglüht und gegossen. Da ist nun zuvörderst eine Kopie geliefert, die – wer weiß, wie? – gelungen oder mißlungen ist. Mißlungen jedoch *muß* sie sein. Denn jede Übersetzung, besonders in nichtgermanische Sprachen, mußte bei diesem Werke mißlingen. – Und nun ist diese Kopie – kopiert durch den Leierkasten. Wo liegt da für mich noch der Anlaß zu Autorenfreud oder -leid?

Als Antoine durch Thorel seinerzeit um mein Stück bat, ließ ich ihm sagen: »Es ist nichts für Sie! es ist nichts für Paris!« – Niemand fühlt mehr als ich, daß ich, je intimer und konfessioneller, um so deutscher werde und daß ich dem Auslande um so weniger behagen kann.

Im Groben kann man sich einigen, nicht aber im Feineren, in allem, was methodisch, nicht aber in dem, was inkommensurabel ist. Darin haben die Franzosen das Ihrige für sich und wir für uns. Sie werden ihre tiefsten und zartesten Genüsse nur bei sich selbst, wir nur bei uns finden.

Herr Thorel schrieb mir ein zweites Mal, Antoine bestehe nun gerade darauf, daß ich die »Glocke« sende, und – schließlich tat ich es: nun kam sein Rücktritt vom Odéon-Theater, und alles übrige hat mich – das war mein Fehler! – auch nicht im allergeringsten interessiert.

So haben denn die Franzosen ihren Sieg über deutsche Kunst.

Von Björnson, Zola (!), Ibsen etc. soll ich entlehnt haben. Von Zola und Björnson sicher nicht. Den letzten kenne ich zu wenig, was aber den ersten anlangt, so wünschte ich eine Idee zu sehen, die er mit einigem Recht sein eigen nennen könnte. Seine Methode ist ein Scharlatanshumbug, soweit sie eine Methode sein will, sonst hat man in ihr ein dünnes Restchen jener von Polybius über Winckelmann, Herder, Buckle, Taine fortwirkenden

Anschauung, daß der Mensch ein Milieuprodukt etc. sei: er hat es – dieses dünne Restchen – wacker für sich ausgemünzt und ist der Stammvater jener mehr als zweifelhaften Schriftstellertypen geworden, die ihr löchriges Kunstingenium mit den geborgten Wissenschaftslappen zu- und ausstopfen, wozu sie noch Zopf und Gravität aus der Rumpelkammer der selig entschlafenen »Gelahrtheit« hervorgesucht haben, um schicklich-unschicklich damit zu stolzieren. Meine ganze Natur bäumt sich gegen diesen ungeschlachten Verfertiger einer grob gekneteten, mit Pfeffer, Salz, Knoblauch und einem widerlichen Aphrodisiakum gewürzten Masse, die in gleichmäßiger Fülle von ihm geht.

13. März.
Alter Kanevas. Mein Kanevas sei alt, sagt ein Pariser Kritiker, meine Stickerei habe er nicht gesehen. In der Tat: es gibt viele Dinge in der Welt, die schon seit altersher und doch ewig neu sind, z. B. der Mensch.

Nase, Ohren, Augen des Menschen sind alles schon alte Sachen, aber schließlich kann jeder doch mit einigem Recht von seiner Nase sprechen, mit der allein er doch riechen kann und die in gewissem Sinne auch neu ist.

Jede Sache und jedes Kunstwerk wirtschaften mit einem eisernen Bestand an Gedanken und Empfindungen. Es wird immer das Leichtere der Beurteilung sein, diesen festzustellen. Worin sich ein Kunstwerk vom andern unterscheidet, ist wohl zu empfinden, aber äußerst schwer darzulegen. Das Letzte und Feinste am Kunstwerk, sein besonderes Arom ist gleichzeit[ig] dasjenige, was sich am leichtesten verflüchtigt. Es war, während der Arbeit des Künstlers, als Stimmungsgrund gegenwärtig und wurde gleichsam als Vollendung des Vollendeten.

Man nehme ein Bild von Rubens und lasse es von

van Dyck kopieren, es wird ein van Dyck daraus. Fast alles Nachweisliche ist rubenisch, und doch wird das Beste daran van Dyck sein. Nun aber betrachte man die Kopie, nach Rubens, eines korrekten Pfuschers. Da ist denn Rubens um sein Bestes gebracht und nichts Neu-Persönliches an die Stelle gesetzt. Der Vogel zeigt sich gerupft.

Ich glaube nicht, daß mein Pariser Übersetzer ein van Dyck ist!

Es muß ein schönes Fressen gewesen sein, als sie im »L'œuvre« den gerupften Paradiesvogel am Spieße brieten.

Der Franzmann ist ein Barbar geworden.

Sie schreien immer: das sei nicht neu und jens sei nicht neu. Das ist die verfluchte Jagd nach dem Neusten in Paris. Was hat dies mit einer reellen Kunstbetätigung gemein? – Das ganze Treiben ist unreell. Sie wollen Manieren der Kunst wie Kleiderschnitte geliefert bekommen; es ist nichts besser und nichts gesünder, als wenn sich die Gegensätze von Deutsch und Französisch hierin entschieden geltend machen. Die Kunst ist uns mehr und war uns mehr als eine Pariser Mode.

M. H.
Knurre nicht, Pudel! Zu den heiligen Tönen,
die jetzt meine ganze Seel' umfassen,
will der tierische Laut nicht passen.
Wir sind gewohnt, daß die Menschen verhöhnen,
was sie nicht verstehn,
daß sie vor dem Guten und Schönen,
das ihnen oft beschwerlich ist, murren;
will es der Hund wie sie beknurren?

»Faust«

14. März.
Zwischen Vergangenheit und Zukunft steht der Mensch. Indem er Vergangenes durch seine Seele fluten läßt, führt er ein bewußt geistiges Leben, steht in der Reihe der Tradition. Was aber durch ihn in die Zukunft gelangt, ist wiedergeboren: nichts gibt er ab, wie er es empfangen.

Burckhardt: Kultur der Renaissance
Die italienischen Dichter: »aber die Quelle des Gefühls sprudelt mächtig genug in ihrem Innern.« – »frühesten vollständigsten Ausdruck der modernen europäischen Gefühlswelt.«
Reiche Kenntnis von Seelenregungen.
»Das Drama, in seiner Vollkommenheit ein spätes Kind jeder Kultur, will seine Zeit und sein besonderes Glück haben.«

Datum: heutiges.
Thorel.
Lieber Freund, ich habe von dem Durchfall der »Cloche engloutie« alles gehört. Natürlich bedaure ich nun um so mehr, meinem ersten Gefühl – Sie erinnern sich an Ihre durch Antoine veranlaßte Anfrage und meine Warnung – nicht gefolgt zu sein. Im übrigen nehme ich die Sache als natürliche Folge meines Indifferentismus gegen Aufführungsangelegenheiten nicht gerade dankbar, aber doch gelassen hin.

Sie wollten das Gute, lieber Freund, und ich spreche Sie frei von aller Schuld. Eins aber erbitte ich als mein Recht: nämlich die Übersetzung kennenzulernen, welche man gespielt hat.

Haben Sie die Freundlichkeit, mir sobald als möglich ein Exemplar derselben, gedruckt oder abschriftlich, hierher zugehen zu lassen.

Für Ihre Mühe bestens im voraus dankend, bin ich Ihr freundschaftlich ergebener G. H.

Abend. 14. März, Sonntag.
È un buon Santo chi [h]a fatto questa sera. Durch Sorrent mit Wagen; auf dem Wege zwischen Sorrento und Capo di Sorrento spaziert. Da wich, in Wärme und Mond, unterm unabweislichen Frühlingsgefühl, der ärmliche Jammer eines persönlich-kleinen Schmerzes. Das unberührte Große der Natur und die stolze Empfindungslosigkeit ihrer ewigen Schönheit riß auf und mit. Bei namenloser Hingenommenheit ward alles Kleinliche sprachlos. Sie war wieder da, allein, und bei mir, meine große Lehrerin, und hatte mein Ohr, alle meine Sinne und mein ganzes Herz. Dank dir, Ewiger, für dieses Fest. Der Süden tat sich auf, und das Glück dieses Landes erwachte. Im Dämmer all die stillen Hänge, Piniensilhouetten gegen den Mond, Oliven, Orangen, unten das Meer – was war es denn, was zu Tränen ergriff? – Weiß löste sich, tief unten, die Schaumlinie der Brandung und schwoll in das Rund des kleinen Hafenstrandes, mit wollüstiger Ruhe und wollüstigem Rauschen. Man hörte und wurde nicht satt zu hören. Die Sinne wuchsen hinein, es wuchsen Sinne für eine neugeborne, verzückende Schöne. Aus den Seelen, den Menschen quoll Gesang. Junge Bursche zogen die Bergstraße, und Liebesbrünstiges, schmelzend Süßes drang aus den Kehlen.

Shakespeare kannte diese Nacht nicht: seine Nacht ist voller Schrecken, voller böser Feinde, voller Gespenster, Böswichter, Grauen und Schauder. Diese Nacht ist mehr als ein Tag. – In diesen Nächten erholt, entschädigt, erhebt sich die Seele: da werden hier Karrenschieber zu Dichtern.

Die Sehnsucht nach der Sinnenfreude solcher Nächte, das ist es, was aus den trockenen Nordlandsschöpfungen

Ibsens spricht. Dies ist sein Ersehntes, nie Empfundenes. Danach sehnt sich Rebekka West. Goethe hatte es. Ich habe es. Es schwebt als das »Unzulängliche« über Ibsens Werken, das nie »Ereignis« wird.

Solche Nächte genießen heißt ihre Ruhe, Wärme, Schönheit und Harmonie in sich saugen: o würde dies alles Bleibebesitz.

Soll ich klagen? Das Meer ward sogar durch Xerxes gepeitscht. Das Meer rauscht und brandet. Man peitscht es heut noch.

Harmonikaspiel draußen, Gesang, Wärme, Versöhnung, Friede in Schönheit.

Auch ich überwand Ibsen in mir, aber niemand ist ihm näher als ich. Der Schaffende muß alle Schaffenden überwinden, aber niemand wertet sie tiefer als der Schaffende.

Aber nicht aus dem Gedanken entsteht die Neugeburt der Zukunft, sondern aus der Empfindung. Der Gedanke führt zur Mechanik des Weltbaues, die Empfindung ins Mysterium, zu Gott.

15. März.

Aischylos. II. »Totenopfer«.

Siebente Strophe

ELEKTRA

Sie traf mit grausen Schlägen ihn, der kissischen
blutlechzenden Waffendirne gleich ...

Kleists »Penthesilea«.

Nachmittag.

[Randnotizen:] Die Völker, welche nicht Goethe haben.
Der Tragiker.
Goethes behagliches Verhältnis zu den Tragikern.
Ibsen insofern Tragiker.

Es gibt kein so großes tragisches Heldengedicht, als »Der gefesselte Prometheus« des Aischylos ist.

Der leidende Gott ist ein Held der Kultur, die den Menschen gebracht zu haben sein Verbrechen ist. Ich sage: der leidende Gott, denn sein höchstes Heldentum ist im Leiden. Des Menschen Heldentum kann letzten Endes auch nur im Dulden sein. Dies merkt euch, ihr Rufer nach dem Helden.

Es ist mir mitunter, als ob ich mich zu viel mit kleinlichen Widerlegungen befaßte. Aber man muß das Sansarengesumm falscher Behauptungen loswerden, falsche Forderungen von seiner Schwelle jagen. Der Frieden, und sei es vor Stechfliegen, will immer erobert sein.

Es gibt auch französische Stechfliegen.

Um nun ein naheliegendes Bild zu ergreifen: Die Kunst ist Jo, die ersehnte Geliebte des Zeus, von Heras Eifersucht, durch Bremsenschwärme, als Kuh durch die Welt gejagt. O liebe Kritik! o arme Jo!

Göttliche Eigenliebe läßt den Prometheus handeln. Seine Liebe nimmt ihr Ziel, es selbst wählend: die Menschheit. Eigenliebe ein eigner Wille zu Gutem: Prometheuswesen, auch Künstlereigenart, ein zur Tragik Vorausbestimmtes.

Unser Tragiker, das ist Kleist.

Goethen, der selbst die griechischen Tragiker behaglich nahm, konnte dies nicht bei Kleist, der ihm zu nahe trat: also ward es ihm unbehaglicher.

Er hielt zum Olymp, je älter er wurde, je treuer, er machte den völligen Frieden mit Vater Zeus. Er war kein Tragiker:

Schiller noch weniger als er. O »Braut von Messina«!

Der deutsche Aischylos verbrannte sein ewiges Werk: den »Guiskard«.

Man muß es aussprechen: Goethe ergriff zumeist nur mit Liebe, was ihm Behagen machte. Seine Reise hierher, ins Italienische, ist durch und durch nur behaglich. Da ward denn das Tragische überall übersehen* und so Michelangelo höchstwahrscheinlich: denn dieser ist auch nicht behaglich zu nehmen.

Das tiefste Prometheusleid ermaß dieser Große, während Goethe das höchste Prometheusglück ermaß.

Der »glückliche Himmel« Italiens, Griechenlands: das ist die ewige Autosuggestion, schon seit Winckelmann. Aber Winckelmann war ein armer Schuhmachersohn aus Stendal, und Goethe kam aus dem Norden. Wo aber ist mehr Ernst, ja Schwere, als in dem einheimischen Buonarroti, wo mehr furchtbare Greuel, Grauen, Schrecken und finstere Schicksalsgewalt als in den griechischen Tragikern?

An diesen Bemerkungen ist sicherlich nicht viel Neues: mir aber sind sie, als Eigengewächse, wertvoll. Ich erklettere auch Berge nur gern mit eignen Füßen, auch wenn Drahtseil- oder Zahnradbahnen vorhanden sind: Wo Mühe ist, heimse ich Lohn ein, sonst nicht.

16. März. Montag.
Nationales Drama. Als man die »Weber« in Paris zu spielen unternahm, war ich in einem freudigen Rausch, denn meine Zuversicht konnte groß sein. Dieses allgemeinmenschliche, realistische Stück, darin tiefster, materieller Druck Duldung zur Auflehnung zwingt, ist für jedermann, für jedes Volk begreiflich, und seine Wirkungen treten sofort ins Blut. Das »Hannele« schrieb ich, und wenn ich, was mir damals nahelag, an Paris denken mußte, so war ich mehr als zweifelhaft darüber: inwieweit es der französischen Seele entsprechend sei.

* Auf Michelangelo schmeckt mir nicht einmal die Natur, hat Goethe doch gesagt. »Italienische Reise«. Also Behauptung falsch. Zusatz vom 5. März 1897.

Schon, sagte ich mir, die Übersetzung; die »Weber« konnten durch eine solche, im groben, nicht leiden. Die Wirkungen des »Hannele« waren subtiler. Immerhin aber: es machte sich zu Paris: d. h. im ganzen war es ein Durchfall.

Ich habe, in meinen Dramen, nie an ein internationales Publikum gedacht: nicht vor den »Webern«, nicht nach den »Webern«. Ein Dramatiker, der das täte, könnte Feinstes und Letztes nicht sagen, er müßte jede subjektive Besonderheit ängstlich meiden und auf alles Durchschnittliche zusegeln.

Unter allem, was ihm versagt wäre, ist der Humor einzureihen. Jede Familie hat ihren besonderen Humor, jedes Dorf, jede Stadt, jede Provinz, jeder Dialekt, jede Sprache. Humor ist schlechterdings unübertragbar.

Was ferner dahingehört, ist alles Lyrische, alles Gehobene, eigentlich Dichterische der Sprache.

Man kann nicht auf Glücksfälle rechnen, wie Schlegel – Tieck, für die Shakespeares Dichtungen einen bedeuten. Und ihre Aufgabe war noch leichter, als die eines Romanen ist, der ein germanisches Dichtwerk übertragen will. Hier ist ein Genie so besonderer Art erforderlich, daß es zweifelhaft bleibt, ob jemals ein solches kann geboren werden.

([Randnotiz:] »Von Rechts wegen sollte man einen Mann wie Shakespeare gar nicht übersetzt haben«. – »Allgemeine deutsche Bibliothek« anläßlich Wielands (?) Übersetzung. »Dichtung und Wahrheit«, Seite 48.)

Das Riesengewächs Shakespeare lag da in vollkomm-[en]er Größe. Es berührte die Größten der Zeit, die es wiederfanden, groß, wundervoll, überirdisch. Das »Œuvre« des Dichters wirkte mit einemmal; der Lebendige, der sich entwickelt, zieht sein Publikum ganz allmählich in sich hinein: der Haß der Lebenden auf das Nebensächliche des Erfolges tut das Seine, damit es vergeßlich, undankbar und fordernd bleibe. So ist es für einen Übersetzer schwer, immer getreu und unentwegt zu sein.

Wir Germanen besitzen den Shakespeare, dank Schlegel – Tieck, die Romanen besitzen ihn noch heut nicht. Sie werden niemals eine Dichtung begreifen, die Shakespeare-Traditionen um- und fortbildet.

Ich war mir darüber so klar, daß, als Antoine mich um mein Stück (die »Glocke«) ersuchen ließ, der Gedanke einer Pariser Verballhornung mir mit vollkommener Deutlichkeit vor der Seele stand. Der Versuch, etwas aus meiner »Glocke« für Frankreich zurechtzuschneidern, erschien mir lächerlich und die Möglichkeit, daß er könnte unternommen werden, quälend.

Aber wie es so kommt. Kismet. Ich habe, mit mir beschäftigt, aufs vollkommenste interesselos daran, den Dingen den Lauf gelassen.

Es ist nun nicht leicht, der Öffentlichkeit zu sagen: Ich habe die ganze Farce vorausgesehen: man würde es nicht glauben, obgleich es buchstäblich wahr ist. –

Noch ganz vor kurzem: Wie ist es Schillers »Carlos« gegangen, im Odéon? Wie würde es unsrem »Faust« ergehen? – Man denke sich einen Kleist französisch.

Die Sache ist: wir haben ein nationales Drama, ein modern-nationales Drama, seit Schiller und Goethe. Von keinem Volke ist das Theater in so erhabenem Sinne gebraucht worden wie im Schillerschen. Er hat seine Möglichkeiten erweitert, trotz Shakespeare. Bühnenwirkungen, Stimmungswirkungen wie im »Tell«, wie am Schluß des »Wallenstein« sind unerreicht. Da ist aus einem alten Spinett ein Bülow-Orchester geworden. Dies ist ein großer bleibender Erwerb für den Schaffenden. Er hat dann den ewig wirkenden Shakespeare in sich, er hat die Linie Shakespeare – Kleist.

Dieser goldene Faden ist fortzuspinnen.

Die Linie Lessing – Goethe ist dann die zweite. Lessings und Goethes Prosastücken reiht Ibsen die seinigen an; er macht sie ernster, tiefer, spezifisch schwerer. Er zeigt, daß auch mit dieser Form allerernste[ste], tragische Stoffe zu fassen sind: das ist zunächst ein großes Verdienst, wenn auch formaler Natur, denn Formen entbinden.

Hier ist noch Tolstoi zu nennen mit »Macht der Finsternis«.

Ich schalte hier eine Erfahrung ein.

Für mich ist es Tolstoi gewesen, der gesagt hat: Senke die Wurzeln in den Boden. Es kann nichts Grünes wachsen, es habe die Wurzeln denn in der Erde. Wir waren, mit Hilfe der vielen Schulmeister, so superklug geworden, daß wir diesen einfachen Satz der Erfahrung nicht mehr anwandten: so konsterniert waren wir, durch all das superlativische Götzendienen derselben Schulmeister. Wir waren zerschmettert, und wehe, wer nicht zerschmettert war.

Tolstoi und Ibsen haben bei uns Verdienste, die bleibend sind, denn in unsrer Entwickelungsleiter bilden sie wichtige Stufen.

Shakespeare – Schiller – Kleist.

Lessing – Goethe – Ibsen – Tolstoi.

Es ist nun noch eine dritte Linie, und dies ist vielleicht die deutscheste.

Die Linie über den »Faust«.

Eh ich hierüber etwas sage, will ich mich über die beiden ersten und ihre Wechselwirkung noch deutlich machen. Wir sahen Shakespeare und konnten uns ihm nicht nähern, er war uns zu viel unbegreifliches Wunder. Tolstoi hob uns zu Shakespeare. Mit einemmal sahen wir nun den Acker, aus dem dieser Riese seine Kräfte sog: die Natur, das Volk. Dorthin hatten wir unsere Augen zu richten und taten es.

Seine Lehre lautete so: Da seht, dem gemeinen Leben um euch, dem niedrigen, verachteten, unwürdigen, läßt sich jene Größe, Tragik und Wirkung abgewinnen, die ihr an Shakespeare bewundert. Shakespeares unsterbliche Schönheit beruht auf Zügen dieser noch immer lebendigen, realen Volkswelt. Aus diesem Boden können noch Hunderte von Genies, gleich Shakespeare, Nahrung finden.

Die Folge war, daß wir etwas schaffen lernten, was Leben und lebendige Wirkung hatte und sich der Linie Lessing – Goethe – Ibsen – Tolstoi fortbildend anschloß. Nachdem wir dies eine Weile getrieben, wuchsen wir in die höhere Linie hinein und wurden befähigt, ihre Fortsetzung zu versuchen: die Linie Shakespeare – Schiller (formal) – Kleist.

Will jemand behaupten, in Verfolgung der ersten Linie hätten wir internationale Arbeit getan, so läßt sich darüber streiten; die Verfolgung der zweiten, höheren Linie ist eine ausschließlich nationale Angelegenheit: auf viele Jahrzehnte hinaus, zum mindesten. In diesen Bestrebungen werden wir nie Verständnis beanspruchen dürfen. Das Anonyme, was hier ins Feld rückt und zur Hauptsache wird, ist so fein, subtil, heilig und besonders, daß nur deutsche Laute es tragen, nur ein deutsches Gehör es vernehmen kann.

Die beiden berührten Linien verlangen bei uns dauernder Kultur und Fortbildung, nur so kann Ersprießliches gedeihen. Shakespeare kultivierte beide, sichtbarlich getrennt, in seinen Werken, in denen er Prosa und grobe Wirklichkeit neben dem Verse und enthobener Wirklichkeit bestehen ließ.

Für diese Art Kunst ist bei uns, am meisten durch Shakespeare, der Boden seit lange bereitet, bei uns und in keinem anderen Lande.

Ich komme nun zu der dritten Linie. Meine Hoffnung, hier verstanden zu werden, ist freilich nicht groß.

Keine Nation hat ein Werk wie das Sebaldusgrab, keine Nation ein Werk wie den »Faust«: Beide Werke sind, seltsamerweise, gleichwenig begriffen. In meiner Auffassung sind sie verwandt und Monumente ein und desselben, naiv-unbewußten Bildnertriebes. In beiden sind Elemente aus allen Kulturen und Zeiten gemengt, und es ist dasselbe tropische Wachstum von Formen und Gebilden, dieselbe orientalische Fülle und Üppigkeit in ihnen, dieselbe Aneignungskraft.

Alles, was Goethe geschrieben, erscheint endlich nur als Vorbereitung zum »Faust«; alles, was Vischer geschaffen, wird in gewissem Sinne überflüssig durch das Sebaldusgrab: das letzte Bekenntnis, ihre ganzen Seelen und die Quintessenz all ihres Erwerbes legten die Meister in diese beiden Werke.

Ich sehe in beiden Werken spezifisches Deutschtum.

([Am Rand:] Das eigne Gefäß.)

So viele Stile auch Goethe preist und sich aneignet, den Stil des »Faust« preist und kennt er nicht, obgleich er es ist, den er aus Eigenstem nachtwandlerisch produziert. So ward denn auch »Faust« sein Werk der Werke, obgleich es nicht griechisch war, wie doch das Kunstwerk, das Goethes bewußte Schätzung am meisten genoß, das »griechisch-plastische« war. Es ist auf dem Grunde gewachsen, der die Gotik hervorbrachte, gleichwie das Werk Peter Vischers: es ist gewachsen und nicht gewollt.

Es ist jene reife Naivität, die nur größten Künstlern im Lauf der Entwickelung bleibt, es ist Gotteskindschaft, die es begann und in Jugend vollendet, als Goethe schon längst ein Greis geworden.

Es läßt sich vom Grabe des heiligen Sebald das gleiche sagen als vom »Faust«; auch es ist auf dem Grunde der Gotik erwachsen, die nicht überall jenen Ernst und jene Schwere hat wie an unsren Domen (man gedenke der venezianischen Paläste) – und beide Werke weisen auf ferne Mutterlande weit im Osten, auf Asien, nicht auf Griechenland.

Sie haben viel Asiatisch-Weiches, Bildsames, nichts Griechisch-Hartes, Begrenztes, Strenges.

Was soll mit dem allem endlich gesagt sein? –

Das »Werk« des Vischer, das »Werk« des Goethe will nicht als Fremdkörper unbegriffen nur dasein, es verlangt weiterzuwirken. Es muß verstanden, erschlossen und neu gewollt werden: und dies ist die deutsches[te] aller Kunstangelegenheiten.

Um nun im groben verständlich zu werden.

Ein Künstler, der aus der Tradition Lessing – Goethe – Ibsen – Tolstoi in die Tradition Shakespeare – Kleist aufgestiegen ist, wird sich zu fragen haben, ob er versuchen soll, sein Intimstes und Universellstes in einem einigen Werk herauszustellen, wie es Vischer und Goethen zu tun beschieden war.

All diese grob schematischen Ausführungen haben am Ende nur einen Wert, daß wir eigenen Besitzes uns voll erinnern, um eigenen Zielen entschieden und zuversichtlich nachzugehen.

17. März.
Ich erlebte heut große Freude. Gute und wertvolle Anerkennung traf ein: Ludwig Speidels Feuilleton über die »Glocke«.

Aneignung.
Kosmische Träume.

Sonntag, den 22. März 97.
Ich will von den Eindrücken einer kleinen Rundreise, mit Freunden unternommen, einige niederlegen: sie umfaßt

drei Tage, den Donnerstag, den Freitag und den Sonnabend.

Ein Überblick ergibt zwei starke Gegensätze: Amalfi und den Vesuv, Paradies und Inferno.

Die Straße von Sorrent nach Amalfi ist jetzt eröffnet, und wir benutzten sie. Der auch hierorts üblich gewordene Landauer, mit drei ruppigen Zigeunerpferdchen bespannt, war uns Reisefahrzeug.

Von Sorrent nach Meta, von dort eine Steigung, etwa dreiviertelstündig, bis zu dem Punkte, welcher erlaubt, zwei Golfe zu überblicken, den von Neapel und den von Salerno; danach geht es abwärts in Richtung nach dem Salerner Golf.

Hier erschließt nun die neue Straße die unzugänglichsten Küsten allgemeinem Verkehr: ihre Anlage und der Verlauf ihrer weiten, schwungvollen Linie ist edel und kühn; überall sicher und anmutig an den Felsen geschlossen, führt und trägt sie, bald höher, bald tiefer, über den Schaum der Brandung.

Der Reisende hat zur Rechten den blauen, unendlich verbreiteten Überglanz des Meers, zur Linken dicht die Steilung an stolzen, zerrißnen Felsengebirgen hinauf.

Wir waren ermüdet zu Anfang, aber die Wunder der Erscheinungen mußte[n] uns aufwecken. Was das Auge ermaß nach Tiefe und Höhe, in allem war der Charakter des Lichten und Großen. Mit diesen Küsten verglichen, erscheint die Riviera verschwommen und weichlich, und wiederum, in der Reihe der Paradiesesgärten, muß sie vor diesen begnadeten Uferhängen zurückstehen.

Das Kulturelle der Riviera ist modern trivialisiert, während hier Fremdart und Eigenart überall anspricht. Ein Reisegefährte, der Palästina kennt, fand sich durch Anlage und Bauart der Häuser daran erinnert, als wir den ersten Ort, Positano, erreichten. Was mich betrifft: ich kenne anderwärts keine Ansiedelungen, die sich so kühn durchsetzen, wie hier überall geschieht. Die Häuser, graue Steinwürfel – auch das Dach ist von Stein, nur flachgekuppelt –, scheinen wie Ziegen an den Klippen zu klettern, und Menschenwohnungen herrschen vom Meeresstrand, versprengt und verstreut, bis in die bewölkten Gipfel.

23. März.
Es ist erstaunlich zu sehen, auf wie gefährlichem Grund zuweilen Gebäude hier angelegt sind. Sie stehen auf bröckligen Felsquadraten, die unzugänglich erscheinen, sie sind wie Nester von Vögeln an steile Wände geklammert, sie stehen in überhängenden, riesigen Höhlenwölbungen.

Positano selbst hat einen so seltsamen Aufbau, daß ich mich eines ähnlichen nicht erinnere. Jene grauen, flachgekuppelten Würfel von mäßiger Höhe bilden die Grundform. Sie überziehen, durch steile Treppchen verbunden, einen ziegenrückenartig[en] Berg, der durch zwei tiefe Schluchten von den ihn rings überragenden Gebirgsmassen getrennt ist. Wie hier alles genutzt ist, Terrasse sich unter Terrasse fügt, Gärtchen an Gärtchen sich drängt, Wohnung an Wohnung sich preßt und doch das Ganze in ungewollter Anmut und immer überraschender Zufälligkeit sich stuft, ist genußreich zu beobachten.

Lorbeerwäldchen, Limonen- und Orangenkulturen, Ölbäume, nicht zu vergessen: der Wein, verschönen, schmücken, durchweben, umleben das Ganze, darin sich, auch ohne daß man ihn sucht, der Orient auf das entschiedenste ausdrückt.

Die Straße gestattet, daß man Positano aus den verschiedensten Gesichtspunkten überblicken kann, ihr weiterer Verlauf eröffnet bis Amalfi und weiter von dort gegen Salerno ähnliche und doch immer neue Bilder. Bald tritt das Große, Trotzige und Einsame der Bergnatur mehr hervor, bald herrscht es allein, dann wieder wird alles heimlig und menschlich durch Kulturelles, dann wieder löst sich alles in Pracht und Schönheit, daran Luft, Meer, Gebirge und Mensch vereinigt teilhaben.

Während ich nun ferner dahinfuhr und immer nur wenige Worte mir wiederholte wie »glückliche, glückliche Küste«, fand ich, daß alles in der Natur sich mehr und mehr dem einstimmte, was ich meinen Begriff von Griechentum nenne: das Undefinierbare darin, was jedem besonders eignet und das einzig in Gebilden der Kunst ausdrücklich ist.

Arkadisch erschien mir alles. Ich fühlte den großen Pan in den Bergen. Ich sah die unzähligen Schlupfe und Lustplätze von Faun und Nymphe, es war mir, als ob in diesem Meer, das in weißem Brandungsschaum gleichsam blühend die Riffe umbuhlte, Najaden und Nereiden sich wollüstig wälzten. Hier könnte der starke, gutmütige Kentaur den Saumsteg herunterklimmen, um etwa beim Schmied von Prajano sich neu beschlagen zu lassen, man würde wissen, wo er die Wohnung hat und würde ihn glauben.

Amalfi

24. März.

Vor zehn oder mehr Jahren war ich in Amalfi. Ich brachte dort, in Albergo Luna, da mein Bruder erkrankt, mit ihm einen sorgenvollen Abend zu. Zugleich aber trat doch das Paradiesische des Ortes in Wirksamkeit.

Es ist mir, durch all die Jahre, als eine wundervolle Erinnerung, lebendig geblieben, wie ich allein hinunter ans Meer gegangen war und nun, bei zauberhaftem Vollmond, in der lauen Flut einsam schwamm.

Es gab Meerleuchten, und ich ließ – Tausendundeine Nacht – die grünlichen Funken wie Kometenschweife durch meine beim Schwimmen gespreizten Finger gleiten. Unauslöschlich ist mir das Überprächtig-Überselige des Sinnenfestes geblieben.

Ich werde zu diesem Abend nun den zweiten reihen, auch in Amalfi zugebracht (den 19. März), aber nicht am Meer, sondern in der Albergo Cappuccini. Wieder war Vollmond, wieder war es, [als] sei die Verwirklichung aller Sehnsucht gekommen. Fast schmerzhaft empfand ich überweltliche Wonnen.

Die Kapuziner sind fromme Leute gewesen, sie haben ihr Kloster direkt in das Paradies gebaut. An diesem Punkte von einem Jammertal der Erde zu sprechen ist Lästerung Gottes. Inwieweit sie dergleichen empfanden, weiß ich nicht. Es gibt mehr Jesuiten, als man glaubt –. Das alte Kloster ist nun das schönste Gasthaus der Welt geworden. Es liegt nichts Degradierendes in diesem Faktum, wohl aber will, was in den Mauern des alten Baus und darum kräucht – nicht fleucht! –, sich nicht so leicht von der Erdenniederung abheben lassen als die Gestalten der frommen Mönche.

25. März.

Das Kloster ist flach am Felsen hinaufgebaut, der geringe Flächenraum, auf dem es sich feststellen mußte, zwang dazu. Die sonstigen Eigentümlichkeiten der Lage verlangten Anpassung, und so ist eine seltsam barocke Raumeinteilung im Inneren entstanden: zwei grade Korridore in Richtung der Grundterrasse, sonst allerhand winklige Treppchen, Stübchen und Kammern, aber auch zwei schöne Säle, das Refektorium und der Kapitelsaal. Tritt man an ein Fenster, auf einen Balkon, so ist man überall siebzig Meter zirka über dem Meere, dessen Brandung fast senkrecht unter einem anschäumt. Es ist diese Höhe, die milden, leichten und paradiesisch reinen Lüfte, die jenen Zustand seligen Behagens erzeugen, der unvergeßlich ist. Wonne und Gesundheit dringen ins innerste Mark, und man findet seine Vorstellung von dem, was die Welt bieten kann, wesentlich bereichert.

Cava dei Tirreni ist ein Ort, den man sich merken kann. Gebirgslage. Gutes, molliges Gasthaus.

Den Vesuvritt fühle ich noch jetzt in den Gliedern. Pompeji sprach diesmal wenig zu mir. Sie haben eine »Casa nuova« ausgegraben, deren Gartenhöfchen immerhin von Interesse ist.

Die trostlose Aschen- und Schlackenanhäufung des Vesuves, wie schon am Anfang bemerkt, ist zu den Seligkeiten der Amalfiküste das trostlose Gegenstück. Leider war oben Nebel und das Nahen zum Krater gefährlich. Man hörte das furchtbare Röcheln aus dem Innern des Berges, das donnerartige Aufhusten. Ich sah einen Stein durch den Nebel fliegen und hörte einen anderen emporzischen. Man war von Schwefelgestank umgeben und der Grund war gelb von Schwefel. Ich wurde auf der hohlen Aschenkuppel das Gefühl nicht los, daß ich über einem Meer von brodelndem Feuer einritt, und es beängstigte.

27. März.
Ich habe das Gefühl, es müßten ganze Gebiete des eignen Wesens uns mit der Kenntnis des Orients gleichzeitig erschlossen werden: Quellgebiete. Ein Fernspüren gaukelt mir [vor] von einer abermaligen Renaissance der abendländischen Kultur durch morgenländische. Mir ist, als wäre da die Wunderlampe zu suchen und zu finden, die uns, wie Alaeddin, aus Bettlern zu Kalifen macht.

Der »West-östliche Divan« Goethes ist vielleicht ein bedeutsamer Wink und richtungdeutend. – »West-östlicher Divan«! – Es liegt in den Worten fast etwas wie ein Vermächtnis.

Ein gutes Stück Orientale war Goethe immer. Sein »Œuvre« erweist es. Wenn er auch als Kalif über dem Koran steht und griechische Götter in seinem Palaste vor anderen Kostbarkeiten bevorzugt.

Deutlich gesprochen: faßt man Goethes zurückgelassenes Werk als einen wundervollen Bau, so ist dieser Bau dem orientalischen näher verwandt als dem griechischen Wesen. Das Unerschöpfliche kleiner und großer Formen, hervorgetrieben von einer tropischen Bildekraft, die Liebe des bauenden Meisters zu allen Materialien (die hervortritt im kleinen gefaßten Edelstein, in weiser Verwendung von Gold und Juwelen etc.), die Sinnenfreude am Bunten und Wechselnden, die, voll kindlich gesunder Frische, nie sich abstumpft, und anderes mehr. Der orientalisch-beschauliche Zug scheint sich auch in dem behaglich geknüpften, bunt sinnvollen Teppichgewebe seiner Prosa nicht zu verleugnen.

Der Westen hat den Osten bekämpft im Christentum: ich muß es bedauern, daß muhammedanisch-arabische Kultur während des Mittelalters größere Fortschritte in Europa nicht machen konnte. Die Verhetzung der Pfaffen hat es bewirkt.

Fremder als diese Kultur ist uns die »christliche«: sie löst von der Erde und verschließt den Himmel. Der Muhammedaner schloß sich mit Inbrunst und geschärften Sinnen an Erde und Himmel; um aber sich auch mit Inbrunst an ihn schließen zu können, mußte er den Himmel herrlich und sinnfällig machen. Dazu verhalf ihm die Erde auch. Da ward es nicht möglich, daß er das Weib prüd übersah.

Man möchte sagen: die frommen Christen haben Talent zur Hölle, zum Himmel nicht. Alles Himmlische ist ihnen mehr als verdächtig; sie sehen, fühlen, schmecken und riechen es nicht vor einer traurigen Halluzination von Schwefel und Flamme.

Abend.

Herr, ich danke dir, daß ich nicht bin wie andere Leute! Da ist ein kleiner »Hirsch«, ein Augenarzt, der anfänglich sympathisch auffiel, weil er allein speiste. Aber o weh, er setzt sich auf das Dach vor meiner Tür und schreibt Dramen. Bei diesen Dichtungen lacht er so oft in sich hinein, daß es mich, im Inneren meiner Laterne, stören muß. Bei einer großen musikalischen Veranstaltung im Garten war Vorstellung unvermeidlich. Er sagte, daß er mich aus Erzählungen seines Neffen kenne und mein erstes Drama hieße ja wohl »Vor Sonnenaufgang«. Ach Gott, das ist lange her! Er erzählte nun seine unglückseligen Dichtungspläne, und höre jetzt, vollkommen informiert, wie er dramatisch über seine Handschrift lacht.

Heut ergriff er Anschluß. Ich hatte nun menschenfreundliche Anwandlungen wie immer und bereute sie. G. M., die er hat spielen hören, wurde von ihm gebeten, zu geigen. Ich, der ich schon ein wenig durch seine Fadheiten beengt ward, wollte Luft und unterstützte die Bitte. So spielte sie. Die Folge war: er fand die Geige schlecht (weil G. M. vorher von ihrer schlechten Geige gesprochen hatte). – Er war die Plumpheit, Tolpatschigkeit und naive Unverschämtheit selbst, so daß ich schwer bereute, G. M. mit aufgefordert zu haben.

Ich machte den Vorschlag eines Spaziergangs und ging mit G. M., dem dichtenden Doktor freundlich, aber kurz adieu sagend.

Seltsam war, wie ich alle die gedrechselten, immer fertig und bereiten, akademischen Redensarten alle an mein Ohr schlagen hörte, die ich von Jena her kannte.

Er schien diese Flecken und Flicken nicht ohne Behagen zu zeigen.

Die Dreistigkeit, mit der Menschen fragen können, ist immer aufs neue frappierend: besonders, wenn man den sogenannten »Gebildeten« vor sich hat.

Takt! Takt! Takt und wieder Takt! –: wo kein Takt ist ... da ist Pöbel. Nicht ausgeschlossen ist, daß einer aus dem Pöbel gut operiert oder gute Schuhe macht. Und von der Geschichte die Moral: Sei menschenfeindlich, um menschenfreundlich sein zu können.

Unser Doktor klagt über die Schuster, Schneider, englische wie deutsche, die ihm hier in Italien überall den Genuß verstellen. Hm! – Er will übrigens auch bildhauern und erkundigt sich bei mir, ob man dabei zeichnen können müsse?! – »Ja, mein Lieber, man muß etwas können, und die Kunst ist keine Sinekure, wie du zu glauben scheinst.«

28. März.
Alaeddin

Ich lernte das Märchen von Alaeddin und seiner Wunderlampe am 26. März kennen. Der Tag ist für mich dadurch ausgezeichnet. Im Sande am Meere ruhend, genoß ich diese wahrscheinlich schönste aller Erzählungen von Tausendundeiner Nacht. Eine Umgebung, die besser zu dieser Wunderwelt paßt, ist nicht zu ersinnen. Die steilen Wände der Felsen mit ihren Höhlen, Stützpfeilern, Treppchen, Söllern um mich her und das weltumwogende Meer mit seiner Brandung.

Folgende Dinge fallen sogleich an der Dichtung auf: Realität der Figuren und eine seltene Kunst der Komposition, naive, tiefe Symbolik, die auch die Zauber- und Wunderwelt umfaßt und ihr Realität gibt. Allein, hiermit ist ihre höchste Schönheit noch nicht vollkommen angedeutet; sie liegt zum großen Teil und vollendet sich in dem ewigen Gegenstand, den sie aufrollt.

Einiges Kompositionelle sei angedeutet.

Alaeddin beginnt als Nichtsnutz. Er spielt mit kleineren Knaben und führt sich so übel, daß sein Vater darüber sich zu Tode grämt: der Schneider, dieweil sein Sohn kein Schneider wird. Das Schicksal, in seiner grausen Wunderlichkeit, läßt den Alten hinsterben vor Gram, ohne ihm auch nur im Traume eine Andeutung zu geben, wie dereinst sein Sohn ein Kalif werden würde. Nun ist, von solchen herben und richtigen Zügen abgesehen, zu bewundern, wie die Linie Alaeddin edel und richtig geführt ist, so daß Alaeddin nicht äußerlich, sondern innerlich und wahrhaftig vom Taugenichts zum Kalifen aufwächst.

Eine andere Schönheit der Komposition besteht in der Art, wie die Kräfte der Wunderlampe zunächst nur sparsam in Erscheinung treten, allmählich mehr und schließlich zu zwei Hauptleistungen vorgefordert werden; man hat dabei selbst am Schluß das Gefühl, nur ein ganz kleiner Teil ihrer Leistungskraft ist in Anspruch genommen worden. Hierdurch bleibt Alaeddin der Herr und der menschlichen Art das uneingeschränkte Interesse. Man empfindet sympathisch die vornehme Klugheit des Jünglings und Mannes, der sicher den Pfad des Glückes wandelt und maßvoll begehrt; man liebt die sittliche Kraft und edle Heiterkeit, mit der er, von allen ungenossenen Schätzen der Lampe ganz ungestört, sich selber adelt und harmonisch bewahrt.

Wundervoll ist es im ganzen, wie der Anteil des Lesers vornehmlich an alle Menschen geknüpft wird – nächst Alaeddin an seine Mutter – und wie der psychologisch begreifliche Verlauf der Ereignisse nur, ähnlich wie im Leben, an gewissen entscheidenden Stellen Unterbrechungen leidet durch Schicksal und Wunder.

Der Glaube der Muhammedaner an diese beiden realen Mächte hat ihre Dichter hier bewahrt, die Lücken der Kausalität logisch zu stopfen, wodurch dann die Charaktere gründlich verzerrt und verdorben worden wären.

Alaeddins Mutter ist eine der ergreifendsten Gestalten der Weltliteratur: es ist »die Mutter«, wie sie sich gegen Alaeddin verhält, da der Vater gestorben ist, wie sie dem Zauberer begegnet, wie sie der Wunderlampe gegenüber ist, wie sie Alaeddins Idee, die Tochter des Sultans zu heiraten, aufnimmt, wie sie ihm den Wahnsinn seiner Werbung klarzumachen sucht, wie sie sich weigert, zum Sultan zu gehen und dann doch sechzig Tage im Divan harrt, bis sie dem Sultan die Werbung des Sohnes vorträgt: das alles ist von ergreifender Wahrheit und Treue.

Und dann der Sultan: ein eifriger, tätiger Mann, ein Mensch voller Größe und unerschöpflicher Güte. Wie er Alaeddin über seine Schätze liebt, wie er sich kindlich über diese freut, wie er zu seiner eignen Tochter steht und schließlich einmal denn doch recht zornig wird, als ihm Palast samt Tochter entführt worden ist: das ist erwärmend und schön im Lesen.

Wundervoll ist auch die Skala von Alaeddins Wünschen.
Er ist begraben und wünscht sich ans Licht.
Er hat Hunger und wünscht sich zu essen.
Doch erst die Liebe zum Weibe befreit alle seine höheren Wünsche und macht ihn kühn im Zutrauen und Ausnützen göttlicher Kräfte: das Ewig-Weibliche zieht ihn hinan.
Nun sucht er zu wirken, zu beglücken und mitzuteilen: sonst nichts.
Alaeddin gehört zu den begnadeten Naturen, denen es gegeben ward, von unten auf zur Schönheit und Helle zu erwach[s]en.
Sie gleichen den Ablegern nördlicher Sträucher, die unter dem rauhesten Klima sich durchsetzen mußten. Ein glücklicher Wind hat sie in südliches Land, in fetten, günstigen Boden vertragen, da wachsen sie nun zu mächtigen, schönen, königlichen Bäumen.

Mit solchen Naturen, mit diesem typischen Vorgang gibt sich das Märchen, auch das deutsche, des öfteren ab: Winckelmann war eine solche Natur, und viele, vielleicht die meisten Künstler sind es.

Kindermord

Solange der Gesellschaft nicht jede Mutter, sie habe nun einen ehelichen Mann oder nicht, heilig ist, mordet sie selbst Kinder: sie tut es heut, tut es um so mehr, als sie jegliche Schmach auf die Ärmste häuft, die Gottes Kind, vielleicht den Heiland der Erde, zur Welt gebracht hat, ohne daß ihre Liebesverbindung auch jene Sanktion gehabt hat, die eine leere Formalität des Staates ist und bedeuten sollte.

[Randnotiz:] Jakob Böhme (lesen).

»Reise! für deine Freunde findest du andere zum Ersatz;
und mach dich müde, denn darin liegt des Lebens Süße.
Still zu sitzen bringt einem klugen und gebildeten Manne keinen Ruhm,
darum zieh aus von der Heimat und durchwandere die Fremde.
Ich sah, daß die stehenden Wasser verderben,
fließendes Wasser ist frisch, stehendes faul.
Nähme der Mond nicht ab und zu, so diente er nicht zu Vorzeichen,
und des Beobachters Auge schaute nicht zu ihm hinauf.
Löwen, die nicht ihr Dickicht verlassen, machen keine Beute,
und der Pfeil, der nicht vom Bogen schnellt, kann sein Ziel nicht treffen.

Goldklumpen an ihrem Platze gleichen dem Sande,
und die Aloe ist in ihrer Heimat nur eine Art Brennholz.
Geht sie ins Ausland, so wird sie eine begehrte Kostbarkeit,
bleibt sie jedoch daheim, so steigt sie zu keinem Ansehen.«

Tausendundeine Nacht.
(Geschichte der Wesire Nûr ed-Dîn und Schems ed-Dîn.)

Handlung: es ist mit diesem Worte etwas Äußerliches gemeint, was auf derbe Sinne wirkt. Meistens wenigstens ist es so. Die Griechen haben das Fatum, das unerbittlich waltet, quält, treibt und vernichtet: es mußte Furcht und Mitleid erregen. Furcht, weil es furchtbar waltete, Mitleid mit den Betroffenen, weil sie schuldig-schuldlos waren, wie alle Menschen. Da tut sich die ewige Tragik auf: es gibt nur eine.

Aber was wollen denn unsere Handlungs-Beflissenen? sie wollen die »Geschichte«, die Intrige, das sonderbar und wunderbar Verknüpfte, das, was in gröbster Form dem Hintertreppenromane Leser sichert.

Ich bin nicht gegen die Art von »Handlung« in Romanen, sofern sie wunderbarlich und wahr zugleich ist. Es ist viel Raum im Roman, im Drama wenig: da ist er überaus kostbar.

Hier aber muß den Menschen und muß der Seele und ihren Konflikten der Raum gewahrt bleiben. Ein Zweikampf verläuft wie alle: fort damit, von der Bühne, er nimmt dem Wichtigen, Seltenen und Besonderen Raum weg. Versteck, Betrug, Flucht, Sprung durchs Fenster, unaufgeklärtes Geheimnis: das alles sind ganz triviale Dinge geworden: nimmt man an, daß sie neue Charakterzüge auslösen, was kaum der Fall ist, so kann dies nur im Roman geschehen, im Drama machen sie sich so breit, wie der junge Kuckuck im Grasmückenneste, die legitimen Kinder verdrängend.

Konflikte, fieberisch bewegte Seelen, alles unter Eintritt einer großen Leidenschaft, die glimmt, brennt, lodert, rast. – Worauf es ankommt, ist, daß der Konflikt echt, die Leidenschaften ehrlich und die Gestalten auch pochende Herzen haben.

So ist es bei Shakespeare. Die Handlung im »Hamlet«: wen interessiert sie? Das Seelendrama allein ist es, was tief ergreift.

Spannungen. Lieber Gott! Spannung ist Kniff: der leichtesten einer. Wer ein Künstler ist, kann auch sie gefahrlos anwenden. Aber Eselsfelle spannt man auf Trommeln und schlägt Tamtam darauf: das lasse sich dieser und jener gesagt sein.

Auf dem Rande feiner Gläser erzeugt der Finger durch feines Reiben einen schönen, singenden Ton. So ist es Aufgabe des Dramatikers, nur daß er Menschenseelen, statt Gläsern, singen läßt.

29. März.

Die Sonette des Buonarroti beschäftigen sich, in großer Anzahl, mit dem Wunder der Liebe. Das ist, bei der Kraft und scheinbaren Härte des Meisters, sonderbar für flache Beurteiler. Für tiefere klärt es sich leicht auf, da sie wissen, daß auch die Größten und Selbstherrlichsten durch das »Ewig-Weibliche« hinangezogen werden. Das Mißverhältnis zum Weibe, wie es Strindberg zum Beispiel hat, beweist Schwäche und verschließt das Ruhige, Reine, Hohe und Vollendete in der Kunst: es resultiert eine Verzweiflung daraus, die alles nach innen zerstört, wie auch bei Strindberg zu merken ist, und ein unauslöschlicher Haß: der Haß gegen die Hand, die zurückstößt, anstatt empor und an sich zu ziehen.

Den blinden Augen will's nicht mehr gelingen,
mit deinen klaren seh' ich holdes Licht,
mit deinen Füßen trag' ich ein Gewicht,
das sonst ich Lahmer nicht kann weiterbringen.

Ich fliege, federlos, mit deinen Schwingen,
dein Geist hebt immer mich zum Himmelslicht,
willst du, wird rot, wird blaß mein Angesicht,
wird Sommers Frost, mich Winters Glut durchdringen.

Mein Wille nur in deinem Willen wohnt,
in deinem Herzen sproß, was ich ersann,
aus deinem Odem meine Worte quellen.

Nichts bin ich aus mir selber, wie der Mond;
denn an dem Himmel sehn wir ihn nur dann,
wenn ihn der Sonne Strahlen uns erhellen.
Michelangelo.

Wer nicht alle Erfahrungen, glückliche und unglückliche, der Liebe macht und siegreich hindurchgeht, dessen Früchte reifen so wenig wie Orangen im Keller.

Leute, welche wir nur aus öffentlichen Urteilen kennen, alle die hervorragenden Männer, die eigene Erinnerungen nicht geschrieben, selbst das Wort nicht ergriffen, sich also nicht verständlich gemacht noch verteidigt haben – kennen wir gar nicht.

(Zusatz vom 21. April, Rovio. Emerson. Die Natur spart nie mit ihren narkotischen Mitteln, sondern da, wo sie eines ihrer Geschöpfe mit einem Makel behaftet, legt sie auch reichlich ihre Beruhigungsmittel auf die Wunde.)

30. März.

Der Doktor. Er gab gestern Anlaß, an mein Lustspiel zu denken, welches eine Art Friederike Kempner zur Heldin haben soll. Ich bemerkte, am gleichen Tisch mit ihm lesend, daß er eine Handschrift durchsah, und da ich seine Schmerzen erkannte und ihm den Wunsch abfühlte, darüber etwas verlauten zu lassen, fragte ich, was er da habe.

Der Doktor und akademisch hochgebildete Arzt sprach nun mit vollkommenem Ernst und ruhiger Würde: es sei ihm eine angenehme Gewohnheit, an seinen Arbeiten, so, beim Glase Bier etwa, zu feilen und zu bessern. Er habe da Gedichte, und wenn ich Gedichten nicht abgeneigt sei, wie so viele, wolle er eins und das andere vorlesen.

Wir setzten uns zurecht.

Ich muß sagen, daß ich herzlich wenig erwartete. Ich war auf eine Art Verse gefaßt, wie ich sie jedem Manne von Bildung zutraue, mittelmäßig in Ausdruck und Gehalt, aber doch einigermaßen anständig gedrechselt.

Man wird hier immer aufs neue vor Rätsel gestellt.

Hier ist ein Typ, der zum Studium und mehr noch zur fürchterlichsten Geißelung herausfordert. Dieser Mann, unglaublich, reist mit Goethe. Er spricht mit Interesselosigkeit von allem Neueren, er sagt, wie er die Presse und alle Preßleute als urteilsunfähig vollkommen verachte, nicht minder, ja noch mehr die Masse des Publikums; er isoliert sich, um mit seinem Geiste allein zu sein; es scheint, er vernachlässigt seinen besonderen Beruf, den des Augenarztes, um sich dem »höheren«, ihm eigentlich bestimmten, der Kunst, hinzugeben – und nun diese Gedichte.

Zwei Worte würden genügen, dem maßlos Verblendeten eins der Gedichte abzunehmen, und dann würde es hier stehen; allein, ich habe doch Mitleid und beabsichtige nichts Boshaftes gegen die Person, wenngleich ich die Sache, mit Wollust, ins Bodenlose verhöhnen möchte.

Das Gedicht war so nach Form und Inhalt, von einem Mädchen am Spinnrad und zwei Burschen, einem langen und einem kurzen, handelnd, daß ein in Klein-Machnow erscheinendes Wochenblättchen es unbedingt zurückweisen müßte: ein vollkommen kindisches, durchaus lächerliches, ganz unwürdiges Gereimsel, welches ich meinem ältesten Jungen, dem elfjährigen, verzeihen, aber nicht als kleinste Talentprobe anrechnen könnte.

So saß nun, vor mir und G. M., der ernste Mann von akademischen Würden und setzte uns arg Betretenen auseinander, daß, wenn uns seine Art nicht gefiele, dies nicht von großer Bedeutung sei, da über Gedichte die Meinung[en] ganz besonders auseinandergingen. Man habe sich selbst zu genügen, das nur sei wichtig.

Er sprach dann noch viel und auf ernsteste Art von seinen »literarischen Plänen«.

Die Muse ist doch ein Frauenzimmer: einen liebt sie, Tausenden armer Verliebter verdreht sie den Kopf und renkt ihnen den Verstand aus: so hat sie ein drollig-erbärmliches Gefolge von Affen und Äffchen, das nicht nach jedermanns Geschmack ist.

1. April.

Ich hatte gestern Gelegenheit, Tasso zu hören. Im Büro der Zollstelle trug uns ein Steinmetz Oktaven des »Verlornen Paradieses« vor. Die Szene war hübsch und seltsam, und eine auch nur von fern vergleichliche ist bei uns nicht denkbar. Den Versen des großen Dichters, die der alte Marmista stehend, frei, lebendig und mit edlem Anstand vortrug, lauschten außer uns drei Deutschen der Zollbeamte und der Droschkenkutscher. Das Interesse und der Sinn für Poesie ist auch in unserem Volke zu heben, wenigstens muß es versucht werden.

2. April.

Obgleich ich die Vögel singen höre, bis zu mir herein, so hält es mich doch nicht: ich muß zu ihnen hinaus.

»Gerhart, steh auf!« weckte meine Mutter immer; »die Vögelchen singen schon, die Sonne scheint, es ist Sünde, zu schlafen, da alles so herrlich ist – in solchen himmlischen Morgen hinein.«

4. April.

Ich will doch noch ein wenig die Feder (Bleistift) neben meinen Gedanken herlaufen lassen; er mag ihre Spur ziehen, daß ich, so mir's beschieden ist, in späterer Zeit den Weg wiederfinde, den sie wandern mußten.

Es ist der letzte Abend in der Cocumella, das Ränzel geschnürt, morgen geht es gen den Norden. Der Weideplatz ist abgegrast. Wie die Erzväter ihre Hütten verlegen mußten, wenn ihre Herden keine Nahrung mehr fanden, so müssen auch wir tun: aber unsere Herden, das sind unsere tausend Sinne.

Es spricht viel in den Augenblicken, die dem Morgen des Aufbruchs vorangehen: sie regen viel auf, was sich befehdet, aber das herrschende Gefühl ist eine Art Begräbnisstimmung. Das Geliebte ist tot. Man sieht es noch, da es doch tot ist; wenn wir es werden begraben haben, wird der Schmerz nach und nach schwinden. Die Cocumella war mir ein lieber Ort.

Seltsam: und doch ist er nunmehr abgestorben für mich. Seltsam und traurig. Wir sind nicht nomadisierende Hirten mit Erzväterruhe, sondern vielmehr von den Schafen, die hirtenlos irren. Irgendein Wolf treibt uns. Irgendein quälender Durst. Wir trinken noch alle Quellen der Erde leer und bleiben doch durstig zum Verschmachten. Wir werden den Blitz reiten und dem wilden Jäger doch nicht entgehen.

Die Trübsal hat ihr Recht: sie nehme es auch von mir.

[Am Rand:] Frauenfrage – Mutterfrage.

[Über der folgenden Eintragung:]
Das Stimmungsmoment.
Der seelische Schluß.
Wie wir am Heimischen zehren.
Wir haben nichts übrig.

Perugia, 7. April 97.
Vielerlei drängt sich an, das festgehalten sein will aus den Reisetagen. Es ist anzumerken, wie Wohlgefallen und Übelgefallen einander ablösten und was es jedesmal für Gedanken gab.

Ob den Bronzen, im Museum zu Neapel, erwachte mein alter Trieb zu bildhauerischer Tätigkeit aufs neue und äußerst stark. Ich faßte – zum wievielsten Mal? – den Entschluß, für mich selbst kleine Skulpturen zu fertigen und mein Haus damit zu schmücken. Aber wo wäre das Haus des Unbehausten?

Ich neige zu dieser häuslichen Kunst der Alten besonders hin. Nichts spricht mich so warm an, als was, in häuslichen Maßen gehalten, Universell- und Ewigschönes umschließt. Da möchte ich zugreifen und heimtragen, da ist es, als müßt['] ich zum Diebe werden.

Eine Figur des Narzissus ist so schön, strömt so viel berückende Wonne und Süße um sich: man könnte für sie die Seele verkaufen. Ruhe ringsum, einsame Waldtäler, Vogelstimmen, das Echo fern und Narzissus allein mit seiner unsterblichen Frische und Paris-Schönheit, von dem fernen Halle, lauschend, süß erregt. Den Reiz der Figuren erhöht ihre Patina. Ich habe sie alle, die alten Bekannten, wieder[ge]sehen und meine Freundschaft erfrischt: den tanzenden Faun, den trunkenen Satyr mit Schlauch, der eine Brunnenfigur ist, und tutti quanti.

Über »Brunnenfiguren« würde ein besonderer Essay verlohnen. Man würde, Vergangenheit und Gegenwart vergleichend, zu dem Schluß kommen, daß die Künstler in diesem Zweige der Kunst heut nur ihre Armut verraten können. Schon aber doch wandelt sich alles zum Guten und Frischen. Vieles keimt in den Tagen, die wir genießen, ich bin auch des reichen Segens an Früchten sicher.

Was fordert mehr zur Erfindung heraus als der Wasserspeier? Die tollsten und lustigsten Möglichkeiten ergeben sich hier und die allerreinsten und lieblichsten auch. Das Gänsemännchen und der Tugendbrunnen zu Nürnberg sind Beispiele, der Satyr mit dem Schlauch, von Herkulanum, nicht minder – das Manneken-Pis als tolle Naivetät muß auch genannt werden.

Das Wasser kann rinnen, triefen, stürzen, sprudeln, spritzen, aufwärtsquellen oder prächtig steigen, es kann glockig zischen oder staubig umhertreiben, aus dem Schlauche des Satyrs muß es geglückst haben.

Ein prustender Neptunkopf, in Verona, hat mir Freude gemacht.

Ein Kunstwerk gleicht einer ewigen Blüte. Was bei der Blüte ein Augenblick ist: der Moment der höchsten Entfaltung zur Schönheit, das gewinnt in dem Werke der Kunst Dauer. So schwer es ist, diese Sekunde der letzten Höhe in der Entwickelung einer Rose zu treffen und zu genießen, so schwer beinahe ist es für den Schaffenden, in der inner[en] Quell- und Wachstumsarbeit den

Zeitpunkt sicher zu erkennen, nach dem jedes weitere Wirken sofort ein Raub am Vollendeten wird.

Der Genießende nun, der vor der dauernden Schönheit steht, hat leichtere Arbeit. Aber ehe er nicht die Blüte erkennt und genießt, genießt er nichts.

Die Blüten der Kunst sind seltene Blumen. Viele, die dafür gelten, sind keine. Sie haben nicht Saft noch Wachstum in sich, und es ist unbegreiflich, wie die Mehrzahl der Menschen sie liebt und falsche Blumen mehr schätzt als echte.

Kalif: »Mache mir Brunnen, aber fasse die Flut, als ob es das heilige Wasser wäre, das Aaron mit seinem Stab aus dem Felsen schlug. Fasse das Element, wie es der freundlichen Gottheit geziemt, die uns tränkt, kühlt und reinigt. Mache ihm einen Lustplatz, daß es sich uns in seiner erquickenden Schöne dankbar entfalte. Dann soll es in allen Höfen und Hallen klangreich strömen, steigen und rauschen, und der Regenbogen soll wohnen in seinem Perlengestäube.«

Meister: »Ich höre und gehorche! – ich will Euch« etc. . . .

Herkulanum und Nürnberg zeigen in Behandlung des Wasserspeiers gleiche Tendenz. Überall ist Wasser das freundliche Element, das dem Menschen zufließt, und der Künstler erhebt es zu Milch (im Tugendbrunnen, wo es aus den Brüsten der Frauen spritzt), zu Wein (bei dem Satyr) oder zu Symbolen des lebendigen Wassers am Apostelbrunnen. Wo alles dies nicht zutrifft, haben sie Neptunköpfe oder Köpfe von Fabeltieren, die das Mysterium fassen und fortsetzen.

Bei uns Wasser ein flüssiger Stoff, nichts weiter.

Dies wird, da Talente jeder Art bei uns jetzt in Jugend stehen und viele feinsinnige Menschen heraufkommen, die auch den Wert der feinsinnlichen Empfindung erkannt haben, anders werden.

Nachmittag.
Ich blicke durch ein rundes Fenster, dicht unterm Dach, in einen so tiefen und weiten Raum, in breite Täler und über nahe und ferne Hügel, daß ich anfänglich einige Mühe hat[te], ein Gefühl von Schwindel zurückzudrängen. Nun bin ich daran gewöhnt, so im hohen Luftraum zu nisten, zumal da mein Nest recht wohnlich ist.

Perugia, wie viele Städte Umbriens, z. B. Spoleto und das nahe Assisi, ist um die Spitze eines Berges und seine Flanken hinunter erbaut. Meine Albergo steht auf der Spitze und überragt alle Dächer der Stadt, verwitterte Ziegelflächen, die, gräulich geschuppt, stufenweise zur Tiefe steigen.

Die Gegend hat in Farben und Formen kaum etwas Südliches, was nach Neapel und nach Sorrento auffällt. Es ist gegen Abend, das ferne Gebirge kommt wie eine riesige oli[v]ne Meereswelle längs des Horizontes heran, dahinter geht, gelbbraun, die Sonne unter.

Abend.
Abend. Perugia ist eine wundervolle Stadt, in ihrer Art – und dies ist die Art vieler italischer Bergstädte – so trotzig errichtet wie Venedig. Ich bin den Abend, nach meiner Art, führerlos und ziellos darin umhergepilgert und habe die kraftvolle Architektur bewundert, die sich fest auf abschüssige Hänge gründet und viele Klugheit des Baumeisters und allen ausdauernden Fleiß der Werkleute verrät. Die Stadt ist so phantastisch und seltsam in ihrem Zufälligen wie etwa, in deutschem Charakter, Nürnberg oder Rothenburg. Aber die Lage Perugias auf steilem Gipfel und die dadurch bedingte launische und wunderliche Anlage der Straßen ist unterscheidend.

Die spärlichen Gaslampen heben und bestimmen den Eindruck der ineinandergeschachtelten Baulichkeiten, die abschüssigen Gassen sind flachgestuft und führen, bald mehr, bald weniger steil, in Krümmungen und Winkeln, unter Hausüberbrückungen hindurch, zwischen sehr hohen Steinmauern hin. Während ich dies schreibe, höre ich Frösche quaken: die ersten in diesem Jahre. Aber die Frösche sind weit, wohl eine halbe Meile weit unten im fernen Tal, nur daß die Luft klar ist und der Schall seltsam ungehemmt, aus dieser Ferne, über die Hügel und Dächer zu mir gelangt. Seltsam! diese Stadt läßt überall die große, reine Natur herein, durch ihre Straßen und Gassen fegt der Bergwind mit guter, reiner Luft. Es ist ein Vergnügen, hier zu sein.

9. April.

Perugia gemahnt in seinem Bau an viele unserer süddeutsch-mittelalterlichen Städte. Die Durchblicke, Höfchen, Gäßchen und Winkelchen und was außerhalb der Stadtmauer und dicht unter ihr an Häuschen und Gärtchen zu sehen ist, hat, mit den Menschen darin, Ludwig-Richter-Charakter. So ist eine Blume, die hier in Menge wächst, die Butterblume, Gänseblümchen umsäumt jeden Rain in Menge, Schlehdornhecken verfolgen die Wege.

»Wenn der Künstler auf diesen Grund baut und sich die griechische Regel der Schönheit Hand und Sinne führen läßt, so ist er auf dem Wege, der ihn sicher zur Nachahmung der Natur führen wird. Die Begriffe des Ganzen, des Vollkommenen in der Natur des Altertums werden die Begriffe des Geteilten in unserer Natur bei ihm läutern und sinnlicher machen: er wird bei Entdeckung der Schönheit derselben diese mit dem vollkommenen

Schönen zu verbinden wissen und mit Hülfe der ihm beständig gegenwärtigen, erhabenen Formen wird er sich selbst eine Regel werden....«: so schreibt Winckelmann (S. 310) in seinen »Gedanken über die Nachahmung der griechischen Werke«, und diese Grundsätze sind es, die, mißverstanden, die Sintflut epigonisch-klassizistischer Werke, bis auf unsere Tage, hervorgerufen. Der Nachsatz, den Winckelmann, mit einem Ausspruch Michelangelos verquickt, anhängt, hat wenig wirkende Kraft erwiesen: »derjenige, welcher beständig andern nachgeht, wird niemals vorauskommen, und welcher aus sich selbst nichts Gutes zu machen weiß, wird sich auch der Sachen von anderen nicht gut bedienen« (Michelangelo). Nur »Seelen, denen die Natur hold gewesen,
             quibus arte benigna
et meliore luto finxit praecordia Titan,
haben hier den Weg vor sich offen, *Originale zu werden.*«

Der blaue Wall des Gebirges.

Geschmack.

Ihr Körper war in einen blumigen Stoff gekleidet, aber die Blumen waren nur in ihren Farbwerten vertreten, nicht in scharfen Konturen, auch waren die Farben blaß und verwaschen; die Ärmel, bauschig, hatten einen stumpfgrünen Moiré wie frische, saftige große Blätter des ...

Der Mund war feucht und wie Granatblüte, das Auge dunkel und doch hell funkelnd unter der schwarzbuschigen Braue, dies lustige tolle Haar.

Aus dem Kleide kommen blasse, junge, natürliche Rosen; sie faßte eine an, wie wenn eine Mutter ihre Brust mit den Fingern faßt, um das Kind zu tränken.

Höchste Schönheit.

Braun war der Gürtel, glänzenden Leibes, braun der Halskragen.

Der warme Tizianton im Gesicht.

Stoff: Wie einer, der seine Mission fühlt, etwa Swedenborg, sie gegen die Beschränktheit seines Weibes hauptsächlich durchsetzen muß.

Die Versuchungen des heiligen Antonius.

10. April.

Die Religiösen (aber nicht die Pfaffen), das sind die Reinen, die keine Religion haben, sind die Gemeinen.

Ploetz, der das Wort nicht mag, z. B., ist religiös. Er hat neben dem Wissen einen höheren Glauben, der alles in ihm durchdringt.

Der »Gott« Muhammeds ist ein schlechter Erzähler oder der Prophet ein schlechter Dolmetsch. Die Geschichte von Joseph und alle anderen Geschichten sind ohne jedweden Reiz der Wirklichkeit, ohne jede Kunst, ganz unbeholfen vorgebracht.

Die direkte, einige und einzige Beziehung zu Gott. Das Abhängigkeitsgefühl zu bezeugen, Gott lobende Stimme werden scheint einziger Beruf.

Zwölfte Sure: Joseph.
Kalif: seine Augen wurden weiß (blind).

11. April, Perugia.

Die Suggestion des Koran ist gequälter als die Luthers, aber sie ist nachhaltiger und kühner. Luther schloß sich selbst und seine Person aus der Lehre, Muhammed nahm sich selbst und seine Bedürfnisse ganz darin auf. Muhammeds Lehre ist größer, natürlicher und einfacher.

Der Wert, den hohe Illusionen im Leben haben, ist nicht zu hoch anzuschlagen. Man soll Illusionen nicht mißachten, um so weniger, als die würdigsten und anerkanntesten Wahrheiten ihnen überaus nahe verwandt sind. Ja, es gibt Augenblicke, die vielleicht am wenigsten illusionär sind, wo man diese Wahrheit ganz als Illusion erkennt. Wahn ist mehr als Wahrheit für uns Menschen: aber er treibt Blüten, die töten können – wie es auch in der Natur solche Blüten gibt –, und er treibt Rosen, die alle Welt erquicken – auch bringt er Früchte, die nährend sind wie Brot des Ewigen Lebens.

Der Dichter ist der bewußte Illusionär: daher die Prätention, Wahrheit finden zu können oder zu besitzen, ihm fernliegt. Er kann auch deshalb ein größeres, universelleres Wahnsystem bauen, in dem Blut und Leben die Stelle der Logik vertritt, die Verstandessysteme stutzen muß. Das Leben nimmt der Dichter von seinem Leben. Er zeugt seine Illusionen, so daß sie werden und eignes Leben haben. Es ist eine geistige Zeugung, die sich oft parallel der körperlichen vollzieht.

Es ist kein Gott, außer Gott: dies Wort Muhammeds hat etc. . . .

Man müßte also das Wort »Wahrheit« streichen.

Montag, den 12. April, Perugia.
Es kam ein Gespenst zu mir, in der Nacht: das weckte mich und sagte: »Wache auf!« Und als ich erwachte, da

fühlte ich, da waren mir meine Ohren verschlossen. Ich wollte hören und hörte nichts, und furchtbar drückte das Gespenst bleierne Hände auf mein Gehör. Ich bebte. Verschlossen, abgeschlossen, begraben: dem Sang der Vögel, dem Zirpen der Grillen, den Worte[n] des Freundes, dem Lachen der Geliebten: tot. – Allein, allein. »Es ist ernst«, sagte das Gespenst in mir, »das Organ deines Gehörs ist zerstört. Inmitten deiner Pläne, deiner Ruhe, deiner feschen Weltfreude schlage ich dich taub. Was bist du noch? ein elender, tastender Krüppel! ein Spott. Was bleibt dir? Nimm deine Tafel, darauf du dich geschrieben, und lösche sie aus. Mach ein gewaltsames Ende, auf daß in deinem Hirn das arme, kläglich gefangene, schmerzliche Licht verlösche.

Was sind nun die Nöte deiner Seele? Du bist kein Reicher, daß du könntest ihrer pflegen. Du bist kein Freier, sondern ein kranker Hund. All deine früheren Schmerzen sind Glück und Grandseigneur-Genüsse im Vergleich zu dem Jammer deiner einsamen Tage.

Alles muß dir entgleiten fortan, Kind, Weib, die Geliebte, Freunde: denn du kannst ihnen nichts mehr geben, du hängst ihnen [an] als Gewicht, statt daß du sie auf Schwingen vorwärtsträgst wie bisher.«

Ich hatte diese Nacht einen Anfall von Taubheit auf beiden Ohren. Jetzt, am Morgen, Gott sei Dank, habe ich das Gehör wieder. Ich stand auf, voller Angst, um jemand zu wecken, einen Arzt zu suchen.

Rovio, den 17. April 97.
Der Tag ist klar und sonnig, nach dem gestrigen, der einem nordischen Apriltag nichts nachgab. Ich bin nun in Rovio, wohin es mich, vergangenes Frühjahr, als ich in Capolago saß, so mächtig zog, daß ich mich, mit

meinem Wirt, auf die Beine machte, um von den Bauern dort ein Stück Land zu erhandeln. (Die Bauern wollten – was ich an sich billigen muß – nichts hergeben.) Eine Albergo, die alte Albergo Mendrisio, auf deren stillen alten Garten ich mich im Süden, trotz aller Herrlichkeit, sehr gefreut hatte, ist ein Privathaus geworden; wir mußten also, spät abends in Mendrisio angelangt, vor der geschlossenen Gartenpforte abziehen. So sind wir denn hier herauf gestiegen.

Wenn es mir mit der Arbeit, die ich herausstellen möchte, weil sie in mir zur Reife gelangt ist, hier so gut geht wie mit der »Glocke« in Mendrisio, will ich vollkommen zufrieden sein. Die Bedingungen scheinen hier ähnlich günstig, doch muß man es abwarten.

Damals, in Mendrisio, schrieb ich den größten und wesentlichsten Teil der »Versunkenen Glocke«, während ich einsam im Garten spazierte, mit Bleistift nieder.

Das »Abendmahl« von Leonardo hat mich mächtig gerührt, obgleich der Lärm einer Stadt wie Mailand die feinen Sinne ein wenig stumpf macht. Es stehen dazu in dem Raum des Allerheiligsten eine große Anzahl jämmerlicher Kopien, eine Ausstellung wie in einem Rahmenladen, zum Verkauf und beeinträchtigen in all ihrer vordringlichen Häufung den Genuß. Unbegreiflich ist es, wie diese törichten und ganz elenden Pinseleien in diesen Raum gelangen, der eines der größten Kunstgebilde aller Zeiten enthält. Sie würden, ernst genommen, nur den verzweifelten Abstand der ital[ien]ischen Kunst von heut und einst illustrieren, wie sie faktisch das Niveau des Publikums kennzeichnen, das heutzutage, herdenweise, vor die Werke edelster Kunst getrieben wird, die ihm doch ewig fremd und unbegriffen bleiben.

Daß die Empfindung frisch und lebendig sei: darauf ist alles gestellt. – Daß man einem Schuster, der eine Sohle hämmert, so gut nachfühle als dem Adler, der mit seinem Weibchen zwischen schneebedeckten Berggipfeln über einem tiefen, weiten und fruchtbaren Frühlingstale im unendlichen Raume kreist.

Ist das Griechische das Antichristliche, so ist das Christliche das Antigriechische: man kann auch, in gewissem Sinne, christliche und griechische Kunst gegenüberstellen, obgleich, streng genommen, »christliche Kunst« ein Widerspruch in ihr selbst ist.

Die christliche Seele ist tiefer im Mitgefühl, Mitgefühl aber ist das Wesentlichste in einer Kunst von innen heraus. Die griechische Seele ist nach oben, ins Hohe und Erhabenste mehr geweitet: sie bietet unendlichen Raum für das gottmenschliche Gebilde der Schönheit.

Ich muß nun wieder etwas schaffen: d. h. ich muß mir selber beweisen, daß ich lebe. Ich muß das Leben von der Tiefe zur Höhe aus Gesundheit empfinden und ermessen.

Ostersonntag, den 18. April 97, Rovio.
Ich habe gestern im Goethe gelesen: Teile des »Torquato Tasso«. Das Werk macht auf mich jetzt einen etwas trockenen Eindruck. Tasso selbst ist ein weichlicher Jämmerling, der schließlich, trotz aller seiner edlen Inhalte, Übelkeit erregt. Antonio wird am Ende von Tasso mit »edler Mann« angesprochen, obgleich sich der »edle« Mann nicht recht begreifen läßt. Es wäre doch wertvoll, Goethe über Tasso zu hören und ob er im Sinne hatte, diesen Kränkling als Typ des Dichters überhaupt hinzustellen. Er selber, Goethe, müßte dann herangezogen

werden, Goethen im »Tasso« zu widerlegen. Die Sache ist: Goethe sonderte Schwächen seines Wesens ab und formte besondere Menschen daraus; so sind auch in Tasso Seiten der dichterischen Natur wundervoll ergründet und erfaßt: merkwürdig aber, in der trockenen Art, die an Ibsen streift. Die Sprache ist sichtlich als Prosa empfangen und nachträglich in Verse gedrückt. Mir ist, als wäre dergleichen vom »Tasso« erwiesen.

Ich habe mich von jeher besonders zum indischen Drama gezogen gefühlt. Es ist und war mir immer das Heimatlichste. Wie alles so sinnlich darin ist und jeder Sinn dabei ganz geheiligt. Vom indischen Drama und seiner üppigen sinnfeinen und sinnreinen Wesenheit ist viel in den »Faust« übergegangen. Dem Herzen der Natur am nächsten, ist das indische Drama entstanden im Schoße einer natürlichen, tiefsinnlichen Religion. Wundervolle Stimmungsgehalte entwickelt es überall, und der Ohr und Seele zerreißende, taube Knalleffekt hat in ihm keine Stätte.

Ich möchte sagen: der Blumensaft, das Blütenarom, die weiche, brünstige Natur des indischen Dramas findet Entwickelungsboden in unsren Seelen. Der Deutsche ist gut bereitet, einen ähnlichen Frühling zu treiben, und voller Sehnsucht, einen ähnlichen Frühling zu genießen.

Malavika muß mit dem geschmückten Fuß den Stamm des Goldasokas berühren, weil er zu blühen wünscht.

Der Goldasoka wird Symbol des Königs zugleich, der sich nach der Berührung Malavikas sehnt, auch um zu blühen.

Wenn ich der Zeit gedenke, wo ich wie jener König umherlief und zu blühen begehrte und wie ich dann nach der Berührung von Malavikas Fuß blühte: es schauert mich im Rückwärtserinnern. Ich lief einher wie unter einer unsichtbaren Krone, erhaben – und [die] seligsten Paradieszaubergärten sahen meine überwältigten Augen. Da hatte Gott eine Lücke ins Himmelsdach geschlagen und mir einen einzigen Halm der Paradieseswiese herausgereicht, und die Brust wollte zerspringen, sie faßte den Strom der Wonne kaum.

Heut bin ich im Drama vorwärtsgeschritten. Die Idee des »Menschenhassers« hat sich mir aufgetan und zum vorhandenen Stoffe gesellt. Die Amalgamierung kann wertvoll werden.

Montag, den 19. April, Rovio.
Als ich im Vorjahre, bei Betrachtung des Wirrwarrs und aller Ratlosigkeit in Sachen der Beurteilung dramatischer und theatralischer Leistungen, die Herausgabe eines dramaturgischen Jahrbuchs plante, von dem ich mir klärende und fördernde Wirkung versprach, gedachte ich Abschnitte über das »Lesedrama« und seine Verunglimpfung zu bringen.

Der Irrtum seiner Geringschätzung ist dadurch entstanden, daß man ein so edles Wort auf Machwerkchen anwandte, die gewisse kleine Leute hervorbrachten, andere kleine Leutchen – die von den Schätzen der Welt und dem Werte der Zeit keine Kenntnis haben – auch lasen, Lesedramen nannten.

Sie vergaßen, daß »Faust« ein Lesedrama, Shakespeare ein Lesebuch, Aischylos, Sophokles und Euripides durch das Buch in den Jahrhunderten leben.

Man entnehme, wie Aristoteles über das Lesedrama dachte, aus seinen Worten, die er der theatralischen Darstellung widmet:

»Die Darstellung für das Auge endlich«, sagt er, »hat

zwar Einfluß auf das Gemüt des Zuschauers, ist aber doch dasjenige Stück, welches das unkünstlerischste ist und der Kunst des Dichters am fernsten liegt. *Denn die Tragödie übt ihre Wirkung auch ohne theatralische Aufführung und Schauspieler,* und überdies liegt die geschickte Versinnlichung durch sichtbare Darstellung weit mehr in der Macht und Kunst des Maschinisten als in der der Dichter.«

Aristoteles hatte mit einer unnatürlicheren, unkünstlerischeren Bühne zu rechnen als wir, und dennoch bleiben von seinen Sätzen viele in Geltung. Wir sehen daher immer, daß allerhand Maschinisten und Pyrotechniker auf der Bühne ihr Wesen treiben und daß, wo ein Dichter sich mit den billigen Wirkungen dieser Laterna magica zu sehr einläßt, er in Gefahr kommt, den Dichter und Dramatiker in sich und den Ewigkeitsgehalt seiner Dichtung zu zerstören.

Also: Achtung vor dem Buch! Dem geübtesten Auge wird es schwer, Bühnenflitter von Gold zu unterscheiden, die Helden der Bretter tragen meist ungestraft blecherne Helme etc., etc.: im Buche aber geht dies nicht an, da kann nur mit echten und kostbaren Stoffen, Farben und Metallen und unter dem klaren Lichte des Tages gewirkt werden.

Der Dichter schreibt nicht für die Bühne, sondern für die Seelen der Menschen. Die Bühne ist eine Vermittlerin zwischen ihm und diesen Seelen.

Aber sie ist faktisch nicht eine, sondern sie besteht aus vielen Hunderten einzelner Vermittler: davon der eine gesund, der andere krank, der dritte lahm, der vierte taub, der eine redlich, der andere tückisch, fähig oder unfähig, je nachdem.

Oft geben sie schlechter Ware den Schein der guten und oft wieder guter Ware den Schein der schlechten.

20.
Es ist, für Kenner, ein Unterschied zwischen einer alten und einer neuen Dichtung, zwischen einer frischen und einer alten Illusion, zwischen einer frischen und einer getrockneten Frucht.

21. April, Rovio.
Es ist durchaus richtig, was gesagt wird: das Leben gleicht einer Reise. Jedes Jahr, jeder Tag fast läßt das Leben und die Welt aus einem anderen Aussichtspunkt erscheinen. Und weil das gesunde, entwickelungskräftige Organ zum Alten immer Neues entdeckt und, wüchse es auch tausend Jahre, die Wunder der Welt und der Seele nicht erschöpfen könnte, so muß man leidenschaftlich wünschen, zu hohen Jahren zu kommen.

Könnte der Mensch, wie er jetzt vierzig bis fünfzig Jahre des Fortschritts hat, deren tausend durchschreiten, ganz anders würden wir in unserer Erkenntnis und Bildkraft dastehen als so: denn das ist der Fluch, daß wir an die Aufgaben der Zeit immer ein wenig grün herantreten müssen; es bleibt uns da meist nichts übrig, als blind darauflos zu wirken – kommt aber die Stunde, wo wir anfangen, etwas davon zu begreifen, so ist es meistens die letzte.

Ich erwäge, C. in Cannobio zu besuchen. Seltsam, daß mich so wenig zieht. Wir liebten uns und lieben uns, aber wir fürchten uns noch mehr. In mir ist eine Bitterkeit, die groß und durch nichts eigentlich zu vertreiben ist. C.s Liebe war immer von der Art, die den Gegenstand vollkommen beherrschen und sich angleichen will, es lag nicht in meiner Art, mich aufzugeben, und so gab es viel Gewitter – aber auch viel überschwengliche Versöhnungen. Wir stießen uns ab, um uns immer stärker zu suchen – nun suchen wir uns nicht mehr. Ich kann mich in die Fieberraserei seiner Art nicht hineinreißen lassen. Sie zwingt, fast täglich, zu tigermäßiger Verteidigung und läßt kein Behagen und keine Kristallisation aus Ruhe aufkommen. Man findet sein Edelstes megärenhaft beschrien und elefantenhaft zertrampelt von seiner Aufregung, er bewegt sich in geistigen Konvulsion[en], die anwidern und vor Ekel und Erniedrigung krank machen. Es sind zuviel Erinnerungen an dergleichen Szenen in mir aufgespeichert, die Liebe nicht mehr in Nichts aufzulösen vermag.

Sie haben wohl in meinem Hirn unlöschliche Spuren eingeätzt. Das Grauenhafteste dieser Art war, als G.[s] Ruin vor der Tür stand. Da war es C.s Wahnsinnsdrang, mich und uns alle in das gleiche Verderben zu reißen, das G. drohte – aus törichtem, ganz aussichtslosem Rettungseifer. Ich weiß noch, wie damals er und seine Frau auf mich einrasten, buchstäblich gleich zwei wütenden Hunden, in vollkommenem Wahnwitz und mir Dinge sagten, daß ich selbst nahe an Irrsinn geriet, Maus wie von Sinnen ob meines Zustandes nun umherlief, Ivo, der hinzugelaufen kam, vor Angst weinte und mich beschwichtigend umklammerte. Der entsetzliche Anblick hat sich unlöschlich in meine Seele gebrannt.

Das war der Moment, das war der innere Bruch, der Gipfelpunkt jahrelanger, tyrannischer Geistesmarter, die ich durch C. erduldet hatte. Damals starb etwas ab, d. h.: ich wurde objektiv, ich vermochte C.s Art zu übersehen und fühlte die Rettungsmöglichkeit: dauernde Trennung! Wäre einer von uns früher klug geworden, es wäre mehr stehen geblieben von alter Liebesherrlichkeit in unsren Herzen.

Liebe strebt zur Vereinung, in dieser liegt Friede und Ruhe: das wiederum sind Vorläufer des Todes. Der Tod selber ist tiefster Friede und tiefste Ruhe, nicht mehr.

Haben wir Frieden, so müssen wir nach Liebe gehn; haben wir Liebe, so müssen wir nach Frieden gehn: ewiges Hin und Her auf der Straße des Lebens.

[Randnotizen:] »Langeweile« als Überschrift.
An Schluß der Reise das Fazit.

Rovio, den 23. April 97.

Heut habe ich Ligornetto besucht und das ausgestorbene Haus des Vincenzo Vela. Mehrmals schon im vergangenen Jahre war ich dort und ließ den trüben Zauber des Ortes auf mich wirken. Es ist, im ganzen, ein gruftartiger Eindruck. Der Atem des Todes herrscht vor in den Räumen dieses verlassenen Heims, das in unserem Sinne wohl kaum je heimlig gewesen sein kann. Man erfährt, daß Vela, von Ligornetto, wo er geboren ist, in die Welt ziehend, den Wunsch hegte, in Ligornetto auch sein Alter beschließen zu können: dies ist ihm vergönnt gewesen. Von Erfolgen gekrönt, angesehen und reich, kehrte er heim, schuf sich sein eigenes Haus und die Werkstatt daran, eine Zierde des Ortes. Sein Lieblingswunsch ward erfüllt und – nun hängen die Grabkränze in den verlassenen, frostigen Räumen.

Vela hat sehr eifrig und viel gearbeitet. In der hohen Rotunde, die ihm zur Werkstatt gedient haben mag, sind die Gipse zusammengestellt. Der übervollgestapelte Raum enthält auch noch Bilder des Sohnes Vela, die, vollkommen belanglos, schon deshalb alleine nicht hineingehören. Da alles nun Eigentum des Schweizer Volkes ist, so möchte es wohl an der Zeit sein, darin Ordnung zu stiften und dem Ganzen den Charakter der Verwahrlosung zu benehmen.

Unter der großen Anzahl der Werke Velas, die Portraits ausgenommen, ist eigentlich nur eins, welches sich vor dem eindringlichen Betrachter hält und recht eigentlich den Gipfel seines Wollens und natürlichen Vermögens darstellt: »Napoleon I. in seinen letzten Augenblicken«.

Ohne dieses Werk, darf man sagen, wäre Vela nicht Vela und im ganzen ohne besonderes Interesse.

Der Spartacus, auf den er viel Wert selbst gelegt zu haben scheint, ist forciert und ohne Noblesse: es spricht etwas von verbrecherischer Kraft aus ihm, aber sie scheint mit Gewalt sichtbar gemacht, förmlich herausgepreßt, so daß der Mann gleichsam Kraft schwitzen muß. Dagegen ist der kranke, exilierte, dem Tode nicht ferne, einsame Herrscher der Welt tief und seherisch gefaßt. Man wird nicht müde, sein rätselvolles, edles Cäsarengesicht zu betrachten, das grabesblaß fernhin träumt. Der Kaiser sitzt, das Hemd ist offen und entblößt einen welken Körper und Hals von weichen Formen, er hält um Beine und Füße ein Tuch gewickelt, fröstelnd, auf seinen Knien liegt die Karte der Welt.

Das Bild ist ergreifend und ganz eine unerschöpfliche Offenbarung: denn alle Offenbarung ist wie ein ewig quillender Quell.

Die Existenzkraft dieses Bildwerkes ist groß und entschieden. Es wird ein wertvoller Besitz einem jeden, der es erkennt.

Unter den übrigen Werken sind überaus viele auf Bestellung gemacht, und dies haftet ihnen mehr oder weniger an. Man merkt gar oft auch das Ächzen des gefolterten Mannes, der sich zu sehr an allerlei Brotarbeit anpaßte oder anpassen mußte. Armer Vela! Deine Auftraggeber, welche deine Originale besitzen, haben dir und uns viel mehr geraubt, was sie nicht besitzen.

Das schmachvolle Lied von der Mittelmäßigkeit, welche das Genie wie einen Kammerdiener beschäftigt und leider nach seinen Kammerdienereigenschaften vornehmlich einschätzt, wäre hier zu singen.

Winckelmanns Werke stehen in Velas Bibliothek: man merkt überall, daß der ehemalige Steinmetzlehrling den vollen Ernst begriff und nach dem Geheimsten, Edelsten und Meisterlichen der Kunst aus war.

Wenn einer taub wird, der nie hörte, auch als er Ohren hatte zu hören: was tut's?

Ein Zeichen von Krankheit ist es an mir, wenn mich nicht jede kleine Schönheit der Natur lebendig-sinnlich anspricht und glücklich macht.

Das Fieber der Ameisen, die an einem Baum arbeiteten. Die rätselhafte Lebenshast.

Der Mensch, dessen Sinne durch eine antisinnliche Moral verdorben und geschwächt worden – und solche sind zahlreich –, ist ein von Priestern um sich selbst betrogener armer Schelm. Wir verwerfen heut Askese in Form von Kasteiungen und blutigen Geißelungen: so sind die gröberen Formen der »Gottesopfer« seltener geworden. Aber ihre feineren, gefährlicheren und tödlichen Formen blühen geheimöffentlich.

Am 24. April.
Gestohlene Gedanken lassen sich gut ausdrücken, Empfindungen lassen sich nicht einmal stehlen und nichts, was in ihr Gebiet fällt, nichts, was sinnliche Stimmung ist.

25. April.
Sonntag. Laue Luft unter den blühenden Kastanien, die auf dem Platz seitlich der Kirche stehen. Abend. Dunkelheit. Die Zirpen singen eifrig in den saftigen, hoch-

strotzenden Wiesen. Weiches Gewölk hüllt die Bergspitzen dunstig ein: über der riesenhaften Schattenwand ein hellerer Schimmer. Ruhig liegt das ärmliche Bergdorf nur unter dem tiefhängenden Laub, bei den gedämpften Tanzweisen eines Horns und einer Posaune – Reigen! Pärchen, schattenhaft, geheimnisvoll schwärmend, umeinander wie Maikäfer. Sumsumsum! der Menschenkäfer huscht schattenhaft unter den schwülen Bäumen. Man hört das Schlurfen der Füße und die zurückgehaltene Musik: Polka, Walzer, Walzer, Polka. Das Dorf schläft, niemand, außer die lautlos Tanzenden, lockt die Musik: Heidengottesdienst. Mysterium.

Es kam auch über uns: zwischen Kirchhofe und Kirche tanzten wir.

[Randnotiz:] Kaufe Jakob Böhme!

27.

Furchtbare und mörderische Leidenschaften darzustellen ist dem Dramatiker von heut versagt. Große Naturen, Naturen von Belang, begehen heutzutage keine.

28. Rovio.

Eine distinguiert aussehende Engländerin, einfach im Kostüm, zurückhaltend und vornehm in der Bewegung, hat die unglückseligste Leidenschaft. Sie setzte sich gestern, gerade als ich zu arbeiten begonnen hatte, an das Klavier unten im Salon und gab die Seele und den Geschmack einer Kneipendirne von sich. Das Spiel erinnerte vollkommen, ja es war vollkommen dasjenige, welches man hinter den verhängten, mit bunter Laterne gezierten Schaufenstern, in den Straßen der Vorstädte, ins Freie dringen hört. Eine Bier, Fusel und Sprit duftende

Lastermusik, roh und gewöhnlich, schmutzig und brutal zum Erbrechen.

Diese Musik vertrieb mich natürlich.

Nach einem langen Spaziergang, unweit des Hauses wieder eintreffend, hört['] ich ausmitten des triefenden Gebüsches an den Berghängen, das in dichtem, neuestem Grün stand, eine Nachtigall.

Sie sang so edel, so überlegt, so mannigfach, sie übte so treu und so herrlich ihre Koloraturen, Crescendos, Pianos, ihre süßen, schmelzenden Steigerungen. – Ja, du liebes Vögelchen, was warst du für eine begnadete Künstlerseele! was hast du für einen tief geläuterten Geschmack – was, gegen dich, will die englische Miß besagen, die so distinguiert ist und so vornehm Gabel und Messer führt, wie gewöhnlich, trivial und roh ist sie, verglichen mit dir.

Wundervoll ist das Pausieren im Nachtigallengesang.

Da liegt gleichsam ein Duett mit der Stille vor: der wundervollen Nachtstille, in welche die himmlische Sängerin ihre Töne, wie Perlen auf schwarze Seide, gleichsam hineinstickt. Die Stille wird erstlich von ihr empfunden, und immer wieder genießt sie das Aufblühen der ersten Töne in sie hinein, dies Verhallen, das Zusammenschlagen der Stille.

Jede Nachtigall sucht ihr seliges Bereich, sie singen niemals durcheinander, sie wechseln. Jede hat Anteil an der großen, heiligen Stille.

30. April.
Luthers wahre Vorzüge haben zu wenig gewirkt, sein Defekt zu viel.

3. Mai 97, Rovio.
Kleist schreibt an Ulrike: »Eine Reihe von Jahren, in welchen ich über die Welt im großen frei denken konnte, hat mich dem, was die Menschen Welt nennen, sehr unähnlich gemacht. Manches, was die Menschen ehrwürdig nennen, ist es mir nicht, vieles, was ihnen verächtlich scheint, ist es mir nicht. Ich trage eine innere Vorschrift in meiner Brust, gegen welche alle äußeren, und wenn sie ein König unterschrieben hätte, nichtswürdig sind. Daher fühle ich mich ganz unfähig, mich in irgendein konventionelles Verhältnis zu passen.«

Der Hauptwesenszug des Genies.

Im Wirtshaus zum Stimming schrieb Kleist an Adam Müllers Frau noch folgende Zeilen in den Abschiedsbrief: »Wir unsererseits wollen nichts von den Freuden dieser Welt wissen und träumen lauter himmlische Fluren und Sonnen, in deren Schimmer wir, mit langen Flügeln an den Schultern, umherwandeln werden. Adieu!«

Über dieses »Adieu« ließe sich ein Buch schreiben, obgleich es so aussieht wie jedes andere.

»Prinz von Homburg«, zehnter Auftritt, kommt aus gleicher Stimmung:

PRINZ VON HOMBURG
mit verbundenen Augen
Nun, o Unsterblichkeit, bist du ganz mein!
Du strahlst mir durch die Binde meiner Augen
mit Glanz der tausendfachen Sonne zu!
Es wachsen Flügel mir an beiden Schultern,
durch stille Ätherräume schwingt mein Geist; etc. etc.

Die Übereinstimmung ist deutlich.

Donnerstag, den 6. Mai 97.
Gestern bestieg ich den Monte Generoso zum zweitenmal. Von Rovio aus ist der Weg steiler, aber kürzer und nicht weniger interessant als von Mendrisio aus. Der Tag war überaus klar und schön.

Ich mache immer neu die Erfahrung, daß mein Geist auf Bergtouren besonders lebhaft und angeregt ist: er faßt und ergreift leidenschaftlich die gegenwärtigen großen Eindrücke, und die Empfindungen begleiten sie mit voller Resonanz.

Herr B., der sich angeschlossen hatte, berichtete mancherlei Wissenswertes von Land und Menschen, erstlich, als wir durch Rovio gingen, über die Rovianer, ihren Hang oder Zwang zur Auswanderung, ihr Glück in der Fremde und ihre Heimatsliebe, wodurch sie fast alle zur Heimkehr bewogen werden, sobald sie irgendein Kapital erworben haben, das ihre geringen Ansprüche ans Dasein befriedigt. Ihr Auswanderungsziel ist Argentinien, und von den etwa zweihundert Männern des Ortes sollen zwei Drittel dort gewesen sein und das Spanische sprechen. Zu diesen gehört auch der Posthalter zum Beispiel. Schwerlich wird der Fremde, der von ungefähr dieses verschlagene Bergstädtchen betritt, in diesen nach italienischer Art zusammengebackenen Wohnungen eine so kühne Tradition wirksam glauben, so scheint hier ganz ein verstecktes Idyll zu sein. Das ist es auch und als solches erkannt von dem Rovianer, in der Jugend ausgenossen, in der Welt für das Alter wiedererstrebt.

Der Rovianer bewacht seinen Grund und Boden eifersüchtig und läßt sich nicht leicht ein Stück davon aus der Hand winden.

Die Seidenraupenzucht ist der wesentlichste Erwerbszweig des Ortes. Die Raupeneier werden von den Bauersleuten durch ihre eigene Körperwärme im Bett ausgebrütet, die Räupchen hernach, auf geflochtenen Hürden, mit Maulbeerlaub großgefüttert: Diese Prozedur beginnt nun bald; die Räupchen entfernen sich nicht von den Hürden, solange sie Nahrung finden, und ihrer Tausende und Abertausende, in einem Zimmer schmausend, machen ein seltsames, lautes Geräusch. Sind sie groß genug und fangen sie an, eine Art Eisbärbewegung mit dem Kopf zu machen, so ist dies der Beginn des Spinnens; faßt man ihnen dann mit dem Finger an den Kopf, so zieht man einen Faden von ihm. Das Einspinnen erfolgt, und die Kokons werden in drei Klassen sortiert: die gelbe, gute, die weniger gelbe, weniger gute und die weiße, geringste Klasse: diese letzte ist ein Produkt kranker oder nicht hinreichend lebenskräftiger Tiere. Die Überwinterung der Eier ist eine besondere Schwierigkeit, es braucht einer gleichmäßigen, trocknen Luft. Der Generoso ist eine Überwinterungsstation. Die Zimmer der hoch oben erbauten Hotels werden im Winter von diesen Gästen bevölkert, die zeitweise den Wirten mehr Gold einbrachten als ihre Sommergäste.

Nicht weit hinter Rovio zweigt der Weg rechts ab, er wird steil und steinig, und man hat bald zur Rechten freien Abgrund und ungehemmten Blick auf den Alpenwall. Das schimmernd-weiße Schemen scheint mitzusteigen, und immer mehr tritt die Größe und Erhabenheit der Schneegebirge hervor. Der Monte Rosa mit seinen vier Spitzen überragt alles gewaltig, das Finsteraarhorn tritt deutlich hervor. Der Berg selbst, an dessen steilen Hängen wir steigen, ist schneefrei und freundlich. Zwergbuchenlaub, jung und hellgrün, bedeckt ihn wie ein zarter Flaum. Zwischen den Gebüschen, an den gewagtesten Stellen, grasen die Rinder der Alpe von Melano.

Als wir uns dieser Alpe, einem nur wenig symmetrisch geformten Steinhaufen, näherten, erzählte Herr B. von seinen Besitzern: einem Bruder und seiner Schwester, welche zusammen sieben Kinder erzeugt haben. Auch dieser Mann war in Argentinien und ist reich heimgekehrt, er liebt, wie Herr B. sagt, seine Schwester so närrisch, wie schwerlich ein Mann sein rechtmäßiges Weib. Die Eltern wollten die Kinder zur Schule nach Rovio bringen: niemand gab ihnen Unterkunft oder nahm sie nur auf Minuten ins Haus. Der Pfarrer predigte gegen sie, die räudigen Schafe, und rief seiner Herde zu, sich rein zu erhalten. Die Kinder durften die Schule nicht besuchen.

So mußten die armen Parias denn mit Schimpf zurück in ihre Alpe flüchten. Da leben sie nun außerhalb aller Menschengemeinschaft mit ihrer stattlichen Herde von Kühen und Ziegen.

Merkwürdig, wie sich der Tugendbold (dem übrigens, kehrt man ihn um und um, schwerlich ein Stück echten Tugendgoldes aus der Tasche fällt) doch noch zum Richter berufen fühlt über Menschenbrüder, die in eigentümliche und schlimme Schicksale gepreßt wurden, deren Schwere ihnen selbst am fühlbarsten ist. Die Geschwisterehe trägt den Fluch in sich, nicht mehr und nicht weniger als die Ehe zwischen Taubstummen oder Schwindsüchtigen. Man kann und muß sie bekämpfen, wie jegliche Schädigung, welche den gesunden Bestand des Menschengeschlechtes bedroht. Im übrigen aber ...: das Pharisäertum ist eben die Sünde wider den Geist und dem ewigen Inhalt der Lehre Jesu feindlich wie Gift dem Körper.

Nahe der Alp sahen wir auch, daß keinerlei Femneigung in der die arme Hütte umgebenden Natur ausgedrückt war. Vielmehr war alles rings von einer blühenden Herrlichkeit, daß man weiterzuschreiten vergaß: die Vergißmeinnicht, in blauen dichten Scharen, drängten den Hang herauf, mit Maiblumen und Bienensang und Taubnessel untermischt, zwischen dem saftigen, dich[t]en Grase der Matten, bis fast durch die Haustür, wo die

Ziegen seelenruhig ein- und ausgingen und viele kleine Kinderaugen ins Freie lachten.

Unter diesen Kindern übrigens, die wissenschaftlicher Beobachtung würdig wären, waren einige mit Hasenscharten, andere dagegen schienen durchaus wohlgebildet, so ein erwachsenes Mädchen, welches strickte.

Der Bruder Vater und seine Gemahlin Schwester ließen sich leider nicht blicken.

Rovio steht auf Porphyr, weiter hinauf am Generoso ist Dolomit, ganz oben ein Sedimentärgestein (?). Es weitet die Brust gewaltig, von einem mächtigen Berghaupt den Kopf ins Erhabene zu strecken. Der Gottesdiener der Urzeit, der auf Bergen seinen Altar errichtete, ward getrieben von diesem Wunsch, der moderne Reisende schwerlich. Im allgemeinen treibt diesen ein Sinn zum Absonderlichen auf alle Gipfel oder höchstens eine Modeneigung: die Neigung zur Vogelperspektive.

Zur Andacht stimmen die klaren Höhen, zur Versenkung in das Göttliche und Ewige, dem man sich hier nah wähnen muß.

Herrliche Enziane entzückten uns mit ihren innen blauglühenden Bechern. Sie standen im Grün und flammten aus dem dürren Gestrüpp vorjähriger Erika.

Gott, wieviel gibst du dem Menschen zu fassen, wieviel Zeit gewährst du ihm, wenn du willst, sich in dem Deinen zu verbreiten, das »Deine« zu »seinem« zu machen. Wie wenige Menschen können sie nützen.

Wir kamen an einer Stelle vorüber, wo ein Holzknecht das Feuer unter seinem Kupferkessel anblies, um die Polenta, eine Art Maiskuchen, daran zu kochen. Ein Knabe schaute zu, und hoch oben klang die Axt eines singenden Kameraden. Der rauhe junge Gesell, stattlich und kraftstrotzend, mit braunem Nacken, der schön auf den Schultern saß, sprach uns lustig an. Die Freude über das Mahl leuchtete aus seinen lebensfrohen Augen. Er glich einem Waldfaun, zwar menschenfreundlich, aber nur unterm Walddach und freiem Himmel, im Rauhen, Freien zu Hause.

Im Nachmittagslicht blitzte der weiße Marmor des Mailänder Dom[s] in der Ferne, aber das scharfe Glas vermochte das Leu[ch]ten des Menschenwerks nicht in Formen aufzulösen.

Bellagio lag deutlich unter uns, ein Stückchen Eden! Keine Wirklichkeit kann halten, was die Sehnsucht jeder Ferne andichtet.

Der Abstieg war leicht, Wärme und Kühle wechselten, wir rasteten, wo die Schlucht herab, zugleich mit dem Bergstrom, kühle Lüfte sich ergossen.

»Verheimliche keinem Menschen, wenn du ihn liebst!«
»Grüngolden schwitzt der Berg.«

Montag, den 10. Mai, Zürich.
»Frankfurter Zeitung« Besprechung der »Glocke«.
Aufführung in F[rankfurt] Sonnabend.

Du sprichst zu mir, nun denn, ich höre dich,
ich kenne dich sogar, und besser wahrlich,
als du mich kennst und jemals wirst erkennen.
Aus deinem Pferch gibt's keine Freiheit, Mann!
»Mann« sag' ich! Wär' ein Mann, wer Männlichkeit
im Munde führt, wer nirgend sie erkennt –
wenn der ein Feigling ist, der, wenn die Wunde
ihn brennt, nicht sagt: »Sie brennt«, wer niemals weint,
wer weder schreit wie Philoktet noch

Faselhänse alle, – die geplagtesten, welche zu faseln verpflichtet sind.

Du sprichst zu mir. Nun denn: ich höre dich!

Du sprichst zu mir: nun denn: ich höre dich,
obgleich dein Stimmchen, durch das Nebelhorn
verstärkt, noch schwächlich klingt. Ich höre dich,
antworte dir sogar. Mein Gegenruf heißt: Narr.
Bist du kein Narr, wenn du im Schlamm dich willst
vom Schlamme reinigen, darein du fielst?
Antworte! ja. Und fielst du nicht hinein,
tief in die Pfütze, als du, feig entschlossen,
dein Urteil fälschtest? Du erinnerst dich!? –
O du erinnerst dich! Dich brennt ein Mal.
Du bist ein Narr, ein armer, böser Narr,
ein schwacher Narr, des Schellen nicht einmal
vernehmlich klingen, der unterm Hütlein spielt –
du weißt, was »unterm Hütlein spielen« heißt –,
dem großen Hut für abertausend Narren.

Ein Feigling schreit nach Helden. Wirst denn du,
kannst du denn, Feigling, dann zum Helden werden?
Bewahr' dich, Armer, Gott, daß dir dein Wunsch
erfüllet werde, Klägling, der du bist,
daß, was du Held nennst, jemals dir ersteht.
Eh mag ein Hase nach dem Wolfe rufen,
ein Sklave nach der Geißel

Du faselst

11. Mai, Zürich, Abend, 1/2 12.
Zerknickt. Die Seele ermattet. Herabgesunken von der bescheidensten Höhe. Der innere Aufbau zerstört durch brüderliche Raserei, die zu gleich unwürdiger Raserei zwingt. Gegenstand der Debatte: eine Luftblase. Interesse an diesem Phänomen: nicht vorhanden. Geheimtrieb subjektiv: hungrige, ungesättigte Liebe, uferlose Liebe, Jesuskonsequenz.

Beiläufige Erzeugnisse: Trivialitäten, welche schmerzen. Der Pfahl, welcher Wunden stößt, ist trivial. Es müssen Wunden geschlagen werden, blutige – aus Liebe. Die Liebe ist eine aromatische Blume, wehe dem, der sein Haus mit solchen Blumen überfüllt.

Den 20. Mai 97, Nürnberg. Hotel Strauss.
Die Reise ist in dieser Viertelstunde abgeschlossen. M. ist abgereist. Ihr kleines, liebes Gesicht kämpfte mit den Tränen, die es aber doch überwanden. Ich habe diesen Menschen so lieb ... so lieb.

Die Luft ist schwer. Der Himmel füllt sich mit grauen Wolken an, sie donnern, es fallen warme Regenschauer, und alles ist wie zuvor. Das Herz müht sich gegen den Druck und die mächtige Schwüle.

Nun fährt sie dahin, einsam in ihrem Coupé, und das Herz muß das Weh dieser armen Erde tragen: das grüne Mützchen, der schwarze Schleier, das graue Regenmäntelchen mit der Kapuze.

Wenn ich das einfache Weh der Trennung empfinde, so fühle ich das Unelementare derjenigen Gefühle, mit welchen ein Teil unserer jungen Künstler wirtschaften.

Manche – viele gibt es, die wollen Stärke. Stärke im Leben ist Fühllosigkeit. Diese Art Stärke bringt kein Werk der Kunst zuwege.

Kunst nährt sich von Gefühlen der Freude, der Liebe und der Qual. Diese sind die Seele, die der Künstler der Farbe, dem Stein, der Sprache einhaucht: nur ungekünstelte, einfache bewirken gesundes, dauerndes Leben.

Beethoven.

Ich werde mich in acht nehmen und euch zu Willen sein darin, daß ich Menschen zu formen unternehme, wie sie Gott nicht geschaffen: Ausbünde von Kraft und Edelmut nach eurem Kinderverstand.

ANMERKUNGEN DES HERAUSGEBERS

EDITORISCHE NOTIZ

Die eigenhändige Niederschrift der Tagebuchaufzeichnungen befindet sich im Besitz der Handschriftenabteilung der Staatsbibliothek Preußischer Kulturbesitz, Berlin West. Der Herausgeber dankt Herrn Rudolf Ziesche, der den Hauptmann-Nachlaß katalogisiert und seine Benutzer betreut, für die Mitteilung des Notizbuches Hs 639, das meistens in Form von Stichworten vorstufenhafte Aufzeichnungen zu den Tagebucheintragungen während der Reise in Italien enthält.

Die vorstehende Edition ist eine ungekürzte Wiedergabe von Hs 1, S. 1 bis 104. Das Tagebuch im Format von 29,5 cm Breite mal 37,5 cm Höhe zählt insgesamt 279 von S. 1 bis 63 eigenhändig, danach von C. F. W. Behl numerierte beschriebene Seiten; zwischen S. 102 und S. 103 (das ist im Druck S. 150, zwischen Zeile 14 und 15) ist ein Blatt herausgeschnitten. Die Eintragungen umfassen, abgesehen von späteren Zusätzen, den Zeitraum vom 23. Januar 1897 bis 14. Juni 1898. Der Titel »Italienische Reise 1897« für die Eintragungen vom 23. Januar bis 20. Mai 1897 stammt vom Herausgeber.

Der Beginn der Handschrift stellt die Edition vor Schwierigkeiten hinsichtlich der Textfolge. Die Seiten 1 bis 7, 10 und 12 bis 15 sind in unterschiedlicher Richtung beschrieben, jeweils in Blöcken, die im edierten Text als Abschnitte erscheinen. S. 1 zum Beispiel enthält nicht weniger als fünfundzwanzig solcher Blöcke; etwa zwei Drittel davon stehen waagerecht, die übrigen schräg bis senkrecht dazwischen; wiederholt sind Abschnitte um die Schriftgrenzen anderer herumgeführt, ein Indiz für ihre spätere Entstehung, aber nicht immer für die intendierte Textfolge. In all den Fällen, in denen eine zwingende Beweisführung für eine bessere Anordnung des Textes nicht möglich ist, sind die verschieden gefügten Schreibblöcke in derjenigen Reihenfolge belassen, in der sie sich bei gewöhnlichem Lesen – sei es von links nach rechts, sei es in Spalten – mechanisch darstellen, wobei der Herausgeber sich meist für eine von mehreren Möglichkeiten zu entscheiden hatte. Im einzelnen sind die Anmerkungen zu vergleichen.

Eine weitere Eigentümlichkeit der Handschrift stellen ihre Streichungen dar. Tilgungen im Zusammenhang der Textgenese, das heißt frühere Fassungen und Paralipomena, bleiben in der Regel unberücksichtigt, nur im Ausnahmefall sind verworfene Textpartien auf Grund ihres inhaltlichen Interesses in Winkelklammern aufgenommen, siehe S. 47, Z. 18 bis S. 48, Z. 3. Neben den Tilgungen des textgenetischen Typus, die wie die Handschrift selbst meist mit Tinte vorgenommen sind, existieren Streichungen mit Bleistift oder mit blauem, rotem und braunem Farbstift, die aus späterer Zeit stammen und die Lektüre oder dichterische Benutzung des Journals dokumentieren, insbesondere für das »Buch der Leidenschaft« (1930), das unter dem vorherrschenden Aspekt der Ehekrise eine Kurzfassung der italienischen Reise enthält; solche Benutzungsspuren bestehen in der Regel aus senkrechten oder schrägen Strichen durch den Text als Merkzeichen seiner Verwendung; waagerechte Durchstreichungen, die Tilgungen äußerlich gleichen und gelegentlich auch so gemeint sind, sind seltener. Spätere Benutzungsspuren und Streichungen finden im edierten Text keine Berücksichtigung. Dasselbe gilt für nachträgliche Randnotizen; sie werden nur aufgenommen, wenn nicht auszuschließen ist, daß sie im Zusammenhang mit der ersten Niederschrift der Tagebuchaufzeichnungen entstanden. Wenn sie erkennbar späteren Datums sind, erscheinen sie in den Anmerkungen; die Grenzen zwischen früheren und späteren Randnotizen sind allerdings oft schwer auszumachen.

Zusammenfassend ist zu betonen, daß das editorische Konzept darauf gerichtet ist, den Tagebuchtext in seiner ursprünglichen Gestalt wiederzugeben, also in seiner mutmaßlichen ersten Fassung, wie sie zum Zeitpunkt des Abschlusses der Reise vorgelegen haben mag. Es ist das textphilologische Ziel, auch vom formalen Editionsprinzip her auf den zeittypischen Inhaltscharakter der Tagebuchaufzeichnungen abzustellen, weil dieser ihnen ihre Bedeutung verleiht, und demgemäß alle Fassungen späterer Hand zu vernachlässigen. Die Jahreszahl 1897 in dem für die Edition gebildeten Titel läßt sich sowohl auf ihre textkritischen Prinzipien wie das ihnen zugrundeliegende Inhaltsverständnis beziehen und drückt sowohl den Editions- wie den Interpretationsansatz des Herausgebers aus.

Die Handschrift selbst ist von affektiver Dynamik gekennzeichnet; trotz Entschiedenheit ist sie oft flüchtig und eilt hastig von Wort zu Wort. Fragezeichen in runden Klammern stehen als vorläufige Merkposten an Stellen, bei denen der Autor, obwohl er es gar nicht immer war, sich unsicher fühlte oder nicht die Zeit hatte, sich genau zu vergewissern. Sachirrtümer sind nicht selten; obwohl bei späterer Textverwendung in anderen Werken vom Autor gelegentlich selber korrigiert, bleiben sie im edierten Text unverbessert, desgleichen Sprachformen wie ein in Analogie zur deutschen gegen die italienische Grammatik gebildetes Genus, beispielsweise die statt der albergo und ähnliches. Wenn notwendig, geben die Anmerkungen Hinweise. Ebenso zierlich wie ophthalmologisch außergewöhnlich wirkt der in der Regel sehr kleine Schriftgrad, auf Grund dessen die Konturen einzelner Buchstaben oft verschwimmen; so ist zwischen a und u, a und ie, ie und o, i und r, m und n und so fort, zumal am Wortende, häufig nur unter Zuhilfenahme von Syntax und Sinn zu unterscheiden, so daß sich die Transkription zur graphischen Interpretation kompliziert. Das gilt auch für einige Fälle der vielfach fortgelassenen Umlautzeichen. Bloße Verschreibungen einzelner Wörter, die eindeutig zu verbessern, und ungebräuchliche Abkürzungen, die eindeutig aufzulösen sind, wurden editorisch nicht eigens gekennzeichnet; ist mehr als eine Möglichkeit denkbar, Abkürzungen aufzulösen, stehen eckige Klammern. Die nahezu konstanten Abkürzungen von Personennamen sind nicht aufgelöst, sondern in den Anmerkungen erläutert, da nicht auszuschließen ist, daß es sich hier um bewußte Chiffrierungen handelt. Emendationen und Konjekturen sind entweder durch eckige Klammern im edierten Text als Zusätze des Herausgebers ausgewiesen oder in den Anmerkungen belegt.

Orthographie und Interpunktion der Handschrift sind oft irregulär, zumal die Rechtschreibung von Fremdwörtern und Eigennamen. Der edierte Text ist nach heutigen Regeln normalisiert; davon ausgenommen bleiben Eigentümlichkeiten des Lautstandes wie Hülfe statt Hilfe oder gleichgiltig statt gleichgültig und der Zeichensetzung wie heute obsolet gewordene Kommatrennungen adverbieller Bestimmungen oder Frage-, Ausrufezeichen- und Doppelpunktsetzungen, die sich als Ausdruck sprachlicher Rhythmisierungsabsichten auffassen lassen, obschon es sich hier weniger um individuelle Eigenheiten als historisch typische Normen handelt. Unterstreichungen in der Handschrift sind durch Kursive wiedergegeben.

Die folgenden Anmerkungen, die keinen durchgehenden Kommentar darstellen, stehen in engem Zusammenhang mit der editorischen Detailarbeit und dienen der Sicherung des Textes in seinen sprachlichen und sachlichen Bezügen, soweit diese einer Feststellung bedürfen. Quellen und Zitate sind nach Möglichkeit ermittelt, aus dem Lateinischen, Italienischen und Französischen angeführte Stellen in einer deutschen Übersetzung mitgeteilt. Textverwendungen in späteren Werken Hauptmanns sind nachgewiesen und Teilveröffentlichungen Dritter bibliographiert. Die Tagebuchaufzeichnungen sind sowohl vom

Autor als auch seinen Interpreten und Herausgebern häufig benutzt worden. Zur Klärung und Vertiefung einzelner Sachfragen ist gegebenenfalls wissenschaftliche Forschungsliteratur herangezogen.

Zu Beginn einer Anmerkung bedeuten die Zahlen vor dem Komma jeweils die Seiten-, die dahinter die Zeilenangabe. Die Centenar-Ausgabe ist abgekürzt als CA zitiert; die römische Ziffer bezeichnet den Band, die arabische die Seite.

ANMERKUNGEN

9,1-4 Auf der Innenseite des vorderen Einbanddeckels der Handschrift. Nach der Orts- und Zeitangabe, die sich auf die Dresdner Wohnung bezieht, eigenhändig die folgende Adresse: »Eberhard von Dan[c]kelmann, Magdeburg, Gustav-Adolph-Str. 31«; vermutlich der am 19. Januar 1875 geborene Schriftsteller und spätere Gymnasiallehrer, gestorben Ende der 20er Jahre.

9,3 Der dem Neoptolemos, dem Sohne Achills und Eroberer Trojas, in einem verlorenen Drama des römischen Dichters Ennius (239-169 v. Chr.) zugeschriebene Ausspruch, der u. a. von Cicero wiederholt zitiert ist, lautet vollständig (Dramenfragment 376 ed. Johannes Vahlen): »Philosophari mihi necesse, paucis, nam omnino haud placet.« (Ich muß philosophieren, aber nur wenig, denn ausschließlich mag ich es nicht.)

9,4 Auf Grund andersfarbiger Tintenschrift ist nicht auszuschließen, daß der Begriff »Konjektaneen« (soviel wie Sammlung von Bemerkungen verschiedenen Inhalts) einen späteren Zusatz darstellt.

9,5-10,25 Undatierte Exzerpte und Notizen in ungleich strukturierten Abschnitten auf der ersten Seite der Handschrift; teilweise später entstanden als der Beginn der datierten Tagebucheintragungen unter dem 23. Januar S. 11,1.

9,5-12 Zitate aus Justus Möser, »Die Spinnstube, eine Osnabrückische Geschichte«, in: Patriotische Phantasien, hg. von seiner Tochter J. W. J. von Voigt, geb. Möser, Neue verbesserte und vermehrte Auflage, Teil 1-4, Frankfurt und Leipzig 1780-1787, Teil 1, S. 49f. Exemplar Hauptmanns im Märkischen Museum, Berlin Ost.

9,13-17 Spätere Fassung in der Aphorismensammlung »Einsichten und Ausblicke« (1942) CA VI 1042.

9,20ff. Die Lektüre der Edda ist in den hier nicht publizierten Teilen des Tagebuchs unter dem Datum des 5. September 1897 bezeugt.

9,23 Eckart Hauptmann, der zweite Sohn, geb. 1887.

10,6 Die Sage von der Doppelehe des Grafen von Gleichen, der während des Kreuzzuges 1228 in Gefangenschaft geraten, von einer Türkin befreit worden sein und nach der Heimkehr mit ihr und der Gattin auf seiner thüringischen Burg friedlich zusammengelebt haben soll, ist wiederholt als Lösungsmodell der eigenen Ehekrise im »Buch der Leidenschaft« vergegenwärtigt, so CA VII 157, 246, 290. Vgl. auch John J. Weisert, Graf von Gleichen »Redivivus«, in: Monatshefte für deutschen Unterricht, Bd. 40 (1948), S. 465-480, insbesondere über die Novelle »Der Schuß im Park« (1939).

10,10f. Die Geschichte der Könige Schahriar und Schahseman – Masud heißt ein Sklave, mit dem Schahriar von seiner Gattin hintergangen wird – stellt als Rahmenerzählung den Beginn von »Tausendundeiner Nacht« dar. Die Notiz zielt offenbar auf den Werkzusammenhang des geplanten Tausendundeine-Nacht-Dramas mit den wechselnden Arbeitstiteln »Sittulhassan« bzw. »Der Kalif«, zu dem außer Exzerpten und Notizen nur wenige dichterische Fragmente überliefert sind, siehe CA IX 107-131.

10,15-19 Friedrich Schleiermacher, Idee zu einem Katechismus der Vernunft für edle Frauen, Die zehn Gebote, in: Wilhelm Dilthey, Leben Schleiermachers, Berlin: Georg Reimer 1870. Anhang, S. 83. Das Zitat ist wiederholt im »Buch der Leidenschaft« CA VII 153.

10,20-23 Veröffentlicht unter den Notizen und Quellenexzerpten zu dem 1939 entstandenen Erzählfragment »Winckelmann« CA X 648. Das aus der Abhandlung »Von der Grazie in den Werken der Kunst« stammende Zitat nach folgender Ausgabe: Johann Joachim Winckelmann, Geschichte der Kunst des Altertums, nebst einer Auswahl seiner kleineren Schriften, mit einer Biographie Winckelmanns und einer Einleitung versehen von Julius Lessing, 2. Aufl., Heidelberg: G. Weiß 1882 (Historisch-politische Bibliothek Bd. 2), S. 381. Exemplar Hauptmanns im Märkischen Museum, Berlin Ost. Moritz Heimann (1868 bis 1925) besorgte die Ausgabe und sandte sie nach Italien; in einem Brief an Margarete Marschalk nach Venedig (zu erschließendes Datum: 6. Februar 1897) heißt es: »Von Winckelmann ist mir nur ein Werk bekannt, eine Geschichte der Kunst des Altertums. Ich werde sie, in der nächsten Woche in Berlin, schicken.« In einem undatierten Brief nach Florenz teilt Moritz Heimann mit: »Soeben kommt die Post. Sie bringt mir den Winckelmann, den ich erst habe besorgen lassen müssen. Wohin soll ich ihn adressieren, nach Rom oder Florenz?« (Briefe Heimanns an Margarete Marschalk im Hauptmann-Nachlaß, Berlin West.) Die erste Lektüre Winckelmanns, »dessen Kunstgeschichte ich gestern abend zum erstenmal aufgeschlagen«, hat Hauptmann in Sorrent unter dem Datum des 4. März 1897 bezeugt, siehe S. 78. Daraus folgt, daß das Exzerpt aus Winckelmanns Schrift »Von der Grazie in den Werken der Kunst«, das sich Hs S. 1 vor dem Datum des 23. Januar 1897 befindet, keineswegs schon im Januar 1897 entstanden sein kann. Ob der Satz Winckelmanns zufällig oder absichtlich auf der ersten Tagebuchseite eingetragen ist, läßt sich nicht mit Sicherheit entscheiden. Möglich ist, daß das Diktum als eine Art Motto figurieren sollte.

10,24f. Vermutlich Lotte, die Tochter des Jugendfreundes Hugo Ernst Schmidt; »Kongikerei« kindersprachlich für Konditorei.

11,9-19 Nach Maßgabe ausweichender Schriftgrenzen in der Hs später entstanden als S. 11,20-S. 12,33 und als Ergänzung von S. 11,5-8 »24. Januar (alt)« aufzufassen. Der neu beigeschriebene Text betrifft inhaltlich den Abschied von Marie Hauptmann, der im »Buch der Leidenschaft« CA VII 296 ausführlicher verdeutlicht ist. Die Schlittschuhbahn lag in unmittelbarer Nähe sowohl der Eisenbahnstrecke wie auch der Etagenwohnung in der Franklinstr. 1 b.

12,10-33 Spätere Fassung in »Marginalien« CA VI 898.

12,24 Kinnlade] Kinnladen CA

12,25f. beobachtete Stellungen] beobachtende Stellungen CA

13,15 Gerhart (1862 bis 1946) und Marie Hauptmann (1860 bis 1914) nannten einander Maus oder Mausel; sie waren von 1885 bis 1904 verheiratet. Mit der Abkürzung Gr. – Grete oder Gretel – ist Margarete Marschalk (1875 bis 1957) gemeint, die Hauptmann seit 1893 näher kannte und die ihn auf der Italienreise begleitete; er heiratete sie 1904.

13,16-24 Spätere Fassung in einer Zusammenstellung von Aussprüchen unter dem Titel »Aus dem Romanfragment ›Der Venezianer‹«, in: Europäische Revue, Berlin, Nr. 78 (Juli/August 1944), S. 211.

14,5-13 Veröffentlicht zum Dramenfragment »Sittulhassan (Der Kalif)« CA IX 107.

15,13-17 Spätere Fassung in »Einsichten und Ausblicke« CA VI 990.

16,1 Klaus Hauptmann (1889 bis 1967), dritter Sohn.

16,3ff. Spätere Fassung in »Einsichten und Ausblicke« CA VI 989.

16,6f. Die Kierkegaard-Übersetzung mit dem Titel »Angriffe auf die Christenheit« erschien 1896.

16,8ff. Die textkritische Auseinandersetzung mit den drei Hauptfassungen des Nibelungen-Liedes beherrschte das gelehrte Interesse des 19. Jahrhunderts. Friedrich Heinrich von der Hagen legte seiner Ausgabe die Handschrift B, Karl Lachmann A und Friedrich Zarncke C zugrunde; zahlreiche Auflagen. Über Hauptmanns Beschäftigung um 1900 mit der deutschen Literatur des Mittelalters vgl. Walter A. Reichart, Philip Diamond, Die Entstehungsgeschichte des »Armen Heinrich«, in: Gerhart-Hauptmann-Jahrbuch Bd. 1, Breslau: Maruschke und Berendt 1936, S. 59ff.; siehe auch die um die Jahrhundertwende entstandenen Dramenfragmente »Kynast«, »Die Nibelungen« und »Gudrun« CA IX 191-235; 247-262.

16,14ff. Konstantin Petrowitsch Pobedonoszew (Streitfragen der Gegenwart, Übersetzung von R. Borchardt und L. Kelchner, 3. Aufl. Berlin: August Deubner 1897) war seinerzeit »den meisten deutschen Lesern nicht bekannt« (Vorwort). Pobedonoszew (1827 bis 1907) ist als langjähriger einflußreicher Ratgeber Alexanders III. und Nikolaus' II. eine Schlüsselfigur zum Verständnis der Geschichte Rußlands unter der Zarenherrschaft. Als höchster zaristischer Kirchenbeamter (Oberprokureur des heiligen Synod) war er ein orthodoxer Befürworter des »Zaropapismus«, das heißt der Vereinigung von weltlicher und geistlicher Macht in der russischen Amtskirche. Frühere Fassung der bibliographischen Notierung bereits in Notizbuch Hs 639, Bl. 24 verso.

16,18-17,11 Spätere, um die Kritik an der römischen Kirche eliminierte Fassung in »Marginalien« CA VI 898f.

18,32-19,11 Der Hs S. 5 nach Wenden des Tagebuchs um neunzig Grad geschriebene und senkrecht stehende Abschnitt ist in die Textfolge an der Stelle einer gestrichenen ersten Zeile »Flammarion. Planet Mars« eingeordnet, deren erweiterte Fassung er darstellt. Der französische Astronom und erfolgreiche populärwissenschaftliche Schriftsteller Camille Flammarion (1842 bis 1925) deutete (La planète Mars et ses conditions d'habilité, Paris 1892) die sogenannten Marskanäle als Wasserversorgungsanlagen intelligenter Wesen und lieferte mit seinen Hypothesen einen Beitrag zu der lange Zeit vieldiskutierten Frage der Bewohnbarkeit des Mars.

19,15f. Für die Reise von Wien über Graz nach Triest benutzte Hauptmann die 1848 bis 1854 als ersten Schienenweg über die Alpen erbaute Semmeringbahn. Die von ihm mit einem Fragezeichen versehene Notierung eines Teils der Inschrift auf der Umrahmung des Haupttunnels durch den Semmering ist wie folgt zu berichtigen und zu ergänzen: »Franciscus Josephus I., Austr. Imp. hominum rerumque commercio Adriaticum Germanico iunxit mare« (Franz Joseph I., Kaiser von Österreich, ließ für den Personen- und Güterverkehr die Adria mit der Nordsee verbinden). Der vollständige lateinische Text nach: Geschichte der Eisenbahnen der österreichisch-ungarischen Monarchie, Bd. 1, Teil 1, Wien, Teschen und Leipzig: Karl Prochaska 1898, S. 272f.

19,24-20,8 Veröffentlicht zu »Sittulhassan« CA IX 107.

20,9 Bei der Datumsangabe »29. Januar. Triest« handelt es sich um den Ankunftstag, es sind jedoch darunter auch Eindrücke der beiden nächsten Tage verzeichnet. Von Graz kommend, trafen Gerhart Hauptmann und Margarete Marschalk nach achtstündiger Eisenbahnfahrt um 20 Uhr 55 in Triest ein (Notizbuch M. Marschalk, Hs 616 d, Bl. 1 recto). Am folgenden Tag, dem 30. Januar 1897, besuchten sie das 8 km nordwestlich von Triest gelegene Schloß Miramare (1854-1856 für den Erzherzog Maximilian von Österreich erbaut); der Baumbestand des Parkes veranlaßte zu den Notierungen von Pflanzennamen, siehe S. 21f. Am 31. Januar 1897 brachen Hauptmann und Margarete Marschalk um 17 Uhr 35 aus Triest über den Eisenbahnabzweig Nabresina nach Venedig auf.

20,10f. klimperndes] klimpertes H (im Grimmschen Wörterbuch nicht belegt)

21,5-22,21 Der Text S. 21,5-S. 22,10 befindet sich Hs 1 S. 7 in sechs verschieden ausgerichteten Abschnitten, S. 22, 11-21 aber Hs 1 S. 6 in zwei verschieden ausgerichteten Abschnitten. – Die Reihenfolge des Textes S. 21,14-27 findet eine Entsprechung in der Abfolge vorstufenhafter Notizen Hs 639, Bl. 23verso, recto und 22verso (Notizbuch hier in umgekehrter Richtung beschrieben): »Die Sünde wider den heiligen Geist ist nicht so schwer wie die wider den heiligen Leib: die letztere Sünde schließt die erste in sich. – Den Gedanken aus der deutschen Auffassung auch des Griechischen. – Nie hat Shakespeare eine Größe erreicht wie die Kleists im ›Guiskard‹-Fragment oder Goethe im ›Prometheus‹-Fragment.« Die Umstellung der zwei Abschnitte S. 22,11-21 nach den sechs Abschnitten S. 21,5-S. 22,10 stützt sich auf die Abfolge von Notizen Hs 639, Bl. 2 recto: »Held Goethe – Titanische des Prometheus«, Bl. 3 recto: »Zum Drama: wie einem der Schlaf die Geliebte aus den Armen nimmt, so sträubt man sich immer gegen den Schlaf. – Nabresina: merkwürdige Lage im Trümmerfeld«.

21,5-13 Spätere Fassung in »Einsichten und Ausblicke« CA VI 1021.

21,8 Ivo Hauptmann (1886 bis 1973), ältester Sohn.

22,8ff. Veröffentlicht zu »Sittulhassan« CA IX 107.

22,22-49,11 Vgl. die Darstellung Venedigs in dem autobiographischen Romanfragment »Der Venezianer« CA X 57-69. – Die Venedig betreffenden Tagebucheintragungen in Auszügen veröffentlicht als: Venezianische Blätter. Aus dem ungedruckten Tagebuch der italienischen Reise 1897 von Gerhart Hauptmann. Aus dem Archiv in Ronco. Hg. und mit einem Nachwort versehen von Hans-Egon Hass. Berlin, Darmstadt und Wien: Propyläen 1966. Mit einem Faksimile von Hs 1 S. 18. Als Verlagsgabe nicht im Handel. – Über Hauptmanns Venedig-Erlebnis siehe Gustav Erdmann, Gerhart Hauptmann, Erlebte Welt und gestaltetes Werk, Diss. phil. Greifswald 1957 [Masch.], S. 107-110; C. F. W. Behl, Gerhart Hauptmanns schöpferisches Venedig-Erlebnis, in: Jahrbuch der Deutschen Schillergesellschaft 1962, S. 326-339; Hans-Egon Hass, Die große venezianische Phantasmagorie, Zur Einführung in das Venezianer-Fragment Gerhart Hauptmanns, in: Jahresring 1962/63, S. 21-43.

22,23 Hauptmann besuchte Venedig 1897 zum erstenmal; als frühere Italienreisen spricht er an: 1.) die Mittelmeerfahrt April bis Juni 1883, mit einem längeren Aufenthalt auf Capri sowie Besuchen von Sorrent, Paestum, Pompeji, Herkulanum, Neapel (Vesuvbesteigung), Rom und Florenz, vgl. »Das Abenteuer meiner Jugend« CA VII 908-954. 2.) die römische Bildhauerzeit Oktober 1883 bis März 1884, vgl. CA VII 955-993. Über Hauptmanns spätere Italienreisen und sein Verhältnis zu Italien insgesamt, insbesondere dessen Widerspiegelung im dichterischen Werk vgl. Felix A. Voigt, Gerhart Hauptmanns Italienerlebnis, in: The Germanic Review, Bd. 33 (1958), S. 197-210.

23,6 hervortat] hervortut (Alternativlesung)

23,11-24,14 Der Text beginnt Hs 1 S. 6 und reicht hinüber auf die gegenüberliegende S. 7 unter Beachtung der graphischen Grenzen der dortigen Eintragungen unter dem Datum des 1. Februar als entstehungsgeschichtlich bereits vorgegebenen (S. 22,22-S. 23,10). Nach dem Notizbuch Margarete Marschalks traf Hauptmann um 22 Uhr 45 in Venedig, Hauptbahnhof, ein. Danach dürften die ersten Tagebucheintragungen in dieser Stadt nicht früher als am 1. Februar 1897 entstanden sein.

24,6f. mit diesem Moment] ⟨in diesem⟩ mit Moment Hs (unvollständige Textänderung)

24,16-25,22 Auszugsweise veröffentlicht zu »Sittulhassan« CA IX 107f.

24,17 kam ich nach Venedig] ⟨bin⟩ kam ich in Venedig Hs (unvollständige Textänderung)

24,24-25,20 Spätere Fassung in »Marginalien« CAVI 899.

25,11 Der sonore, monotone Schwall] Das sonore monotone ⟨Rauschen⟩ Schwall Hs (unvollständige Textänderung)

25,31-26,7 Das Denkmal Carlo Goldonis (1707 bis 1793) steht auf dem Campo S. Bartolomeo, einem der belebtesten Plätze Venedigs; er liegt an der nach den vielen Läden Merceria genannten Verbindungsstraße zwischen dem Markusplatz und der Rialto-Brücke. Die Bronzestatue stammt von Antonio dal Zotto (1841 bis 1918); nach ihrer Aufstellung 1883 wird der Platz auch Campo Goldoni genannt.

26,12-15 »Faust«, Erster Teil. Nacht, Offen Feld.

27,30f. Laguna morta (die tote, weil ihr Wasser steht) ist der vom Festland hin, insbesondere südwestlich des Eisenbahndamms gelegene Teil der Lagune von Venedig.

30,1 Über Tintoretto siehe den gleichnamigen Essay von 1938 CAVI 963-983.

30,24-28 Die Scala d'Oro (Goldtreppe), 1559 vermutlich von Jacopo Sansovino vollendet als dem Adel vorbehaltene Ehrentreppe vom 1. zum 2. und 3. Stockwerk des Dogenpalastes, ist benannt nach den vergoldeten Dekorationen ihres Tonnengewölbes. Die Scala dei Giganti (Riesentreppe) ist die von Antonio Rizzo 1484 bis 1501 erbaute marmorne Freitreppe vom Hof des Dogenpalastes in das 1. Stockwerk und trägt ihren Namen nach den am oberen Ende des Geländers aufgestellten Kolossalstatuen des Mars und Neptun von Sansovino (1554 bis 1556 entstanden). Die Scala Santa, nach der Legende die Treppe vor dem Haus des Pilatus in Jerusalem, über die Christus seinen Leidensweg begann, befindet sich in der Kapelle des Lateran-Palastes in Rom und wird von den Gläubigen auf den Knien bestiegen. Die Bezeichnungen der drei Treppen dienen dem Autor als sprachliche »Symbole des Künstlerberufs«. Scala d'Oro und Scala dei Giganti, ohne die außerhalb des venezianischen Zusammenhangs stehende Scala Santa, sind auch später in übertragener Bedeutung verwendet, siehe »Und Pippa tanzt!« CA II 231; Scala d'Oro CA VI 343.

31,1-32,12 Vgl. die Verwendung dieses Erlebnisses in dem Romanfragment »Der Venezianer« CA X 34f.

31,8f. Die Kurzopern »I Pagliacci« (von Ruggiero Leoncavallo, uraufgeführt 1892; deutscher Titel zumeist: »Der Bajazzo«) und »Cavalleria Rusticana« (von Pietro Mascagni, uraufgeführt 1890), die Hauptmann im Teatro Rossini (heute Kino) sah, hatten schnell die zeitgenössischen Bühnen erobert und ihre Komponisten als Repräsentanten veristischer Strömungen des italienischen Musiktheaters berühmt gemacht.

32,20-23;29f. »Faust«, Zweiter Teil, 5. Akt, Großer Vorhof des Palastes.

33,2-15 Die Beschwörungsformel ist bereits Hs 639, Bl. 17 recto, 16 verso von der Hand M. Marschalks notiert.

33,16-26 Vgl. »Italienische Reise«, Venedig, 2. Oktober 1786 und die folgende Eintragung unter dem 3. Oktober, in der es heißt: »Die Kirche Il Redentore, ein schönes großes Werk von Palladio, die Fassade lobenswürdiger als die von St. Giorgio. [...] Inwendig ist Il Redentore gleichfalls köstlich, alles, auch die Zeichnung der Altäre, von Palladio; leider die Nischen, die mit Statuen ausgefüllt werden sollten, prangen mit flachen, ausgeschnittenen, gemalten Brettfiguren.« Die Bilder, die Marmorstatuen vortäuschen sollen und Grau in Grau gemalt sind (1619), stammen aus der Zeit nach Andrea Palladio (1508 bis 1580) und sind von Paolo Piazza (1557 bis 1621).

34,11 Die benutzte Ausgabe des Baedeker ist nicht genau zu ermitteln. Vgl. Italien, Handbuch für Reisende, Teil 1, Ober-Italien, 12. Aufl., Leipzig: Karl Baedeker 1889, S. 262: »Die *Aussicht oben über Venedig ist vielleicht allen andern vorzuziehen.«

35,23-36,2 Veröffentlicht zu »Sittulhassan« CA IX 108.

36,4f. Spätere Fassung in »Einsichten und Ausblicke« CA VI 990.

36,6-27 Marie Hauptmann sandte aus Dresden den Brief des Hofburgtheaterdirektors Max Burckhard vom 26. Januar 1897 nach. Original im Nachlaß, Berlin West; Abdruck bei: Karl Glossy, Wiener Studien und Dokumente, Zum 85. Geburtstag des Verfassers hg. von seinen Freunden, Wien: Steiermühl-Verlag 1933, S. 180f.; Hauptmanns Antwortbrief vom

5. Februar 1897 dort ohne Datum S. 181. – Um die Besetzung der »Versunkenen Glocke« am Burgtheater gab es ein langes Hin und Her, das unbefriedigend endigte und über das auch die Wiener Theaterkritik zu berichten wußte (Neue Freie Presse, Nr. 11691, Morgenblatt. Wien, Mittwoch, den 10. März 1897, S. 8). Die von Burckhard brieflich mitgeteilten Schauspielernamen entsprechen mit Ausnahme der Rolle der Magda der Besetzung der Wiener Erstaufführung am 9. März 1897.

37,2ff. Goethe, »Italienische Reise«, Venedig, 2. Oktober 1786.

37,5f. Tizian (1485/90 bis 1576) malte die »Assunta« oder »Mariä Himmelfahrt« (6,68 m mal 3,44 m) 1516 bis 1518 für den Hochaltar der Kirche S. Maria Gloriosa dei Frari; das Bild befand sich von 1817 bis gegen Ende des Ersten Weltkrieges in der Akademie, wo es auch Hauptmann sah; seit 1921 ist es wieder an seinem ursprünglichen Ort aufgestellt.

37,7ff. Jacopo Tintoretto (1518 bis 1594), »Der heilige Markus befreit einen zur Marter verurteilten Sklaven« (1548) im Format 4,15 m mal 5,45 m.

37,10ff. Paolo Veronese (1528 bis 1588), »Gastmahl im Hause Levis« (1573), mit den ungewöhnlichen Maßen von 5,55m mal 12,80 m.

38,9f. wenn nicht sein schützendes Haus sich] wenn nicht sein schützendes Haus nicht Hs

38,21ff. Der Besuch bei Theodor Fontane (1819 bis 1898), der in dem autobiographischen Fragment »Zweites Vierteljahrhundert« CA XI 514-517 geschildert ist, fand nach Arthur Eloesser (in der Neuausgabe von Paul Schlenther, Gerhart Hauptmann, Berlin: S. Fischer 1922, S. 63) unmittelbar vor dem 2. Dezember 1896, der Uraufführung der »Versunkenen Glocke«, statt.

38,25-39,6 Veröffentlicht zu »Sittulhassan« CA IX 108.

39,32-40,20 Hippolyte Taine, Voyage en Italie, Bd. 1-2, Paris: Hachette 1866, Bd. 2, S. 320f. Dt. Übersetzung: »Dies ist die Perle Italiens, ich habe nichts Ähnliches gesehen und weiß nur eine Stadt, die dem sehr entfernt und nur, was die Gebäude anbetrifft, nahekommt: Oxford. Auf der ganzen Halbinsel ist nichts, was Venedig verglichen werden könnte. Wenn man sich der schmutzigen Straßen Roms und Neapels erinnert, wenn man an die harten, schmalen Straßen von Florenz und Siena denkt und dann diese Marmorpaläste, diese

Marmorbrücken, diese Mamorkirchen, diese prachtvollen Stikkereien aus Säulen, Balkons, Fenstern und gotischen, maurischen, byzantinischen Gesimsen und die allumfassende ewige Gegenwart des schaukelnden leuchtenden Wassers betrachtet, so fragt man sich, warum man nicht sofort hierher gekommen, warum man zwei Monate in den anderen Städten verloren, warum man seine ganze Zeit nicht auf Venedig verwandt hat? [...] Man fühlt sich bereit, glücklich zu sein, und sagt sich, daß das Leben schön und gut ist. [...] man vergißt alles, sein Handwerk, seine Pläne, sich selber.« (Taine, Reise in Italien, Übertragen von Ernst Hardt, Bd. 1-2, Leipzig: Eugen Diederichs 1904, Bd. 2, S. 211f.)

41,23 Dem Correggio (1494 bis 1534) als Urheber zugeschriebene sprichwörtliche Redensart. Dt. Übers.: »Auch ich bin Maler.«

41,32-42,2 »Italienische Reise«, Venedig, 1. Oktober 1786.

43,13 das Venezianische] das Venezianisches Hs

44,1-10 Über die Gondel als Symbol Venedigs siehe »Und Pippa tanzt!« CA II 304-306.

45,27 hätte] hatte Hs

47,18-48,3 Die Gestalt Christi ist als Thema literarischer Darstellung in der europäischen Literatur um die Jahrhundertwende außerordentlich häufig. Von Hauptmann existieren: »Jesus-Studien« (zwischen 1885/86 und 1890); Fragmente zweier Christus-Dramen, darunter »Jesus von Nazareth, Soziales Drama« (1897); der Roman »Der Narr in Christo Emanuel Quint« (1910).

48,6 Die Cà d'Oro, 1421 bis 1440 erbauter spätgotischer Palast am Canal Grande, erhielt ihren Namen nach der einst vergoldeten Marmorfassade. Dichterische Darstellung der Cà d'Oro in »Der Venezianer« CA X 65ff.

49,8-11 Veröffentlicht zu »Sittulhassan« CA IX 108.

49,18 Adolph Menzel (1815 bis 1905) reiste 1881 bis 1883 in Italien; sein Gemälde »Der Markt von Verona«, mit der Jahreszahl 1884, befindet sich in den Staatlichen Kunstsammlungen Dresden.

49,25-50,1 Die Zypressen im Giardino Giusti, der nach der Familie benannt ist, die Palast und Garten um 1580 erbauen ließ, fanden die Bewunderung Goethes, »Italienische Reise«, Verona, 17. September 1786. Der von Hauptmann als »hübsches romanisches Tempelchen« bezeichnete Gartenpavillon ist ein Renaissancebau; wohl keine Verschreibung für »romantisches Tempelchen«.

50,20 Das 1341 gegründete Kartäuserkloster, die Certosa, liegt oberhalb des Dorfes Galluzzo im Tal des Flüßchens Ema, 7 km südwestlich von Florenz.

51,26-52,13 Die Darstellung beruht neben der persönlichen Augenscheinnahme auch auf den Früchten der Lektüre des »Benvenuto Cellini« von Goethe. Die kolossale Marmorgruppe Herkules und Cacus von Baccio Bandinelli (1493 bis 1560), ein Werk des Manierismus, befindet sich seit 1534 vor dem Palazzo Vecchio gegenüber dem David des Michelangelo; die 1553 vollendete überlebensgroße Bronzestatue des Perseus mit dem abgeschlagenen Haupt der Medusa, von Benvenuto Cellini (1500 bis 1571), ist in der Loggia dei Lanzi aufgestellt. Dieser sagt im 4. Buch, 5. Kapitel seiner Autobiographie seinem Widersacher Bandinelli den Ausspruch nach, »daß die Alten nichts von Anatomie verstunden«; und im Rahmen der Kritik an der Marmorgruppe heißt es hier von Herkules, »was das Gesicht betrifft, so wisse man nicht, ob es einen Menschen oder Löw-Ochsen vorstellen solle.«

53,14f. Aus dem Gedicht Goethes (späterer Titel: »Der Sänger«) in »Wilhelm Meisters Lehrjahre«, 2. Buch, 11. Kapitel.

53,20-32 Als Landwirtschaftseleve war Hauptmann in Lohnig und Lederose, Kreis Striegau, von Mai 1878 bis September 1879 tätig; über die ornithologischen Neigungen siehe »Das Abenteuer meiner Jugend« CA VII 715; 767 zu den Nachtigallen in Lederose.

54,25 und die Anlage] und die und Lagen Hs

55,16-57,12 Adolf von Hildebrand (1847 bis 1921) gehörte zu den künstlerischen Vorbildern des jungen Hauptmann, der ihn bereits im Juni 1883 auf der Rückfahrt von der ersten Italienreise besucht hatte. Das in der anschließenden römischen Bildhauerzeit begonnene Relief der antikisierenden »Darstellung einer Palästraszene« (so CA VII 958; die verbreitete Bezeichnung der nackten Figurendarstellung als »Boccia spielende Jünglinge« ist unzutreffend) steht »kompositionell und formal der gemessenen neu-klassischen Kur.:t Adolf von Hildebrands nahe. [...] Auch Hauptmanns spätere schon in Agnetendorf entstandene Werke, der Wachskopf seines Sohnes Benvenuto (1915) und der Bronzekopf des schlesischen Dialektdichters Wilm-Saalberg (1920) zeigen diese klassische Beruhigung in der Behandlung des Technischen und Seelischen.« (Ernst Scheyer, Gerhart Hauptmann und die bildende Kunst, in: Almanach auf das Jahr 1961/62, Hamburger Künstlerclub e.V., S. 49, Mit Abbildungen). Eine dichterische Widerspiegelung des Besuches bei Hildebrand findet sich in dem Roman »Wanda« CA V 981f.; zur Vorbildhaftigkeit Hildebrands siehe auch das Dramenfragment »Raoul Markuse« CA IX 623.

55,18 Arthur Böhtlingk (1849 bis 1929), Professor der Geschichte und Literatur, Verfasser von Agitationsschriften gegen die römische Kirche, gehörte in Jena zu Hauptmanns akademischen Lehrern und nahm kritischen Anteil an seinen Jugenddichtungen.

56,19 Hier beginnt in Hs eine neue Seite, darüber die spätere Notiz: »Hildebrand«.

57,2-9 Im Werkverzeichnis: Adolf von Hildebrand, hg. von Alexander Heilmeyer, München: Albert Langen 1922, S. 24 ist nur die Marmorfigur einer lebensgroßen Luna von 1898 genannt, Abbildung Tafel 28.

57,19 S. 140,8 heißt es richtig Vincenzo Vela; vgl. auch Anm. zu S. 140,7-S. 142,4.

57,26-67,30 Spätere Fassung der auf Michelangelos Mediceerkapelle in San Lorenzo (Sagrestia Nuova) bezüglichen Textpassagen unter dem Titel »Das Mediceergrab« in »Marginalien« CA VI 903-905.

58,10f. Taine bezeichnet die Architektur der Sagrestia Nuova als »trop froide«, »Voyage en Italie«, Bd. 2, S. 213.

59,18-24 Taines Beschreibung der Skulpturen der Mediceergräber in »Voyage en Italie«, Bd. 2, S, 214-217.

59,25-28 Inhaltswiedergabe nach Taine, S. 216f.

60,8 Es handelt sich um die folgende Ausgabe: Der Koran, übersetzt von L. Ullmann, 9. Aufl., Bielefeld und Leipzig: Velhagen und Klasing 1897. Exemplar Hauptmanns im Märkischen Museum, Berlin Ost. Moritz Heimann besorgte die Ausgabe und sandte sie nach Italien, wie aus den in der Anmerkung zu S. 10,20-23 genannten Briefen an Margarete Marschalk hervorgeht.

60,12-16 Dt. Übers.: »wie ist es traurig, die Augen wieder zu öffnen und zu fühlen, daß man noch einmal die Bürde eines menschlichen Tages ertragen wird.« – »Ugolino, welcher den Schädel seines Feindes benagt.« Nach Ernst Hardt.

60,21-24 Der Tenor der grundsätzlichen Kritik an Taines Beschreibung, siehe auch S. 61,25f., stimmt mit einer kunstgeschichtlichen Einschätzung der Sagrestia Nuova zusammen, wie sie Heinrich Wölfflin unter Betonung der Einheit von Architektur und Skulptur gegeben hat (Die klassische Kunst, Eine Einführung in die italienische Renaissance, 1. Aufl. 1898, 9. Aufl., Basel, Stuttgart: Schwabe u. Co. 1968, S. 209).

61,28-62,6 Dazu als Vorstufe Notizen Hs 639, Bl. 16 recto: »Faun und Knabe das Päderastische – Praxiteles – Vorliebe für Knabenkörper, con amore gemacht – Apollo gehört unter diesen Typ – Nerone Fanciullo, als Kind – Lorbeer«. Der »Knabe mit der Rohrflöte, welchen ein Faun beschwatzt« (S. 61,31), bezieht sich auf die antike Kopie der hellenistischen Gruppe des Pan und Daphnis von Heliodor. Statuen des Apoll sind in den Uffizien zahlreich; wahrscheinlich ist S. 61,32 der sogenannte Apollino gemeint, bei dem man auf ein Original des Praxiteles geschlossen hat. Der im Tagebuch näher beschriebene Nerone Fanciullo, der im 19. Jahrhundert noch als Antike angesehen wurde, gilt heute als ein modernes Werk und ist nicht mehr ausgestellt, vgl. Guido A. Mansuelli, Galleria degli Uffizi, Le Sculture, Bd. 1-2, Rom: Libreria dello Stato 1958-1961. Bd. 2, Nr. 177 mit Abbildung. Zu »Merkur, Ganymed« (S. 61,32) vgl. Bd. 1, Nr. 27, Nr. 111. Unter den »vollkommenen Hermaphroditen« (S. 61,32f.) der Uffizien befindet sich vor allem die liegende Marmorfigur des schlafenden Hermaphroditen aus hellenistischer Zeit, biologisch ein Zwittergebilde mit zugleich männlichen und weiblichen Geschlechtsmerkmalen, das den Typus am ausgeprägtesten vertritt. Hauptmanns Sichtweise sowie die aus den antiken Plastiken der Uffizien getroffene Auswahl entspricht der Entdeckung des zweigeschlechtlichen Eros in der europäischen Kunst und Literatur der Jahrhundertwende; androgyne Figuren sind Gegenstand zeichnerischer Darstellung bei Aubrey Beardsley; bei Oscar Wilde und Stefan George wird der Kult des Epheben zum Thema der Literatur.

62,7 In den Uffizien gibt es drei antike Kopien von Polyklets Doryphorus (»Speerträger«, Original um 445 v. Chr.), darunter den berühmten Torso.

62,16 Zitat aus Shakespeare, »Hamlet«, 1. Akt, 2. Szene, übers. von Schlegel-Tieck.

62,17f. Taine, Bd. 2, S. 214 bezeichnet die liegenden Figuren der Mediceergräber als »héros souffrants«.

62,21f. Taine, S. 215: »la nudité désesperée de ces vierges«.

62,23-29 Abschnitt durchstrichen und am Rande vermerkt: »B[uch] d[er] L[eidenschaft]«; siehe dort CA VII 298. – Der zitierte Brief Robert Hauptmanns (1824 bis 1898) vom 14. Februar 1897 ist im Nachlaß, Berlin West, erhalten.

63,15f. Selbstzitat einer Verszeile aus »Die versunkene Glocke« CA I 824.

65,8f. Innergewaltige] Sinnesgewaltige (Alternativlesung)

65,34-66,2 Taine, Bd. 2, S. 217. Die anschließende Kritik Hauptmanns findet eine Entsprechung bei Heinrich Wölfflin, der gleichfalls die idealisierende Darstellung der Sitzfiguren des Giuliano und Lorenzo di Medici betont (Die klassische Kunst, S. 214).

66,23-26 Das Gedicht Michelangelos ist auch im »Buch der Leidenschaft« CA VII 304 zitiert. Dt. Übers.: »Willkommen ist mir der Schlaf und mehr noch, daß ich aus Stein bin, während das Unheil und die Schande dauern; nichts sehen, nichts hören ist mein größtes Glück, deshalb wecke mich nicht, o sprich leise.«

68,22-31 Ausführlicher ist die Begegnung mit dem Maler Hugo Ernst Schmidt, einem Jugendfreund, im »Buch der Leidenschaft«, hier Emmerich Rauscher genannt, CA VII 299ff. dargestellt.

69,7ff. Während der römischen Bildhauerzeit 1883/84 hatte Hauptmann seinen Arbeitsraum in dem Vicolo degli Incurabili (»Gäßchen der Unheilbaren«, heute Via San Giacomo), seine Wohnung dagegen auf dem Monte Pincio, vgl. »Das Abenteuer meiner Jugend« CA VII 956.

69,26-29 Diese Aussage ist in einer späteren Notiz quer über dem Text korrigiert: »Ich glaube, daß ich früher schon den größten Eindruck empfangen hatte, aber er ward vergessen.«

70,10-71,4 Ludwig von Hofmann (1861 bis 1945) gehörte zu den Malern der Berliner Secession und war bereits von 1892 bis 1897 in den Ausstellungen der »Gruppe der XI« vertreten. Im Gerhart-Hauptmann-Nachlaß ist der umfangreiche Briefwechsel erhalten, der nicht nur die Schreiben Hofmanns, sondern auch Hauptmanns umfaßt. Schon bald nach 1897 nahmen ihre Beziehungen den Charakter einer lebenslangen Freundschaft an; 1907 bereisten sie gemeinsam Griechenland. Hauptmanns ausgeprägtes Verhältnis zur Berliner Secession und vielen ihrer Künstler, wie z. B. Lovis Corinth, August Gaul, Fritz Klimsch, Leo von König, Käthe Kollwitz, Walter Leistikow, Max Liebermann, Otto Mueller, Emil Orlik und Eugen Spiro, würde eine eigene Darstellung sehr lohnen.

70,30 Otto Greiner (1869 bis 1916), von Max Klinger beeinflußter Graphiker und Maler, mit Zeichnungen auf Ausstellungen der Berliner Secession vertreten, hatte von 1898 bis 1915 seinen Wohnsitz in Rom.

71,5ff. Ziel und Route der Reise waren nicht festgelegt. Hauptmanns Paß vom 29. Dezember 1896 ist außer für Italien auch für Griechenland und Ägypten ausgestellt. Als das

Hotel Cocumella im Osten Sorrents »in herrlicher und ruhiger Lage« (Baedeker 1895) am Strand des Golfes von Neapel außerhalb der Stadt gefunden war, wich das Schwanken einer einmonatigen Ruhepause. Vgl. die Übersicht des Reiseweges S. 183f.

73,22 Felsenmauer] Felsenmassen (Alternativlesung)

74,6-29, fortgesetzt 79,12-84,13 Vgl. die späteren Fassungen 1. »Die Pietà« CA XI 774f. (1900), 2. im Kontext des Romanfragments »Der Venezianer« CA X 131f. (1903) und 3. »Die Pietà Michelangelos« in »Deutsche Allgemeine Zeitung«, Berlin, 24. Dezember 1944.

74,16-22 Dazu spätere Notiz: »B[uch] d[er] L[eidenschaft] eingefügt«; vgl. CA VII 305.

76,6 Vgl. die Gestalt Christi in Goethes fragmentarischer Jugenddichtung »Der ewige Jude«.

77,5-78,2 Zitat aus einem Brief Richard Wagners an Eliza Wille vom 26. Mai 1864 nach: Fünfzehn Briefe von Richard Wagner, Nebst Erinnerungen und Erläuterungen von Eliza Wille, geb. Sloman, in: Deutsche Rundschau, hg. von Julius Rodenberg, Bd. 50 (Januar bis März 1887), S. 404f.

78,3-6 Veröffentlicht unter den Notizen und Quellenexzerpten zum Erzählfragment »Winckelmann« CA X 647; das Zitat stammt aus der »Geschichte der Kunst des Altertums«, ed. Julius Lessing, S. 110f. und wurde später wiederholt verwendet, so im Kontext des »Winckelmann« CA X 560, 638 und des »Märchens« CA VI 479.

78,13 Hauptmann bezieht sich auf einen Brief seiner Frau Marie aus Triest vom 27. Februar 1897. Marie Hauptmann war am 21. Februar 1897 aus Dresden in Begleitung ihrer Schwester Olga Thienemann und einer Freundin über Wien, Adelsberg, Triest nach Venedig aufgebrochen. Vom 6. bis etwa 22. März 1897 hielt sie sich in Florenz auf, wo sie für eine Nacht im selben Hotel wie ihr Gatte abstieg und über seinen Aufenthalt vom Portier informiert wurde. »Es war mir doch ein Gruß von Dir, der Mann hatte Dich gesehen und mit Dir gesprochen; seitdem ich beides nicht konnte. Wir werden nicht hier wohnen bleiben, es ist uns zu teuer«. (Brief aus Florenz vom 7. März 1897). Die Rückreise ging über Genua, Mailand, die oberitalienischen Seen, Luzern und Zürich nach Schreiberhau zu den Kindern. Marie Hauptmanns Hoffnung, in Italien mit ihrem Mann zusammenzutreffen, hatte sich nicht erfüllt. (Briefe Marie Hauptmanns im Nachlaß, Berlin West.)

78,30ff. Gemeint ist das Drama »Sittulhassan«, vgl. das Entstehungsdatum vom 4. März 1897 CA IX 109f.

79,8ff. Mit blauem Farbstift später unleserlich gemacht; nicht zu lesen ist eine etwa zwei Worte umfassende Stelle in runden Klammern nach der Abkürzung M. G. für Marschalk, Grete.

80,33-81,5 Veröffentlicht unter den Notizen und Quellenexzerpten zum Erzählfragment »Winckelmann« CA X 647; das Zitat stammt aus der an den sächsischen Kurfürsten Friedrich Christian gerichteten Vorrede der »Geschichte der Kunst des Altertums«, ed. Julius Lessing, S. 3.

82,25f. »Faust«, Erster Teil, Marthens Garten.

82,26ff. Dazu spätere Notiz: »Das konfessionell Entrückte.«

83,7f. Nach Hiob, Kap. 1,21.

85,18-30 Der Bremer Schriftsteller Heinrich Bulthaupt (1849 bis 1905) war ein konservativer Gegner des literarischen Naturalismus; er orientierte sich ausschließlich an der Dramaturgie Shakespeares und der deutschen Klassik. Über seine Kritik an »Vor Sonnenaufgang« vgl. ausführlich Paul Schlenther, Gerhart Hauptmann, Berlin: S. Fischer 1898, S. 82-92. Bulthaupts Argumente gegen die »Weber«, deren Autor er sowohl des ästhetischen wie des politischen Anarchismus verdächtigte, wurden 1894/95 in der Reichstagsdebatte zur Umsturzvorlage zitiert; vgl. Manfred Brauneck, Literatur und Öffentlichkeit im ausgehenden 19. Jahrhundert, Stuttgart: Metzler 1974, S. 91-93.

86,10-34 Mit dem jungen Lyriker könnte Richard Dehmel (1863 bis 1920) gemeint sein; der Satz »Die Mutter des Heilands ist zugleich seine Geliebte« läßt sich auf das Gedicht »Venus consolatrix« beziehen (in: »Weib und Welt«, Berlin: Schuster und Loeffler 1896, S. 119-121), das im August 1897 vom Landgericht Berlin als »unsittlich« verboten wurde.

87,1-18 Über das Verhältnis von Johannes Schlaf (1862 bis 1941) zu Arno Holz (1863 bis 1929) vgl. Helmut Scheuer, Arno Holz im literarischen Leben des ausgehenden 19. Jahrhunderts, 1883-1896, Eine biographische Studie, München: Winkler 1971, S. 99-131; ebendort S. 126 über das Nervenleiden von Johannes Schlaf. Die Dramen »Die Familie Selicke« (zusammen mit Arno Holz) und »Meister Oelze« erschienen 1890 und 1892, die Sammlung poetischer Prosa mit dem Titel »Frühling« 1896. Über Walt Whitman (1819 bis 1892) war 1892 ein erster Essay von Schlaf erschienen (Walt Whitman, Leipzig: Kreisende Ringe 1892); zu weiteren Arbeiten vgl. Schlafs Vorwort von 1907 zu seiner Übersetzung der »Grashalme«, Leipzig: Reclam o. J. Die Lektüre von Schlafs Essay über Walt Whitman ist von Hauptmann im Tagebuch Hs 9, Bl. 60 unter dem Datum des 16. September 1892 bezeugt.

87,20 Brief Marie Hauptmanns nicht ermittelt.

87,23 Es handelt sich um die folgende Ausgabe: Die Gedichte des Michelangelo Buonarroti, Übersetzt und biographisch geordnet von Walter Robert-tornow, hg. von Georg Thouret, Berlin: Haude und Spener 1896. Exemplar Hauptmanns im Märkischen Museum, Berlin Ost. Das S. 88,28 erwähnte Gedicht »An Florenz« dort S. 9-13.

89,4-15 Das orientalisierende Märchendrama »Der Sohn des Kalifen« von Ludwig Fulda (1862 bis 1939) wurde am 27. Februar 1897 im Deutschen Theater zu Berlin uraufgeführt. Bei dem Stück handelt es sich um eine Art Fürstenspiegel in der althergebrachten Form einer Erziehungskomödie, die mit der Zukunftsperspektive eines neuen Herrschers als Königs der Mühseligen und Beladenen schließt, dem Idealbild einer sozialen Monarchie nach dem Muster des aufgeklärten Absolutismus Friedrichs II. von Preußen. Obwohl die Hauptrollen wie in der »Versunkenen Glocke«, die gleichzeitig im Deutschen Theater lief, mit Josef Kainz und Agnes Sorma glänzend besetzt waren, erreichte Fulda nicht den Erfolg Hauptmanns, dem Publikum und Rezensenten den Vorzug gaben. Die Theaterkritik des Fuldaschen Märchendramas von Felix Hollaender (1867 bis 1931) ist vermutlich in der Berliner Zeitung »Die Welt am Montag« erschienen, für die er damals schrieb; sie war nicht zugänglich, ein Exemplar des Blattes aus dem Jahr 1897 ist für eine deutsche Bibliothek nicht nachgewiesen.

89,18 Gemeint ist »Jesus von Nazareth, Soziales Drama«, vgl. das Entstehungsdatum vom 9. März 1897 CA IX 86 und das Notizbuch Margarete Marschalks Hs 616d, Bl. 10 verso: »Das schlechte Wetter brachte einige Szenen oder Abschnitte des ›Jesus‹. – ›Der Kalif‹ tritt in den Hintergrund, nun, da die Natur ihre Pracht und den Glanz, das Festliche eingebüßt hat.«

89,23-30 Varianten eines eigenen metrischen Übersetzungsversuches der Verse Michelangelos oben S. 66.

90,6ff. Die Verse aus Goethes Gedicht »Kenner und Künstler« finden sich später wiederholt zitiert, so in »Der Venezianer« CA X 130 und in der Goethe-Rede von 1932 CA VI

847; vgl. auch Siegfried H. Muller, Gerhart Hauptmann und Goethe, Goslar: Volksbücherei-Verlag 1950, S. 104.

90,9-91,17 Spätere Notiz über dem Text: »SG« [ebaldus-Grab?].

91,4 Die sprichwörtliche Redensart »sich in ein Löwenfell hüllen« bedeutet soviel wie sich den Anschein größerer Kraft geben, als man besitzt.

91,14-95,22 und 96,17-97,2 Die französische Erstaufführung der »Versunkenen Glocke« fand am 5. März 1897 im Pariser Nouveau-Théâtre statt und war eine Produktion des nach dem Vorbild von André Antoines Théâtre-Libre gegründeten Theatervereins »L'œuvre«, der sich insbesondere dem symbolistischen Drama widmete und dessen Leiter Lugné-Poe war, der Sohn Edgar Allan Poes, der auch den Nickelmann spielte. Die französische Übertragung der »Versunkenen Glocke« stammt von André-Ferdinand Hérold, La cloche engloutie, Paris: Mercure de France 1897. Hérold, ein Enkel des Komponisten, wurde Hauptmann als Übersetzer von Jean Thorel (eigentlich Raymond Bouthors, 1859 bis 1916) vorgeschlagen, der die »Weber« und »Hanneles Himmelfahrt« übertragen hatte, später noch »Fuhrmann Henschel« und »Rose Bernd«. Seine Briefe an Hauptmann (im Nachlaß, Berlin West) schrieb Thorel französisch, was die verbreitete Vorstellung widerlegt, der Dichter habe sich auf keine moderne Fremdsprache verstanden. Über die Schwierigkeiten der Übersetzung der »Versunkenen Glocke« und die negative Aufnahme der Aufführung vonseiten der Pariser Theaterkritik vgl. Irmgard Müller, Gerhart Hauptmann und Frankreich, Breslau: Priebatsch 1939 (Sprache und Kultur der Germanischen und Romanischen Völker C, Romanische Reihe, Bd. 17), S. 48 bis 55.

94,33-95,1 Wörtlich in »Einsichten und Ausblicke« CA VI 1030.

95,23-32 Gegen welche mit den Anfangsbuchstaben M. H. bezeichnete Person die zitierten »Faust«-Verse (Erster Teil, Studierzimmer) gerichtet sind, läßt sich nur vermuten. Es spricht einiges dafür, daß Moritz Heimann gemeint sein könnte. Heimann ließ den sehr regen Briefwechsel mit Margarete Marschalk (erhalten im Hauptmann-Nachlaß, Berlin West) auch während der Italienreise nicht abbrechen; er besaß ihr volles Vertrauen; sie erbat von ihm auch Rat in schwierigen Fragen ihrer damaligen Beziehung zu Hauptmann. Darüberhinaus erteilt Heimann manchmal etwas präzeptorale, aber gutgemeinte Anweisungen zum besseren Genuß der Kunstdenkmäler und Kulturlandschaften Italiens. Es gab also Gründe für eine momentane Verstimmung Hauptmanns. In den vorstufenhaften Notizen Hs 639, Bl. 22 verso heißt es: »Um Heimann zu beurteilen und seine sonnige Phantasie, muß man seine triste Wohnung und Gegend kennen.«

96,8-16 Jacob Burckhardt, Die Kultur der Renaissance in Italien, 4. durchgesehene Aufl., besorgt von Ludwig Geiger, Bd. 1-2, Leipzig: E. A. Seemann 1885. Exemplar Hauptmanns im Nachlaß, Berlin West. Die Zitate stammen aus Bd. 2, S. 33f. Der Darstellung Burckhardts kommt im geistesgeschichtlichen Zusammenhang des »Renaissancekults« der Jahrhundertwende besondere Bedeutung zu; vgl. Walther Rehm, Der Renaissancekult um 1900 und seine Überwindung, in: Zeitschrift für deutsche Philologie, Bd. 54 (1929), S. 307.

97,4 Dt. Übers.: »Ein gütiger Heiliger hat diesen Abend geschaffen.«

98,2 Rebekka West ist eine Hauptfigur in Ibsens Drama »Rosmersholm« (1886), einem der literarischen Vorbilder von »Einsame Menschen« (1890/91).

98,3f. »Faust«, Zweiter Teil, 5. Akt, Bergschluchten (Wald, Fels, Einöde).

98,21-25 Die »Choephoren« sind nach folgender Übersetzung zitiert: Aeschylos. Deutsch in den Versmaßen der Urschrift von J. J. C. Donner, Bd. 1-2 [in einem Band], Stuttgart: Hoffmann 1854, Bd. 1, S. 110, Vers 425f. Die Stücke des Aischylos sind mit römischen Ziffern durchnumeriert, wobei die »Choephoren« (»Das Totenopfer«) als zweiter Teil der Orestie, mit der die Übersetzung beginnt, die Zahl II. erhielten, wie sie sich in der verkürzten Titelangabe des Exzerptes wiederfindet. Hauptmann besaß zwei Exemplare der Donnerschen Übersetzung, beide heute im Märkischen Museum, Berlin Ost; auf dem Titelblatt des ersten Exemplars findet sich die eigenhändige Notiz: »Dieses Bändchen begleitet mich seit 1879.« Zur Aischylos-Rezeption des jungen Hauptmann vgl. auch »Das Abenteuer meiner Jugend« CA VII 965-970.

99,1-8 Veröffentlichung einer 1909/10 entstandenen Fassung in: Die Kunst des Dramas, Über Schauspiel und Theater, Zusammengestellt von Martin Machatzke, Berlin, Frankfurt am Main und Wien: Propyläen 1963, S. 208.

99,10f. Die Wortbildung »Sansarengesumm« ist möglicherweise in Verbindung zu bringen mit indisch Sansâra (Kreislauf des durch Wiedergeburten sich erneuernden Lebens, aus dessen Leiden Nirvâna befreit).

100,2 Hauptmanns Anmerkung bezieht sich auf die »Italienische Reise«, Rom, 2. Dezember 1786; bei ihrer Datierung auf den 5. März 1897 ist offensichtlich ein Schreibfehler unterlaufen, der sich durch eine zweifelsfreie Korrektur nicht beheben läßt.

100,20 Der 16. März 1897 war ein Dienstag.

100,21-101,5 Über die Pariser Aufführungen der »Weber« und des »Hannele« durch das Théâtre-Libre vgl. Irmgard Müller, Gerhart Hauptmann und Frankreich, S. 6-29, S. 38.

101,6-11 Veröffentlicht in »Die Kunst des Dramas«, S. 193.

101,25-28 Zitat aus »Dichtung und Wahrheit«, Zweiter Teil, 7. Buch (Hamburger Ausgabe, Bd. 9, S. 272; von Hauptmann benutzte Goethe-Ausgabe nicht ermittelt).

102,7 daß, als] daß ich als Hs

104,15f. Mit »der ersten Linie« ist die im voraufgehenden S. 103,1 als zweite Linie bezeichnete Traditionsreihe des Prosadramas bei Lessing, Goethe, Ibsen und Tolstoi gemeint. Dementsprechend wird die zunächst als erste Linie angeführte Traditionsreihe des Versdramas bei Shakespeare, Schiller und Kleist S. 104,17f. mit »der zweiten, höheren Linie« gleichgesetzt.

104,28 in denen] indem (Alternativlesung)

106,23ff. Das Feuilleton von Ludwig Speidel (1830 bis 1906) über die »Versunkene Glocke« erschien in: Neue Freie Presse, Morgenblatt, Nr. 11695, Wien, Sonntag, den 14. März 1897, S. 1f. Während der Kritiker das Stück selbst uneingeschränkt lobt, tadelt er die Besetzung der Aufführung: »›Die versunkene Glocke‹ ist ein Märchen, das an alle großen Bestrebungen der Gegenwart bald mit leisem, bald mit stärkerem Finger rührt. [...] Wer hätte sich gedacht, daß die blaue Blume der Romantik auf einem Düngerhaufen wachsen könnte? [...] Leider muß man sagen, daß das Burgtheater den Dichter im Stiche gelassen hat.« Zur Besetzung siehe Anm. zu S. 36,6-27. Ludwig Speidels Besprechung der »Versunkenen Glocke« steht im Gegensatz zu seiner Einschätzung der naturalistischen Stücke Hauptmanns, die er strikt abgelehnt hatte. Maximilian Harden glossierte den Sinneswandel des Wiener Theaterkritikers zynisch: »Herr Speidel, der in seniler Begeisterung die ›Versunkene Glocke‹ jetzt in den Himmel zu heben versucht, lehnte die unvergleichlich feineren ›Einsamen Menschen‹ als ›neurasthenischen Iffland‹ mit Hohnworten ab«. In: Die Zukunft, Jg. 5, Bd. 19, H. 28, Berlin, 10. April 1897, S. 94.

106,27 Anschließend spätere Notiz: »Frau Mangold, hier kennengelernt, in der Marine der Cocumella, heut am 9. Januar 1900 Nachricht ihres Todes erhalten.« Im Nachlaß ein Brief Anton Mangolds aus München vom 8. Januar 1900 an Hauptmann mit der Mitteilung des Todes seiner Frau Valerie, gestorben am 7. Januar 1900. Der bayerische Porträtmaler Anton Mangold (1863 bis 1907) und seine Gattin kehren im »Buch der Leidenschaft« wieder CA VII 302ff., Name hier: Götz Preysing. Auf Valerie und Anton Mangold ist auch in der folgenden Tagebuchschilderung »einer kleinen Rundreise, mit Freunden« Bezug genommen.

106,28 Wenn das Datum sich wie angegeben auf den Sonntag beziehen soll, müßte es auf den 21. März 1897 lauten.

107,29 diesen begnadeten Uferhängen] diesem begnadeten ⟨Strich⟩ Uferhängen Hs (unvollständige Textänderung)

108,5f. bewölkten] bewehten (Alternativlesung)

111,19 einritt] schritt (Alternativlesung)

112,11f. Verwendung von] Verwendung und von Hs

113,18 Fadheiten] Fadaisen (Alternativlesung)

114,14-117,4 Spätere Fassung im »Buch der Leidenschaft« CA VII 308f.

117,15-118,7 Die Verse sind zitiert nach: Tausendundeine Nacht, Aus dem Arabischen übertragen von Max Henning, Bd. 1-8, Leipzig: Reclam [1896ff.], Bd. 1, Teil 1, S. 167. Exemplar Hauptmanns von Teil 1 (1.-24. Nacht) mit Randbemerkungen, auch von Margarete Marschalk, im Märkischen Museum, Berlin Ost. Auf die Reclam-Ausgabe bezieht sich offensichtlich die folgende Stelle in dem autobiographischen Romanfragment »Der Venezianer«: »Unter den Büchern, die ich [...] mir [...] für billiges Geld angeeignet hatte, befand sich auch, in deutscher Sprache, die Märchensammlung von Tausendundeiner Nacht. Irgendeines der handlichen Bändchen pflegte ich immer in meiner Tasche mit mir zu führen« (CA X 66).

118,10-119,19 Veröffentlicht in »Die Kunst des Dramas«, S. 193f.

119,10 ergreift] eingreift (Alternativlesung)

120,1-14 Zitat nach: Die Gedichte des Michelangelo Buonarroti, übersetzt von Walter Robert-tornow, S. 117.

120,24-27 Zitat nach: Ralph Waldo Emerson, Repräsentanten des Menschengeschlechts, übersetzt von Oskar Dähnert, Leipzig: Reclam o. J. (Reclams Universal-Bibliothek Nr. 3664/65), S. 30f.

122,26ff. Im »Buch der Leidenschaft«, in das die Episode

übernommen ist, heißt es richtig: »Ottaverime aus dem Befreiten Jerusalem‹« (CA VII 307).

123,11 Die Eintragung unter dem 4. April ist nicht wie in der Regel mit Tinte, sondern mit Bleistift geschrieben; die Stelle ist im »Buch der Leidenschaft« CA VII 310f. verwendet.

124,17-125,6 In die Beschreibung der hellenistischen Bronzestatuetten im Nationalmuseum zu Neapel sind einzelne Begriffe aus dem Baedeker mit eingeflossen: »die **Sammlung der Bronzeskulpturen [...] stammt zum größeren Teil aus Herkulaneum, zum geringeren aus Pompeji. Die Herkunft ist aus der Verschiedenheit der Patina [...] leicht zu erkennen: [...] **5003. *Narziß,* vielleicht ein auf Echo lauschender Pan, in Erfindung und Ausführung eine der reizvollsten uns erhaltenen Kunstschöpfungen des Altertums, 1862 in einem unbedeutenden Hause zu Pompeji gefunden; *111495. *Satyr mit Schlauch,* Brunnenfigur, 1879 in Pompeji gefunden; **5002. *tanzender Satyr* (Faun), mit den Fingern den Takt schnippend, aus Pompeji« (Italien, Handbuch für Reisende, Teil 3, Unter-Italien, 9. Aufl., Leipzig: Karl Baedeker 1889, S. 71; die vorangestellten Ziffern bedeuten Inventarnummern des Museums).

125,17-21 Die Figur des Nürnberger Gänsemännchenbrunnens stellt einen Bauern mit wasserspeienden Gänsen unter dem Arm dar und stammt von dem Peter-Vischer-Schüler Pankraz Labenwolf (1530): der Tugendbrunnen ist von Benedikt Wurzelbauer (1589). Das Manneken-Pis in Brüssel entstand nach dem Modell eines Cupido von Duquesnoy (1619).

126,11-21 Veröffentlicht zu »Sittulhassan« CA IX 121

126,26 der Frauen] den Frauen (Alternativlesung)

126,28 Mit dem Apostelbrunnen ist vermutlich der Schöne Brunnen in Nürnberg gemeint (1385 bis 1396), an dessen Wasserkasten Figuren der vier Evangelisten und einiger Kirchenväter sich befinden.

127,27 auf abschüssige Hänge] auf ⟨den⟩ abschüssigen ⟨Grund⟩ Hange Hs (unvollständige Textänderung)

127,30 deutschem Charakter] deutscher Charakter Hs

128,25-129,17 Veröffentlicht unter den Notizen und Quellenexerpten zu »Winckelmann« CA X 648f. Das Zitat (nach der Ausgabe von Julius Lessing, S. 310, Z. 21-29 und Z. 33-40) ist aktualisiert, indem es auf die vom Vorwurf des Epigonentums stark betroffene historische Kunst des 19. Jahrhunderts bezogen wird.

130,4ff. Der schwedische Gelehrte und Theosoph Emanuel von Swedenborg (1688 bis 1772) war unverheiratet.

130,11 Alfred Ploetz (1860 bis 1940), Arzt und Rassenforscher, war ein Jugendfreund Hauptmanns, der in die Figur des Loth in »Vor Sonnenaufgang« Züge von dessen naturwissenschaftlichem und politischem Weltbild einfließen ließ.

130,23 Zitat nach der 12. Sure des Koran, hier auf Josephs Vater Jakob bezogen. Wie beigeschriebenes »Kalif« lehrt, offenbar im Werkzusammenhang des Dramenplans »Sittulhassan« notiert. Umfangreiche unveröffentlichte Exzerpte aus dem Koran im Nachlaß, Hs 472-1g, Bl. 9 auch aus der 12. Sure; zu der von Hauptmann benutzten Ausgabe des Koran siehe Anm. zu S. 60,8. Äußerungen über den Koran auch in der nicht veröffentlichten Fortsetzung des Tagebuchs Hs 1 wie z.B. unter dem Datum des 4. August 1897: »Der Koran hat mich die göttliche Gelassenheit am eindringlichsten gelehrt. Sie strömt mit großer Kraft aus diesem Buche. Ich halte es neuerdings gern in der Hand, wenn ich diktiere«.

131,10 Spätere Fassung dieses Satzes in »Einsichten und Ausblicke« CA VI 1001.

135,9-24 Spätere Fassung in »Einsichten und Ausblicke« CA VI 1045.

135,25-29 Vgl. Kalidasa, Malavika und Agnimitra, Ein indisches Schauspiel, Metrisch übersetzt von Ludwig Fritze, Leipzig: Reclam [1881] (Universal-Bibliothek Nr. 1598), Anmerkung S. 30: »Nach indischer Anschauung verlangt der Asoka, um zu blühen, daß eine schöne Frau ihn mit geschmücktem Fuße berührt.«

136,8-11 Veröffentlicht zu »Sittulhassan« CA IX 124

136,13-137,34 Veröffentlicht in »Die Kunst des Dramas«, S. 194f.

136,32-137,8 Aristoteles, Poetik, Kapitel 6 (1450b); zitiert nach der Übersetzung von Adolf Stahr (2. Aufl. Stuttgart: Hoffmann o. J., angebunden an: Aristoteles, Drei Bücher der Redekunst, übersetzt von Adolf Stahr, Stuttgart: Krais und Hoffmann 1862). Exemplar Hauptmanns im Märkischen Museum, Berlin Ost; seine Marginalien und Anstreichungen zeigen, daß er bei seinem Interesse an der Poetik des Aristoteles an den zeitgenössischen Begriff des Naturalismus anknüpfte.

138,24 Carl und Martha Hauptmann, geb. Thienemann, hielten sich in Cannobio am Lago Maggiore auf; nach der Eintragung vom 11. Mai 1897 S. 151 hat ein Zusammentreffen offenbar stattgefunden. Ende März hatte bereits Marie, wie aus einem Brief an Gerhart Hauptmann vom 30. März 1897 aus Lugano hervorgeht, Schwester und Schwager besucht. –

Das Verhältnis Hauptmanns zu seinem älteren Bruder Carl (1858 bis 1921) ist, abgesehen von den autobiographischen Schriften, auch in einer Reihe dichterischer Werke und Fragmente dokumentiert, vgl. Ursula Guenther Brammer, Selbstbildnis in Gerhart Hauptmanns Dramen, University of Pittsburgh, Ph. D. 1972, S. 33-109; seither erschienene Prosafragmente CA XI 175-207, 240-253, 269-276.

139,13 Der Bruder Georg Hauptmann (1853 bis 1899) war als Kaufmann in Hamburg in wirtschaftliche Schwierigkeiten geraten.

139,32-140,3 Spätere Fassungen in »Einsichten und Ausblicke« CA VI 1016.

140,7-142,4 Hauptmann besuchte das eine halbe Stunde Fußweg westlich von Mendrisio gelegene Dorf Ligornetto, den Geburtsort des Bildhauers Vincenzo Vela (1822 bis 1891), wiederholt bereits während des Tessin-Aufenthaltes im April 1896. Im Museo Vela befinden sich außer Originalen auch die Modelle und Gipsabgüsse der wichtigsten Arbeiten des Bildhauers: so der 1848 vollendete kettensprengende Spartacus (Original damals in St. Petersburg in Privatbesitz) und der sterbende Napoleon I. von 1867 (Original in Versailles). Die häufigen Besuche Hauptmanns im Geburtshaus des Tessiner Künstlers haben ihre dichterische Spur in der Erzählung »Der Ketzer von Soana« (1918) hinterlassen: deren Titelheld ist zum fiktiven Neffen des Bildhauers erhoben; und es ist ein Besuch im verödeten Haus seines verstorbenen Oheims in Ligornetto, während dessen der Priester Francesco Vela zum erstenmal heidnischen Anfechtungen unterliegt, indem er sich im Anschauen dreier nackter Mädchenstatuen sinnlich entzündet und an einer der Skulpturen »durch weitergehende Zärtlichkeit und schließlich durch einen scheuen verbrecherischen Kuß unter die linke Brust zum fassungslos verwirrten und zerknirschten Sünder« wird (CA VI 126). Die Begegnung mit der Bildhauerkunst seines Onkels markiert den Wendepunkt in Francescos Leben, den ästhetisch vermittelten Wandel vom Priester zum Ketzer.

142,12-19 Spätere Fassung in »Einsichten und Ausblicke« CA VI 1019f.

142,26 Diese Örtlichkeit kehrt im »Ketzer von Soana« wieder, vgl. CA VI 98 u. ö.

143,20-144,27 Unter der Eintragung spätere Notiz: »Zu ›Venezianer‹ verwandt.« Eine Verwendung läßt sich nicht feststellen. Das Romanfragment ist bruchstückhaft überliefert.

144,29f. Spätere Fassung in »Einsichten und Ausblicke« CA VI 1034.

145,2-11 Brief Heinrich von Kleists an Wilhelmine von Zenge vom 10. Oktober 1801; bei der Übernahme des Zitats in den Roman »Im Wirbel der Berufung« (1936) ist der Irrtum korrigiert, vgl. CA V 1123.

145,15-18 Zitat aus dem Brief Heinrich von Kleists an Sophie Haza-Müller vom 20. November 1811.

145,21-29 »Prinz Friedrich von Homburg«, 5. Akt, 10. Auftritt. Ebenso wie die beiden vorhergehenden Briefstellen finden sich auch diese Verse in dem autobiographisch fundierten Roman »Im Wirbel der Berufung« wieder; vgl. CA V 1123f. Der Vorgang unterstreicht den Identifikationswert, den die Kleist-Zitate für Hauptmann hatten.

146,1-150,14 Die Schilderung der Besteigung des Monte Generoso, die konstitutive Elemente der Fabel des »Ketzers von Soana« enthält, ist auszugsweise veröffentlicht bei: Frederick A. Klemm, A Return to Soana, Hauptmann's Diary and the »Ketzer«, in: Views and Reviews of Modern German Literature, Festschrift for Adolf D. Klarmann, edited by Karl S. Weimar, München: Delp 1974, S. 61-64.

146,2ff. Hauptmann hat den Monte Generoso hiernach zum erstenmal bereits während seines Tessin-Aufenthaltes im April 1896 bestiegen. Sowohl von Rovio (508 m) als auch von Mendrisio aus (360 m) dauert der Aufstieg 3 1/2 bis 4 Stunden; mit der Zahnradbahn von Capolago benötigt man 1 1/4 Stunde. Vgl. den Beginn des »Ketzers von Soana« CA VI 87. Über das Panorama heißt es bei Baedeker: der »Gipfel des *Monte Generoso (1704 m), mit Wallfahrtskapelle und Belvedere (Orientierungstafel), bietet eine großartige Aussicht über die ganze Alpenkette vom Mte. Viso bis zum Pizzo dei Tre Signori, besonders schön morgens der Blick auf den Monte Rosa, im Süden die lombardische Ebene mit den Städten Mailand, Lodi, Crema, Cremona und die Apenninen« (Die Schweiz, 30. Aufl., Leipzig: Karl Baedeker 1903, S. 489).

146,22f. dieses verschlagene Bergstädtchen] verschlagen im Sinne von listig, undurchsichtig, verborgen; nicht zwingend als Verschreibung anzusehen anstelle von: dieses verschlafene Bergstädtchen

147,27 vier] sieben (Alternativlesung)

150,16 Die mit dem Buchstaben m unterzeichnete Besprechung der Aufführung der »Versunkenen Glocke« des Frankfurter Schauspielhauses am 8. Mai 1897 erschien als Feuilleton »unter dem Strich« in der »Frankfurter Zeitung«, Jg. 41, Nr. 128, Sonntag, 9. Mai 1897, Zweites Morgenblatt, S. 1f. Der Kritiker berichtet vom Erfolg der Aufführung beim Publikum, tadelt aber das Stück. »In keiner seiner bisherigen Arbeiten ist Gerhart Hauptmann so ganz und gar Epigone wie in der ›Versunkenen Glocke‹.« Deren Hauptgestalt, »der berühmte Glockengießer Heinrich«, wird als »ein Schwächling, [...] ein Scheuer, ein Träumer, ein Jammermensch« bezeichnet; stattdessen fordert der Rezensent von den Gestalten der Dichter Stärke, Selbstsicherheit, Männlichkeit und Mut, denn »feig genug sind wir auch ohne sie«. Auf diesen Punkt der von Fedor Mamroth (1851 bis 1907), dem Leiter des Feuilletons, verfaßten Kritik beziehen sich offenbar Hauptmanns anschließende Versuche einer versifizierten Entgegnung.

151,13ff. Das Sprichwort bezieht sich auf das Taschenspielerkunststück, einen Gegenstand unter dem Hut verschwinden zu lassen oder hervorzuholen.

151,17 dann zum Helden] ⟨je zum⟩ dann Helden Hs (unvollständige Textänderung)

151,19 Klägling] Klügling (Alternativlesung)

ÜBERSICHT DES REISEWEGES

Der Reiseweg ist erschlossen unter Hinzuziehung der Notizen Margarete Marschalks (Hs 616 d, Bl. 1 und 18), die sich nicht immer mit den Tagebucheintragungen decken, so hinsichtlich der Aufenthaltszeiten in Verona und Zürich, bei denen die folgende Übersicht nur auf den Angaben Hauptmanns fußt. Dagegen sind Orte wie Luzern, Ludwigshafen und Konstanz ausschließlich in Margarete Marschalks Notizen belegt; diese lassen gelegentlich offen, inwieweit sie sich nur auf die Planung der Reise beziehen oder deren tatsächlichen Verlauf festhalten.

23. Januar 1897:   Dresden
24. Januar 1897:   Dresden – Wien
25. Januar – 26. Januar 1897:   Wien
27. Januar 1897:   Wien – Bruck an der Mur
28. Januar 1897:   Bruck an der Mur – Graz
29. Januar 1897:   Graz – Triest
30. Januar 1897:   Triest
31. Januar 1897:   Triest – Venedig
1. Februar – 9. Februar 1897:   Venedig
10. Februar 1897:   Venedig – Verona

11. Februar 1897:   Verona
12./13. Februar 1897:   Verona – Florenz
14. Februar – 20. Februar 1897:   Florenz
21. Februar 1897:   Florenz – Rom
22. Februar – 27. Februar 1897:   Rom
28. Februar 1897:   Rom – Neapel
1. März 1897:   Neapel – Sorrent
2. März – 4. April 1897: Sorrent, Albergo Cocumella
5. April 1897:   Sorrent – Rom
6. April 1897:   Rom – Perugia
7. April – 11. April 1897:   Perugia
12. April 1897:   Perugia – Mailand
13. April 1897:   Mailand – Mendrisio
14. April – 15. April 1897:   Mendrisio
16. April 1897:   Mendrisio – Rovio
17. April – 6. Mai 1897:   Rovio
7. Mai 1897:   Rovio – Luzern
8. Mai 1897:   Luzern
9. Mai 1897:   Luzern – Zürich
10. Mai – 11. Mai 1897:   Zürich
12. Mai 1897:   Zürich – Ludwigshafen
13. Mai – 15. Mai 1897:   Ludwigshafen, Konstanz
16. Mai 1897: Ludwigshafen – Nürnberg
17. Mai – 20. Mai 1897:   Nürnberg

DICHTUNG UND DICHTER AN DER WENDE
DES 19. JAHRHUNDERTS

Als Wilhelm II. im Jahre 1888 zu regieren begann, befanden sich die um 1860 geborenen deutschen Schriftsteller und Künstler gleich dem Kaiser, dessen Generation sie angehörten, auf der Grenze der Jugend zum Mannesalter. Eine während der Gründerzeit aufgewachsene und von ihr geprägte Generation war mündig geworden und drängte mit dem anerzogenen Pathos dieser Epoche in ungestümer Auseinandersetzung mit dem Überkommenen in die Öffentlichkeit. Man gedachte, alles besser zu machen als die Väter, und wandte sich einer Wiederbelebung der Tradition der Großväter zu. Wilhelm II., der mit einem sozialen Kaisertum liebäugelte, Bismarck entließ und so in der Politik den »neuen Kurs« einleitete, verstieg sich darauf, dem deutschen Geschichtsbewußtsein den ersten Repräsentanten des Reiches als Wilhelm den Großen einzuprägen: ein dynastisches Bemühen, das 1897 seinen Höhepunkt in zahllosen Centenarfeiern zur Wiederkehr des hundertsten Geburtstages seines Großvaters fand und Preußen-Deutschland mit einer Flut von Kaiser-Wilhelm-Denkmälern und Memorialbauten überschwemmte, die der ätzenden Satire zum Trotz, wie sie Arno Holz und Oskar Jerschke in dem Drama »Traumulus«, einer Tragikomödie aus dem Gymnasiallehrerleben, oder Heinrich Mann in dem Roman »Der Untertan« übten, sich teilweise bis heute erhalten haben. 1901 konnte der Kaiser die Siegesallee in Berlin mit ihren zweiunddreißig Marmorstatuen brandenburgisch-preußischer Herrscher einweihen; die besseren Entwürfe Adolf Hildebrands, neben seinem künstlerischen Antipoden Auguste Rodin einer der wenigen deutschen Bildhauer von Rang, hatte er abgelehnt.

So sehr der junge Kaiser und die junge Literaturintelligenz in ästhetischen Fragen getrennt waren, so eigneten ihnen außer der Generationszugehörigkeit manche Gemeinsamkeit. Die oppositionellen Schriftsteller waren in ihrem geistigen und seelischen Verhalten mit den Gegnern oft eins. Hierher zählen die Anteilnahme an der modernen Entwicklung von Wirtschaft, Wissenschaft und Technik, ja sogar die Aufgeschlossenheit für die Situation der Arbeiterschaft. Was weiter den politischen Bereich betrifft, so waren die um 1860 Geborenen durchweg stolz auf den Sieg von 1870 und die errungene nationale Einheit. Deutschtum war ihnen ein eigenständiger Wert; fast alle zollten dem Nationalismus der Zeit Tribut, von dem damals nur wenige ahnten, zu welchen Konsequenzen er führen würde, und der nicht nur eine deutsche Eigentümlichkeit war, sondern in anderen Ländern Europas ebenso grassierte und in allen sozialen Schichten zu Hause war. Die heimischen Künstler fühlten sich oft nicht zuerst als Künstler, sondern als deutsche Künstler. Ihr Denken war national bestimmt. Hauptmann zum Beispiel wallfahrtete nach Nürnberg zum Sebaldusgrab Peter Vischers, das ihm neben Goethes »Faust« als vollendeter ästhetischer Ausdruck deutschen Wesens galt und dem er ungeachtet aller Begeisterung für die Kunst der italienischen Renaissance wieder und wieder seine hohe Wertschätzung bezeugte. Dem Nationalstolz im wilhelminischen Deutschland benachbart steht die gleichsam welteroberische Angestrengtheit des sprachlichen Ausdrucks, die in den Reden des Kaisers ihren unüberbietbaren Höhepunkt fand; markige Worte, die stets einige Nummern zu groß waren und in ihrer übersteigerten Offenheit und Stärke als »kerndeutsch« empfunden wurden, hat aber nicht nur der Kaiser gebraucht. Der pathetische Sprachgestus, der oft nur Unsicherheit und Leere verdeckte und nicht ein Zeichen der Kraft war, wofür er sich ausgab, sondern ein Indiz der Krise zeitgenössischen Bewußtseins lange vor dem Eintritt in das Chaos des Ersten Weltkrieges als den gesellschaftlichen Zusammenbruch einer Epoche, ist in abgeschwächter Form ebenso in Reden sozialdemokratischer Parteiführer wie in den publizistischen Äußerungen der Schriftsteller zu finden.

Wie der Kaiser das Erbe seines Großvaters zu monumentalisieren suchte, so knüpften die Dichter an die Tradition des Vormärz an und gaben sich bedeutungsvoll den Namen des Jüngsten Deutschland. Im Literaturprozeß bildete sich das heraus, was man mit einem isolierten Stilbegriff, der als Epochenbezeichnung zu einer Einengung des geschichtlichen Gesichtsfeldes führt, seither die Dichtung des deutschen Naturalismus nennt. Die Rebellion der Jugend richtete sich ebenso gegen die herrschende Sozialpolitik Bismarckscher Prägung, insbesondere gegen das Sozialistengesetz der Jahre 1878 bis 1890 mit seinem sogar die bürgerliche geistige Freiheit beeinträchtigenden Unterdrückungsmechanismus, wie auch gegen die offizielle Repräsentationskunst und epigonale Literatur der Zeit. Es kommt zu Gründungen von privaten Theatervereinigungen, die von der Polizeizensur und dem etablierten Schauspielbetrieb der Hof- und Privatbühnen unabhängig sind, zur »Freien Bühne« und in ihrem Gefolge zur »Freien Volksbühne«, der Theaterorganisation der Sozialdemokratie; die bildenden Künstler schließen sich 1892 in der »Gruppe der Elf« zusammen, aus der später die Berliner Secession hervorging.

Mit einer Phasenverschiebung von rund zwei Jahrzehnten ist die Metropole des Reiches nun auch zum künstlerischen Zentrum geworden, erlebt Deutschland nach der politischen die lange vermißte ästhetische Innovation. Mit Befriedigung registrierte man den Kulturzuwachs der Reichshauptstadt, die bisher weniger ein Hort der Musen als die Heimat des Königlich Preußischen Reserveoffiziers war. Edgar Steiger schreibt 1903 in seiner zeitgenössischen Untersuchung »Das Werden des neuen Dramas« einleitend im zweiten Band: »Man raufte sich um der Kunst willen – wer hätte das in der Heimat des

Reserveleutnants für möglich gehalten? Man erhitzte sich die Köpfe – nicht über neue Kanonen oder Gewehrmodell 88, nicht über Getreidezölle oder Handelsverträge, nicht über Antisemiten oder Sozialisten – nein, über ein neues Drama«. Die Rede ist von der Premiere des Hauptmannschen Stückes »Vor Sonnenaufgang« 1889; neues Drama«. Die Rede ist von der Premiere des Hauptmannschen Stückes »Vor Sonnenaufgang« 1889; im Parterre beinahe in die Haare gerieten, glich durchaus nicht dem Bilde, das man sich von einem wilden Stürmer und Dränger zu machen pflegt. Als er mitten in dem Toben vor den Rampen erschien, um sich linkisch zu verbeugen, war die schaulustige Menge fast enttäuscht. Ein längliches glattes Knabengesicht [...], ein ziemlich breiter, aber feingeschwungener Mund mit einem weinerlich-predigerhaften Zug – das alles erinnerte viel eher an einen modernen Heiligen des jüngsten Tages als an einen blutigen Revolutionär. Und doch war es diesem bartlosen Asketen gelungen, die blasierten Bewohner des Berliner Tiergartens durch ein Theaterstück in fieberhafte Aufregung zu versetzen.«

Es blieben indessen den weit in den Zwanzigern stehenden Repräsentanten der Moderne nur wenige Jahre – alles in allem nicht mehr als ein Jahrfünft –, um sich künstlerisch zu artikulieren und den erregten Protest der am Hergebrachten festhaltenden Öffentlichkeit auf sich zu ziehen. Als das Ende des Jahrhunderts nahte, waren sie im Regelfall längst über die Dreißig hinaus und gehörten schon nicht mehr zum jüngsten Deutschland; so suchten sie den Absprung aus dem gesellschaftskritisch engagierten literarischen Naturalismus, um nicht schon zu Lebzeiten zum alten Eisen zu zählen. Heinrich Mann hat in dem bedeutenden Essay »Kaiserreich und Republik« den literaturgeschichtlichen Wandel charakterisiert: »Gute Wallungen gehen vorbei mit der abnehmenden Jugend;

und diese sozialen Dichter schwenkten ab, gleichwie ihr Altersgenosse, der Kaiser, als ›die Kompottschüssel voll‹ war, seine kurze Hinneigung zu den Enterbten vergaß. Was noch folgte, war die Vollendung einzelner«. Bei dieser Wende besannen sich die meisten auf die ihrem literarischen Durchbruch vorauffliegenden, aber immer noch weiter wirksamen kulturellen Muster der Gründerzeit, das tief eingewurzelte Kulturerlebnis der Kindheit und frühen Jugend, ohne die Erfahrungen zu leugnen, die sie als Vertreter einer progressiven Moderne gemacht hatten, zumal ihnen das vermeintlich revolutionäre Etikett des Naturalismus weiterhin anhaftete und der gesellschaftliche Makel einer dem Umsturz der bestehenden Ordnung zuneigenden Gesinnung lange erhalten blieb.

Die Presse der in der Sozialdemokratischen Partei organisierten Arbeiterschaft bemerkte mit Verwunderung, wie die politisch schwankende bürgerliche Literaturintelligenz die Sympathien für das Proletariat als jugendliche Illusionen fahren ließ und sich anders orientierte; gerade die lautesten Wortführer von einst werden zu Renegaten und erblicken in ihrer Ernüchterung die einzige Rolle der Partei nun darin, »den höheren Teil der Arbeiterklasse in kleinbürgerliche Lebensbedingungen zu versetzen«, wie Paul Ernst in seiner programmatischen Aufsatzsammlung »Der Weg zur Form« rückblickend formulierte.

Auch Gerhart Hauptmann unterlag der Wandlung, obschon sie sich bei ihm weniger im Politischen als im Ästhetischen artikulierte. Der Autor der »Weber« von 1892 wurde zum Dichter der »Versunkenen Glocke« von 1896, nachdem sich seiner Traumdichtung »Hannele«, die noch in die realistische Milieudarstellung eines Armenhauses eingebettet ist und ziemlich genau die Hälfte des Weges markiert, schon 1893 das Königliche Hoftheater vorübergehend geöffnet hatte, wobei die Intendanz bald dem heftigen Widerstand der tragenden Besucherschichten unterlag, denen das Stück wegen seines starken sozialen Mitleidsethos als sozialdemokratisches Machwerk galt. Das »deutsche Märchendrama« der »Versunkenen Glocke« wurde sein bisher größter Theatererfolg, der dem Autor von radikal linker Seite ebenso bestritten wurde, wie man mit mehr praktischem Erfolg von rechter Seite die Darstellung der »Weber« auf den öffentlichen Bühnen erheblich zu verzögern gewußt hatte.

Nach dem sozialen Drama erobert sich die Traum- und Märchendichtung als literarische Strömung das Theater. Das Märchenstück hatte nicht nur in Gestalt alljährlich zur Weihnachtszeit wiederkehrender Kindervorstellungen die Zeiten überlebt und mit Engelbert Humperdincks Opernerfolg »Hänsel und Gretel« 1894 nächst den »Webern« im Vordergrund der Berliner Theatersaison gestanden; auch das Märchendrama für Erwachsene war während der höchsten Blüte naturalistischer Wirklichkeitskunst niemals tot gewesen. Als Protagonist dieser Gattung galt der neben Sudermann und Hauptmann zu den drei Säulen des modernen Dramas gezählte Ludwig Fulda. Zwar hatte auch er mit sozialen Dramen wie »Das verlorene Paradies« sich dem Naturalismus angeschlossen, indem er den Kampf zwischen Lohnarbeit und Kapital als bürgerlichen Familienkonflikt darstellte und als vielbeachtetes Requisit, dramatisierter Menzel gleichsam, eine Dampfmaschine ins Spiel brachte, die von den eine fünfzehnprozentige Lohnerhöhung fordernden Arbeitern zum Stillstand gebracht wird. Aber schon 1892 fanden die Verse seines Märchendramas »Der Talisman« den Beifall des Publikums. »Sollte man es für möglich halten! Das Märchen war doch verpönt und verboten. Es war ja ›Lüge‹. Es sollte ja nicht einmal mehr den Kindern aufgetischt werden. Und hier saß nun das ganze Theater voller Erwachsenen, die sich mit geradezu jauchzender Begeisterung ein Märchen vorspielen ließen.« So heißt es in Adalbert von Hansteins miterlebter Literaturgeschichte »Das Jüngste Deutschland«. Allerdings wurde dem Autor des in orientalisches Kolorit getauchten Stückes, welches nach einer Fabel gearbeitet ist, wie sie Andersens Märchen von »Des Kaisers neuen Kleidern« überliefert, von Wilhelm II. der Schiller-Preis verwehrt; der Kaiser fühlte sich im Märchenspiel angegriffen und erblickte darin nur die Fortsetzung der verhaßten naturalistischen Richtung mit anderen Mitteln.

Die realistische Darstellung ist nicht das einzige Medium gesellschaftsbezogener Dichtung. Auch mit Hilfe des Märchens ist Aufklärung über die soziale Wirklichkeit möglich; es ist sogar in der Lage, Dinge auszusprechen, die sich veristischer Wiedergabe entziehen, und den realen Verhältnissen vorauszueilen. Besseres Leben läßt sich oft nur träumen und utopisch vorwegnehmen. Allerdings vermag die Phantasie stets auch das Gegenteil: den Fluchtweg aus der Wirklichkeit zu bahnen statt kritisch auf sie einzuwirken. Festzuhalten ist, daß auch nicht-realistische Dichtung aus einem wahrgenommenen Spannungsverhältnis zur Umwelt herrührt, obwohl ihrer Darstellung kein unmittelbarer Abbildcharakter eignet. Der auf den bloßen Text eines symbolischen Werkes gerichtete Blick verführt leicht zu falschen Urteilen. Auf diese Weise lassen sich nicht wenige Autoren der Jahrhundertwende zu asozialen Gegenwartsverächtern abstempeln, die sie in Wahrheit niemals gewesen sind; auch diejenigen, denen eine realistische Schreibweise gänzlich fernlag, wußten, wie ihre Tagebücher und Briefe ausweisen, in der Regel über die Zeit, in der sie lebten, besser Bescheid als mancher ihrer nachgeborenen Kritiker.

Sieht man von den Nachzüglern des naturalistischen Dramas ab, so wie dessen Betrachtung vom gleichzeitigen Märchendrama absieht, so war gegen das Jahrhundertende der materialistisch-naturwissenschaftlich bestimmte Realismus einem mythologisierenden Idealismus gewichen, die Immanenz der Transzendenz, das soziale Drama dem lyrischen und die Prosa dem Vers auf der Bühne. Nach Zola, Ibsen und Tolstoi war nun Maeterlinck der Dichter der Stunde. Seine Stücke, beginnend 1889 mit »La Princesse Maleine« nach der Vorlage eines Grimmschen Märchens, werden jetzt zu Vorbildern des deutschsprachigen Dramas, auch Hauptmanns. In der Tagebuchaufzeichnung vom 12. März 1897 wendet er sich gegen die naturalistischen Versuche rationaler Daseinserfassung im Medium der Dichtung, wie diese im Experimentalroman Zolas als Ansätze einer Poesie des wissenschaftlichen Zeitalters vorliegen. Obwohl Hauptmann den nachhaltigen Einfluß des französischen Romanciers auf die eigenen schriftstellerischen Anfänge bezeugt hat, urteilt er gleichsam im Übereifer des Neubekehrten dessen Methode jetzt als »Scharlatanshumbug« ab und erhebt gegen sie den Vorwurf der »geborgten Wissenschaftslappen«.Bei spezifisch standortgebundenen Betrachtern pflegt eine solche Abkehr von der realistischen Schreibweise und der gesellschaftskritischen Funktion der Dichtung als ihrer wichtigsten Aufgabe auf entschiedenen Widerstand zu stoßen. In dem Titelaufsatz seiner Essaysammlung »Die Überwindung des Naturalismus« hat Hermann Bahr bereits 1891 den Tenor der künftigen Kritik vorweggenommen: »Auf den ersten Blick scheint das schlechtweg Reaktion: Rückkehr zum Klassizismus, den wir so böse verlästert, und zur Romantik.« Und den Naturalismus selbst, der von seiner »Überwindung« her gesehen nur als literaturgeschichtliche Episode erscheint, kennzeichnet Bahr mit dem nachdenkenswerten Satz: »Man kann den Naturalismus als eine Besinnung des Idealismus auf die verlorenen Mittel betrachten.« Danach wäre der Übergang vom sozialen zum lyrischen Drama kein Bruch, sondern nur die organische Weiterentwicklung einer in den naturalistischen Texten selbst angelegten idealistischen Grundstimmung. Ganz ähnlich stellte sich auch Hauptmann der Wandel dar, als er aus der Rückschau auf seine literarischen Anfänge am 6. März 1897 notierte: »Unsere Bewegung fing sich gesund an, aber sie hat eine Tendenz zur Breite gehabt. Sie muß die Tendenz zur Höhe bekommen.«

Als in Berlin das Märchendrama aufgekommen war und seine in der Schule veristischer Gesellschaftskritik großgewordenen Autoren ihre Zuflucht von der Außenwelt in die Innenwelt, von der Wissenschaft in die Phantasie, von der schon immer als quälend empfundenen Wirklichkeit in den Traum genommen hatten, setzte sich auch das Junge Wien im literarischen Leben durch, nachdem es sich mit dem norddeutsch-protestantischen Naturalismus nie so recht hatte befreunden können, wenngleich diesem aus der Tradition des österreichischen Volkstheaters im Werk Ludwig Anzengrubers eines seiner wenigen deutschsprachigen Vorbilder erwachsen war. Neben den Dramen von Arthur Schnitzler, der im selben Jahr geboren ist wie Fulda und Hauptmann, steht das Frühwerk Hugo von Hofmannsthals. Es ist zum großen Teil zur gleichen Zeit wie die dramatischen Hauptwerke des Naturalismus entstanden. Bald sollten die österreichischen mit den deutschen Autoren unter dem weiten Dach des Berliner Verlages von Samuel Fischer koexistieren. Berlin hatte nach Einführung der Gewerbefreiheit für das künstlerische Schaugeschäft im Jahre 1869 eine Monopolstellung auf dem Gebiet des Schauspiels erlangt und allmählich Wien überflügelt. »Die reale Grundlage dieses Sieges ist in dem Aufschwung der Berliner Theaterverhältnisse zu suchen. [...] Ohne die Fülle und die Verschiedenheit der Berliner Theater wäre darum alles Talent der modernen Schule, Ibsen mit einbegriffen, in die leere Luft verpufft worden«, bemerkte Karl Frenzel 1897 in der »Deutschen Rundschau«; er fährt fort: »Berlin hat sich in überraschender Schnelligkeit zu einer Theaterstadt entwickelt, die nur noch Paris nachsteht. Eine theatralische Neuigkeit verdrängt hier die andere; der Verbrauch von Theaterstücken und schauspielerischen Kräften ist ein außerordentlicher. Wir sind dicht an die Grenze der Überproduktion gelangt.« Die Entwicklung des S. Fischer-Verlages konnte von dieser Situation profitieren.

Das symbolische Märchendrama gelangte als theatralische Neuigkeit nicht-naturalistischer Art mit der Uraufführung der »Versunkenen Glocke« am 2. Dezember 1896 zum Durchbruch. Die Kritik kommentierte den Vorgang ausführlich. Sarkastisch und etwas zynisch meinte Maximilian Harden in seiner Wochenschrift »Die Zukunft« am 6. Februar 1897: »Mit den sogenannten sozialen Dramen ging es wirklich nicht mehr. Die paar Typen morscher Hinterhausmenschlichkeit waren bald verbraucht, die paar armen Konfliktchen aus der Kleinbürgerlichkeit bald vertrödelt, und die Ameisenkunstleistung des Weber-Melodramas war einstweilen nicht zu überbieten.« Das Publikum sei es leid geworden, »in allen Tonarten die neue Schmähweise von der scheusäligen Verworfenheit der Bourgeoisie zu hören«, denn: »Das durfte man sich nicht länger gefallen lassen, sonst kam eines Tages die bourgeoise Herrlichkeit um Ehre und Reputation«; und der konservative Kritiker triumphiert: »die eben noch als einziges Heil prahlend gepriesene comédierosse wurde unter dem Schleier der Nacht bestattet.« Ebensowenig aber gefiel ihm der neue Dramentyp, dem er erhebliche ästhetische Mängel und nur eine außerordentlich günstige Marktlage nachsagte.

Die theoretische Wochenschrift der deutschen Sozialdemokratie »Die Neue Zeit« tat sich erheblich schwerer als die »Zukunft«. Zwar stand für Franz Mehring ebenso wie für Maximilian Harden die totale Ablehnung des Hauptmannschen Märchendramas außer Zweifel; in seiner Uraufführungskritik in der Nummer vom 12. Dezember 1896 mokierte er sich über das positive Urteil der bürgerlich-liberalen Presse: »Somit soll die ›Versunkene Glocke‹ das Gegenstück zu den ›Webern‹ sein; vor dem Elend, das der Kapitalismus schafft, soll nun bei elbischen Wesen über- oder unterirdischer Art, beileibe nicht auf dieser Erde selbst Rettung sein«. Bedenklich stimmte Mehring allerdings die Rezeption, der »Bombenerfolg« des Stückes; er glaubte die Gefahr zu sehen, »daß sich in die Reihen des klassenbewußten Proletariats aus sehr achtungswertem Interesse für moderne Tendenzen in der Kunst eine Kunstsimpelei schleicht, deren entnervende Wirkungen den proletarischen Klassenkampf schwer schädigen müßten.« Mehring erlebte, wie die politischen Fraktionierungen innerhalb seiner Partei anläßlich der Theaterrezensionen des Hauptmannschen Märchendramas aufbrachen. Die Redaktion der »Neuen Zeit« hielt es für angebracht, »angesichts der Aufnahme, die das neueste Werk dieses unseres begabtesten Dramatikers gefunden hat«, auf den Verriß Mehrings zehn Wochen später am 20. Februar 1897 eine weitere Besprechung folgen zu lassen. Sie stammt von Heinrich Ströbel, ist wesentlich umfangreicher und differenzierter und kommt einer Revision gleich. Hauptmann wird nicht nur geschont, sondern sogar gelobt: »wir begrüßen in der ›Versunkenen Glocke‹ eine an Schönheiten reiche, ihrer realistischen Färbung wegen interessante romantische Dichtung«; diese ist nach der Meinung Ströbels »eine momentane Befreiung des lyrischen Expansionsdranges des Dichters, der trotz dieser ›Überwindung‹ des Naturalismus den Naturalismus wie bisher weiter kultivieren wird.«

Während die Berliner Presse die »Versunkene Glocke«

uneinheitlich aufnahm, war das Echo aus Wien fast ausschließlich positiv. Das anti-naturalistisch eingestellte traditionsbewußtere junge Österreich fand sich in seiner Neigung zum literarischen Konservatismus bestätigt und mit der Moderne versöhnt. Ein Wiener Blatt wie »Die Zeit« brachte innerhalb weniger Monate allein drei Besprechungen des Hauptmannschen Dramas, darunter am 13. März 1897 eine dem Stück begeistert zustimmende von Hermann Bahr anläßlich der Aufführung am Burgtheater. Schon im Bericht über die Berliner Premiere hatte es am 12. Dezember 1896 geheißen: »Hauptmann hat mit diesem Werke eine Höhe erreicht, die seine älteren Arbeiten nicht einmal ahnen ließen.« Als Begründung der positiven Bewertung fungiert durchweg die Vorstellung, in dem Stück Hauptmanns liege ein den dichterischen Leistungen der deutschen Klassik und Romantik ebenbürtiges Drama vor. Stereotype Vergleiche in diesem Begründungszusammenhang sind der Hinweis auf Goethes »Faust« für den Glockengießer Heinrich und auf Fouqués »Undine« für Rautendelein. »Nun ist das Meisterwerk da«, schrieb Ernst von Wolzogen in der »Zeit« vom 2. Januar 1897. »Ich wage das mit vollem Bedacht zu sagen, und ich wage auch, ihm seinen Platz in der Literaturgeschichte unmittelbar hinter dem ersten Teil des ›Faust‹ anzuweisen.« Die enthusiastischen Auswüchse der Kritik, deren pathetische Lobeserhebungen in ihrer geringen intellektuellen Solidität nicht nur für die Rezeption Hauptmanns, sondern auch Goethes am Jahrhundertende charakteristisch sind, fanden den Widerspruch besonnener Rezensenten wie Heinrich Ströbel. Angesichts der hochgegriffenen literarischen Parallelen, die zur Legitimation des in der »Versunkenen Glocke« zum Ausdruck gebrachten Kulturbewußtseins gezogen wurden, konstatierte Ludwig Speidel nicht ohne Ironie die Existenz einer nach dem Vorbild der positivistischen Goethe-

Philologie bereits sich etablierenden »Hauptmann-Forschung«.

Bis 1900 erreichte die Auflagenhöhe der »Versunkenen Glocke« mit zweiundfünfzigtausend Exemplaren das Doppelte der »Weber«. Die beiden einander so entgegengesetzten Stücke hatten in gleicher Weise Publikumserwartungen getroffen; das Märchendrama vor allem wegen seiner jugendstilhaften Züge, wie sie Jost Hermand in seinem Aufsatz »Undinen-Zauber« herausgestellt hat. Das ästhetische Werturteil über das Drama ist heute nicht mehr kontrovers; dennoch bleibt es angesichts der in großer Fülle überlieferten Dokumente seiner Wirkung eines der rezeptionsgeschichtlich interessantesten Stücke der Jahrhundertwende, nicht nur was die Durchsetzung des symbolisch-lyrischen Dramas auf dem Theater betrifft, sondern auch für die Erkenntnis der Seelenlage des Bürgertums. Anatoli Lunatscharski, der erste sowjetische Volkskommissar für das Bildungswesen, nannte noch 1922 in einem Gedenkaufsatz zu Hauptmanns sechzigstem Geburtstag das Stück eine »der Perlen symbolischer Theaterschöpfungen«. Er beschreibt die Wirkung Hauptmanns in Rußland: »Die Generation, der es beschieden war, die russische Revolution teils mitzuerleben, teils selbst mitzuschaffen, lauschte aufmerksam auf jeden leisen Windstoß, der irgendwelche Regung in dem furchtbaren Sumpfe der achtziger und neunziger Jahre anzudeuten schien.« Er sagt der »Versunkenen Glocke« nach, ihr Autor habe sich darin »sehr hoch in der Richtung« erhoben, »nach der die Seele der fortschrittlichen russischen Jugend drängte.«

Zwei Monate nach der Aufführung seines deutschen Märchendramas in Berlin hatte Hauptmann in Begleitung Margarete Marschalks das Land zu einer Reise in den Süden verlassen, die fünf Monate dauern sollte; anläßlich seines letzten Dramas sprach man bereits in der

Öffentlichkeit über seine Ehekrise. Informierte Kreise flüsterten sich zu, die Hauptfigur des Stückes als Mann zwischen zwei Frauen sei der Dichter selbst.

Die Sonne Italiens lächelte Hauptmann nicht ungetrübt; wiewohl vor dem norddeutschen Winter in ein besseres Klima geflohen, war er seinen persönlichen Schwierigkeiten um nichts entgangen. Er hatte sie mit auf die Reise genommen. Der Mißerfolg des »Florian Geyer« steckte ihm noch als Schock in den Gliedern; jede negative Kritik der »Versunkenen Glocke« beunruhigte ihn, ganz verunglückt war die Pariser Aufführung. »Einige Tage tiefster innerlicher Depression und endloser Debatten, hervorgerufen durch die Pariser Nachrichten über die ›Cloche engloutie‹. Eine schier unbegreifliche Mutlosigkeit und Verzweiflung ist über H.«, hielt die Freundin in ihrem Notizbuch fest. Der literarische Ruhm, in der Hektik eines als barbarisch empfundenen kommerziellen Theaterbetriebs in relativ kurzer Zeit erworben, hatte etwas Nervenzehrendes; die seelische und körperliche Kraft drohte zu ermatten. Hauptmanns Gesundheitszustand war schlecht, ja bedenklich.

Zu der labilen seelisch-körperlichen Verfassung trat eine tief eingewurzelte Neigung, zu schwanken und zu zaudern. So zog sich die Ehekrise in die Länge und trieb von einem dramatischen Höhepunkt auf den andern, ehe die Scheidung nach über zehn Jahren einen Schlußstrich setzte. Man hing aneinander und blieb sich trotz aller Auseinandersetzungen weiter zugetan. Marie Hauptmann setzte immer wieder alle Kraft ihrer Persönlichkeit ein, den Mann an sich zu binden. 1894 war sie mit den Kindern nach Amerika zu einem Jugendfreund ihres Mannes, Alfred Ploetz, gereist; Hals über Kopf war Hauptmann ihr gefolgt; für eine Zeitlang hatte man sich wieder zusammengefunden. 1897 reiste umgekehrt Marie Hauptmann dem Gatten nach Italien nach, ohne daß man sich traf. Unter ihren Plänen, den Mann zurückzugewinnen, gab es das Projekt einer Übersiedelung in die Schweiz. Das kaiserliche Deutschland war ihr nicht recht geheuer und Berlin ihr verhaßt; hier wohnte Margarete Marschalk und hier traf sich ihr Mann mit der Geliebten. In einem Brief an Gerhart vom 16. April 1897 argumentierte sie, in der Schweiz würden sich die Söhne besser erziehen lassen: »Je mehr ich Einblick in die Lehrmethode unsrer Gymnasien gewinne, je mehr verhaßt wird sie mir.« Und des weiteren: »Für den Kaiser erziehe ich unsere Jungens nicht groß, damit sie eines schönen Tages in der besten Blüte tot oder zu Krüppeln geschossen werden.« Auf dem Rückweg aus Italien war sie in der Schweiz mit August Bebel zusammengetroffen; man kannte sich über dessen Schwiegersohn, den Arzt Ferdinand Simon, einen guten Freund Gerharts aus Breslauer, Jenaer und Berliner Studententagen. In ihrem Brief an den Gatten in Italien heißt es: »In Zürich war ich drei Tage, Herr Bebel war auch gerade da. Wir fuhren gemeinsam nach Küsnacht, um dort das neu erbaute Haus von Herrn Bebel in Augenschein zu nehmen. Es hat eine herrliche Lage, dicht am See, ist ein altdeutscher massiver Bau, aus dem besten Material erbaut, mit Eckveranda und weithin leuchtendem rotem Dach. Zwei Etagen sind zu vermieten; der Preis ist noch nicht genau fixiert, ungefähr 1 500 francs, vielleicht auch etwas mehr. Das Haus macht einen urbehaglichen, allen Stürmen trotzenden Eindruck, es ist geräumig und Luft und Licht können durch weite Öffnungen herein. Mein alter Plan: die Jungens in der Schweiz erziehen zu lassen, ist zu neuem Leben erweckt.« Es wurde aber nichts aus diesem Plan; Marie Hauptmann verspricht am 23. April 1897 brieflich, »nichts Sicheres wegen Zürich abzuschließen, bis Du das ›rote Haus‹ in Küsnacht gesehen. Jede Wohnung besitzt fünf Zimmer, aber große, geräumige und die nötigen Wirtschaftsräume, auch schönes Badezimmer.« August Bebel verkaufte 1904 für 118 000 Franken die Villa Julie an seinen Schwiegersohn.

Es fällt auf, wie wenig Hauptmann im Tagebuch seiner Reise in Italien von den bedrückenden Ehewirren und dem beglückenden Liebesverhältnis dieser Zeit spricht. Von einigen wenigen Einsprengseln abgesehen, hat er nahezu ausschließlich dem der Kultur zugewandten Teil seines Bewußtseins Raum gegeben. Von Margarete Marschalk ist erstaunlich selten die Rede; dafür umso mehr von Literatur und Kunst. Die Aufzeichnungen sind ein ästhetischer, kein moralischer Rechenschaftsbericht wie das spätere »Buch der Leidenschaft«. Sie stellen Hauptmanns Rückzug auf sich selbst dar und sind insofern, wie er am 25. Januar 1897 notiert, der »Vogel-Strauß-Politik« vergleichbar, die »nicht immer so lächerlich und so ganz vom Übel« ist. »Ich erfahre es oft in den Kämpfen meiner Seele, wo ich mir den Frieden dadurch zuweilen herbeiführen muß, daß ich den Kopf in den Sand stecke.«

Der Weg nach innen hat insbesondere zu einer parareligiösen Frömmigkeitshaltung geführt. Der Autonomieanspruch des Dichters und Künstlers erfährt eine mythisierende Steigerung; er empfindet sich als »Werkzeug der Offenbarung« und glaubt, während des Schaffensprozesses etwas »von persönlichem Umgang mit Gott« wahrzunehmen; in den Aufzeichnungen vom 25. Januar 1897 schreibt Hauptmann weiter: »Es ist heute eine stille, freudige Gewißheit in mir: es spricht: Du hast noch Großes zu sagen, das dir ein Größerer aufgetragen.« Vergleicht man Hauptmanns Journal mit Rilkes fast gleichzeitigem »Florenzer Tagebuch«, so ist über alle Unterschiede hinweg der gemeinsame Ton unverkennbar. Rilke: »Mir ist, als müßte ich reden, jetzt im Augenblicke der Kraft und Klarheit, da mehr aus mir spricht denn ich selbst.« Der Tenor der Weltfrömmigkeit, der bei den Reisenden im Erlebnis der italienischen Kunst- und Architekturdenkmäler, vor allem der Renaissance, seine Nahrung findet, scheint wie eine ansteckende Krankheit verbreitet. »Nachmittag bete ich im Bildersaale, und die Madonnen sind so hell und hold«, heißt es in »Renaissance I« überschriebenen Versen Rilkes aus Florenz vom 18. April 1898. Nach dem Transzendenzverlust infolge des wissenschaftlichen Weltbildes und nach der Auflösung herkömmlicher christlicher Bindungen blieben die religiösen Bedürfnisse weiter bestehen und wurden auf die Kunst verlagert, so daß diese nunmehr als Religionsersatz fungiert. Niemals ist mit solch einer Inbrunst so viel über Kunst und Künstler reflektiert worden. Entgegen aller Wirklichkeit sollte dem Leben nahezu um jeden Preis die Dimension der Feierlichkeit und Festlichkeit eignen. Etwas Verkrampftes liegt oft über diesen sehr angestrengten subjektiven Versuchen zur Transzendenz. Die Sensibilität des Schreibenden hüllt sich in das Purpurgewand pathetischer Stilisierung und schickt sich an, in einer Gattung wie dem Tagebuch Privatheit und Vertraulichkeit durch Repräsentanz und Monumentalität zu ersetzen. Was Hauptmann betrifft, so verlor sich die Überreiztheit des Willens zum Überweltlichen wieder; es war sein Gewinn, durch die Schule des Naturalismus und dessen Tendenzen einer Verwissenschaftlichung der Poesie gegangen zu sein, ein Vorteil, den die jüngeren Autoren nicht hatten. Um die Jahrhundertwende zählte nicht mehr die Gesellschaftlichkeit des Menschen in der modernen Dichtung, sondern seine Individualität, nicht das Schicksal sozialer Gruppen, sondern des einzelnen: religio statt liberatio, wie man diesen Wandel auf eine einprägsame Formel gebracht hat, die aber vergessen läßt, daß der Frömmigkeitsgestus der Literaturintelligenz, auch wenn er nicht ohne Vermittlung durch christliche Tradition denkbar ist, in der Regel nichts mit dem Amtskirchentum der herrschenden Konfessionen zu tun haben wollte, sondern sich häufig in intimer literarischer Feindschaft gegen sie stellte und zur Opposition gegen die traditionelle Jenseitsorientierung aufrief. Um 1900 entfaltete die als Weltfrömmigkeit freischwebende Religiosität in ihrem Kampf gegen die Restriktionen der christlichen Sexualmoral und für eine gesellschaftliche Gleichstellung der Frau durchaus eine emanzipatorische Funktion. Der Neopaganismus der Zeit redete einer Heiligung des Leibes statt christlicher Verketzerung der Sinne das Wort, er war beseelt von einem leidenschaftlichen Freiheitsdrang und fest entschlossen, alte Fesseln abzuwerfen.

So war es nicht zuletzt die erotische Sinnenfreudigkeit des nicht-christlichen Orients, die Hauptmann während seiner Reise in Italien an die Lektüre von »Tausendundeiner Nacht« fesselte; in dem Romanfragment »Der Venezianer« heißt es darüber: »Das Buch der Tausendundeinen Nacht ist ein heiliges Buch. Man sollte seine geheiligten arabischen Schriftzeichen auf seidene Blätter schreiben, ein Donatello sollte einen goldelfenbeinernen Einband dazu machen, der den Schild des Achilles an Herrlichkeit überträfe, man sollte das Heiligtum auf einen goldelfenbeinernen Tisch legen und in die Cà d'Oro zu Venedig stellen. Und durch die Berührung mit diesem Buch sollten verrunzelte und verkrüppelte nazarenische Geister sich verjüngen, heilen und reinigen.« Insbesondere faszinierte Hauptmann die Geschichte von der schönen Wesirstochter Sitt el-Husn; zwar benutzte er während der Reise die ersten Bände der handlichen Reclam-Ausgabe in der Übersetzung von Max Henning, der die besonders sinnlichen Stellen fortgelassen hatte; doch Verse wie diese aus der einundzwanzigsten Nacht stellten noch immer ein zureichendes Identifikationsangebot dar:

Suche deine Geliebte auf und laß die Neider reden,
die der Liebe doch keine Hilfe gewähren.
Keinen schöneren Anblick hat der Barmherzige geschaffen,
als zwei Liebende auf einem Lager innig umstrickt.

So wurde während der Reiseaufenthalte ein orientalisierendes Märchendrama zum dichterischen Arbeitsvorhaben, worin der Autor in stilisierter Form das konkrete Kunst- und Lektüre-, Landschafts- und Liebeserlebnis auszudrücken beabsichtigte, sich selbst als Kalifen und die Geliebte als Sittulhassan fassend.

Neben dem Renaissancekult und mit ihm verflochten ist die Begeisterung für den Orient konstitutiv für den »Kulturmenschen« der Jahrhundertwende. Der Begriff des Orientalischen verflüchtigt sich bis hin zu einer allgemeinen, geschichts- und ortsunabhängigen Denkkategorie, die nur noch auf den Reiz des Exotischen zielt, auf ein wirklichkeitsenthobenes, ästhetisch gesteigertes Leben. »Es ist, als habe der Wind den Pollenstaub irgendeiner Fabelblüte des Orients hierher übers Meer geweht und so in den Schlamm der Lagunen diese blumige Stadt gesät«, notiert Hauptmann am 4. Februar 1897 in Venedig, wobei seine Aussage sich partiell mit Eigentümlichkeiten der venezianischen Architektur deckt, obwohl die jugendstilhafte Sehweise, um die vor allem es sich hier handelt, weit über den historischen Befund hinausgeht. Die Kunstgesinnung des Jugendstils triumphiert, wenn am 16. März 1897 in Peter Vischers Sebaldusgrab und Goethes »Faust« von Hauptmann »dasselbe tropische Wachstum von Formen und Gebilden, dieselbe orientalische Fülle und Üppigkeit« und »viel Asiatisch-Weiches« entdeckt werden. Einem von den Wahrnehmungsformen des Jugendstils beeinflußten Betrachter galt damals sehr vieles als »orientalisch«. Thomas Mann schrieb am 8. November 1896 aus Neapel an Otto Grautoff: »Die orientalische Note klingt hier vernehmlich mit«. Insbesondere der Titel der Märchensammlung von »Tausendundeiner Nacht« wird zu einem neuen Topos: »Alle glühende Farbenpracht, alle Flucht ins Fremde und Abenteuerliche, aller schmeichelnde Trug der Sinne, alle süße, sehnsüchtige Märchenmelodie preßt sich für uns in diese Worte zusammen«, heißt es in Ludwig Fuldas Einleitung zu deren von ihm besorgter Prachtausgabe. Heinrich Mann hielt am 26. Januar 1895 über seinen ersten Eindruck von Rom fest: »Der Zauber des Neuen, Unbekannten ist hier dermaßen gesteigert, daß ich mir vorkomme wie die arabischen Seefahrer in ›Tausendundeiner Nacht‹, die in eine geheimnisvolle ausgestorbene Stadt eintreten«.

Der junge Hofmannsthal beabsichtigte 1894/95, eine Geschichte aus »Tausendundeiner Nacht« einer eigenen Terzinendichtung als Stoff zugrunde zu legen. Er verwarf diesen Plan, der nur in einer Reihe von Werknotizen belegt ist. Das dichterisch vollendete Zeugnis seiner Beschäftigung mit den Lockungen und Drohungen des Orients ist das frei erfundene »Märchen der 672. Nacht«, die »Geschichte des Kaufmannssohnes und seiner vier Diener«. Hofmannsthals Vorrede zur Ausgabe des Insel-Verlages von »Tausendundeiner Nacht« widerspiegelt aus der Rückschau die Eindrücklichkeit des individuellen Rezeptionsprozesses in Kindheit, Jugend und Mannesalter: »Wir hatten dieses Buch in Händen, da wir Knaben waren; und da wir zwanzig waren und meinten, weit zu sein von der Kinderzeit, nahmen wir es wieder in die Hand, und wieder hielt es uns [...] wie glichen wir diesen weit von der Heimat verirrten Prinzen, diesen Kaufmannssöhnen, deren Vater gestorben ist und die sich den Verführungen des Lebens preisgeben, wie meinten wir ihnen zu gleichen.« Und von der Wirkung der Märchensammlung auf den Erwachsenen heißt es: »je länger wir lesen, desto schöner geben wir dieser Welt uns hin, verlieren uns im Medium der unfaßlichsten naivsten Poesie und besitzen uns erst recht«. Schon der junge Hofmannsthal hatte im orientalisierenden »Märchen der 672. Nacht« viel von sich selbst gesagt. Seine herbe Kritik, die in dem häßlichen Sterben des Kaufmannssohnes symbolisiert ist, zielt nicht nur auf die Überwindung des eigenen, sondern des Ästhetismus der Zeit. Die Flucht in die Schönheit wird als ausweglose Sackgasse dekouvriert; mit dem häßlichen Tod wird das schöne Leben in Frage gestellt. Das Ende relativiert den Anfang der Erzählung. Sie beginnt mit einer jugendstilhaften Schilderung erlesener kunstgewerblicher Gegenstände, die der reiche Kaufmannssohn als Schmuck in seiner Wohnung versammelt hat: »Allmählich wurde er sehend dafür, wie alle Formen und Farben der Welt in seinen Geräten lebten. Er erkannte in den Ornamenten, die sich verschlingen, ein verzaubertes Bild der verschlungenen Wunder der Welt. Er fand die Formen der Tiere und die Formen der Blumen [...] Er war für lange Zeit trunken von dieser großen, tiefsinnigen Schönheit, die ihm gehörte«. Doch davon bleibt dem reichen Jüngling am Ende nichts zurück; er stirbt mit einem tiefen Haß auf die Schönheitswelt, der er sein Leben verschrieben hatte. Hier findet in demselben Augenblick, da der Ästhetismus um 1900 sich Deutschland erobert, seine Todeserklärung statt. Die Kritik Hofmannsthals konnte kaum schärfer ausfallen.

In der Wahrnehmung Hauptmanns durchdringen die Eindrücke der mediterranen Landschaft und der orientalischen Märchenwelt von »Tausendundeiner Nacht« einander. »Eine Umgebung, die besser zu dieser Wunderwelt paßt, ist nicht zu ersinnen«, notierte er am 28. März 1897 in Sorrent anläßlich der Lektüre der Geschichte von Aladin und seiner Wunderlampe. Eine Regieanweisung im achten Fragment von »Sittulhassan« leiht der orientalischen Phantasielandschaft konkrete italienische Züge: »Hügel und Berghänge, mit Villen geschmückt, von Gärten überzogen, Himmel und Landschaft von paradiesischer Schönheit«. Die Erinnerung an die venezianische Gräberinsel S. Michele und an den Markusdom sowie der starke Eindruck der Medici-Gräber in Florenz inspirieren beim dichterischen Vorhaben des Tausendundeine-Nacht-Dramas zu einer varianten Reihe von Dialogentwürfen, darin der Kalif seinem Baumeister den Auftrag zu einer Grabkapelle erteilt. »Spare mir ganz besonders das Gold in der Kuppel nicht. Weich sei die Kuppel von außen anzuschauen, schwellend und lebendig wie eine Frucht. Alles sei Wachstum in deinem Bau; nirgend ein Richtmaß zu spüren [...] Gleich einem duftigen Weihrauch quelle dein Werk in den klaren, göttlichen Raum.« Diese Architekturbeschreibung stellt ein Musterbeispiel für die einen allumfassenden Lebensbegriff umkreisende Kunstgesinnung des Jugendstils dar, für seine emphatische Hinwendung zur vegetativen Natur als dem konkreten Vorbild künstlerischer Gestaltung, darin asymmetrisch aufquellende, gleichsam flammende Formen vorherrschen und das pflanzliche Wachstum als Sinnlichkeit empfunden wird, die über die Ordnung des Intellekts triumphiert. Hauptmanns Wahrnehmungsformen während der Italienreise 1897 stehen in einem engen zeitgenössischen Kulturzusammenhang. Die exotische Welt von »Tausendundeiner Nacht« sieht er in der italienischen Landschaft gespiegelt und diese in jener.

Die Farben, mit denen die deutschen Dichter um 1900 ihr italienisches Landschaftserlebnis malen, sind vielfach dem seelischen Gehalt der Böcklinschen Malerei nachempfunden. Es ist, als ob eine der Fassungen von Böcklins Toteninsel als dunkle Wolke über dem Italienerlebnis Hauptmanns schwebte und ihn immer wieder zur Kunstbetrachtung gerade von Grabdenkmälern herausforderte.

Die dunkle Zypresse als Baum des Todes und die lautlose Stille des Wassers, die jeweils vertikal und horizontal dominierenden Elemente der Böcklinschen Toteninsel, bestimmen, aller Schönheitstrunkenheit und dem angenommenen venezianischen Goldton entgegen, das fingierte Architektur- und Landschaftsgebilde eines Grabdenkmals in »Sittulhassan«. Der Baumeister verspricht dem Kalifen: »Ich will die Bäche in weißem Marmor fassen, damit sie lautlos auf blanker Fläche gleiten. Wir wollen den ganzen Zypressenhain in eine Mauer von schwarzem Marmor schließen.« Nachdem er lange Zeit nur bei wenigen Eingeweihten Geltung besessen hatte, war Böcklin um die Jahrhundertwende bekannt wie kaum ein anderer Künstler seiner Zeit. Reproduktionen seiner Bilder befanden sich in fast jedem kulturbewußten deutschen Bürgerhaushalt. Böcklin, der ungeachtet seiner Schweizer Nationalität dem Geist oder auch Ungeist der deutschen Reichsgründungszeit und ihrer Malerei verpflichtet ist und auf eine vermeintliche physiognomische Ähnlichkeit mit Bismarck stolz gewesen sein soll, wird erst als Greis modern, auch bei der Jugend; ein Beispiel für die rückwärtsgewandten Tendenzen in Kunst und Literatur des Jahrhundertendes. Hugo von Hofmannsthals Verse »Zu einer Totenfeier für Arnold Böcklin« werden bezeichnenderweise von einem Jüngling gesprochen; »venezianisch gekleidet, ganz in Schwarz«, legt er als Symbolfigur der jungen Generation ein Bekenntnis zu der epochalen Wirkung Böcklins ab, der als dieser Jugend Seele »so geliebter Freund« empfunden wird.

In Hofmannsthals Bruchstück von 1892 »Der Tod des Tizian«, einem Preislied auf die Blüte der venezianischen Renaissance-Malerei, glaubt man ebenso Themen Böcklins wie Tizians zu erkennen. Das kleine lyrische Dramenfragment, in dem Tizian selbst nicht auftritt, vielmehr die Schüler seinem Tode entgegenwarten, ist allerdings von dem melancholischen Bewußtsein der geschichtlichen Unwiederbringlichkeit der Renaissance-Kultur getragen; ihre Epigonen werden der Passivität geziehen: »Und unsre Gegenwart ist trüb und leer, kommt uns die Weihe nicht von außen her!« Es war das beständige Trauma der historischen Kunstübung um 1900, sowohl die eigene Gegenwart zu verfehlen als auch die großen Vorbilder der Vergangenheit nicht zu erreichen. Der Hauch der Vergeblichkeit atmet in Kunstübung und -denken des Jahrhundertendes; dessen ästhetischen Hervorbringungen eignet sehr häufig das Widersprüchliche, das Uneinheitliche, das Zusammengesetzte. Vor die künstlerische Produktion schiebt sich die ästhetische Reflexion, die grüblerische, oft selbstquälerische Züge hat, und drückt dieser ihren Stempel auf. Je weniger erreichbar, desto größer die Sehnsucht nach Schönheit und Einfachheit. Die künstlerische Subjektivität ist in der Krise und erhebt sie zum häufigsten Objekt ihrer Gestaltung.

Scharen von Dichtern und Künstlern brechen über die Alpen auf, um sich dem Studium der Renaissance zu widmen, in der Hoffnung, es möchten die exotischen Bäume der Vergangenheit noch einmal grünen. Viele lassen sich in Florenz nieder. »Die meisten begnügen sich, wie überall, nachzustammeln, frei oder unfrei zu kopieren [...] auf Jahre hinaus werden die Kopierplätze vergeben«, bei Raffaels Madonna della sedia im Palazzo Pitti »muß heute einer volle zwölf Jahre warten, um an die Reihe zu kommen«, weiß Julius Meier-Graefe in der »Zukunft« vom 20. Februar 1897 aus Florenz zu berichten. Hier leben und schaffen damals auch zwei ganz »eigene Künstler«, außer Adolf Hildebrand der siebzigjährige Böcklin, »dessen Anwesenheit am hiesigen Ort den Reizen von Florenz noch eine ganz seltene und tiefe Note hinzufügt.«

In einer Zeit, in der die Renaissance-Begeisterung herrschende intellektuelle Mode war, erfährt auch die jahrhundertealte deutsche Tradition der Italien-Reisen neuen Auftrieb. Nach den Pilgerzügen des Mittelalters und den Kavalierstouren des Adels in der Neuzeit, nach den von Winckelmann initiierten neoklassizistischen Kunstreisen, die im Zeichen des gesellschaftlich aufstrebenden Bürgertums stehen und in Goethes sehnsuchtsgeborener Aneignung Arkadiens als der geistigen Landschaft universeller Persönlichkeitsbildung ihren an Folgen so reichen Höhepunkt finden, nach den Reisen der Wissenschaftler seit der Mitte des 19. Jahrhunderts geschieht nun der Aufbruch in den Süden, wie seit eh und je einer der fruchtbarsten Umwege der Deutschen zu sich selbst, im Geist des Fin de siècle. Dem reisenden Bildungsbürgertum kommen die modernen Verkehrsmöglichkeiten zugute. Die Eisenbahnverbindungen haben zur Folge, daß man nicht mehr so lange bleibt wie Goethe, dessen Vorbildwirkung allen Veränderungen zum Trotz an Intensität nicht nachläßt. Man reist zwar für kürzere Zeit, dafür aber öfter. Mit den Beschwerlichkeiten haben sich allerdings auch Ruhe und Beschaulichkeit des Reisens verloren und dem hektischen Tempo des Industriezeitalters Platz gemacht. Hauptmann fährt immer wieder nach Italien; insgesamt hat er rund zehn Jahre seines Lebens hier verbracht; der Aufenthalt 1897 ist seine dritte Italienreise, der 1898 bereits die vierte folgt; in eben diesen Jahren fanden sie alle den Weg über die Alpen, die in der Geschiche der deutschen Literatur um die Jahrhundertwende Rang und Namen haben: Die Brüder Heinrich und Thomas Mann hielten sich 1895 und 1896 bis 1898 in Italien auf, 1898 besuchten Stefan George Rom, Hugo von Hofmannsthal Venedig und Rainer Maria Rilke Florenz. Bei allen hat das Erlebnis des Landes und der Geschichte seiner Kunst bald mehr, bald weniger kräftige Spuren, sei es im dichterischen Werk, sei es in Tagebüchern und Briefen, hinterlassen.

Auch Hauptmann teilte die geistigen Erwartungshaltungen der Italien-Reisenden der neunziger Jahre. Dies zeigt insbesondere seine Vision Venedigs als exotischen Märchentraums aus »Tausendundeiner Nacht«. In den seit Byron tönenden Chor der Klage über den Verfall venezianischer Schönheitsgröße hat er indessen nicht eingestimmt; die Lust am Untergang, wie sie Thomas Mann den Dichter Gustav Aschenbach im »Tod in Venedig« genießen läßt, hat er nicht besonders kultiviert. Die Gondel als populärstes Symbol Venedigs beförderte bei ihm keinen Todestraum; er dachte bei diesem Fahrzeug an Aphrodite und wie der Ursprung der Wasserstadt der Geburt der Göttin aus dem Meer zu vergleichen wäre. Die lebens- und sinnenfrohe Kunst des Cinquecento faszinierte ihn so stark, daß sie ihm zum Sinnbild venezianischer Existenz überhaupt wurde. Paolo Veroneses Gastmahl bei Levi fesselte ihn nicht nur wegen seiner Christusdarstellung. Die bewegliche Monumentalität und der leicht verschwebende Silberton der dekorativen Malerei Veroneses, deren stolze Festlichkeit manchmal schon etwas überkultiviert erscheint, muteten Hauptmann ungemein modern an. So ist ihm in der Aufzeichnung vom 8. Februar 1897 die Gestalt des Gastgebers Levi »der Typ, wie jede Kultur ihn notwendig aufweist (wir würden ihn Fin de siècle nennen); nur daß er hier imponierend und groß bleibt: ein adliger Sproß, von Überkultur beinahe erstickt, von einem gelassenen Stolz bis ins Mark erfüllt und Leben und Tod gleich wenig beachtend.«

Obwohl Hauptmann sich des herrschenden Renaissanceenthusiasmus, der übrigens in vielem eine Repristination gründerzeitlicher Ideale darstellt, durchaus nicht enthielt, wie insbesondere die intensive Beschäftigung mit Michelangelo ausweist, so trat er doch in einem wichtigen Punkte in heftige Opposition zum Zeitgeist. In der

Frage des Helden. Die literarische Kritik hatte, einen zutreffenden Befund feststellend, den sie indessen als Defekt deutete, nur zu oft den gänzlichen Mangel an ungebrochenen starken Menschen in den Dramen des Autors bemängelt, zuletzt im »Florian Geyer« und der »Versunkenen Glocke«. Nirgendwo gab es da den Über- oder Herrenmenschen im Sinne eines vulgarisierten Nietzsche, nirgendwo eine freudige, siegesgewisse Kampfnatur, den gründerzeitlichen Heros, der über Leichen geht. Nicht immer im Besitz unangefochtenen Selbstbewußtseins, litt der Autor unter der Polemik mehr als anzunehmen gewesen wäre. Wie ein roter Faden durchziehen seine Aufzeichnungen über Heldentum das Tagebuch der italienischen Reise; die kompensatorische Funktion ist ihnen anzumerken. Die Stimmen der Rezensenten, die den Tat- und Kraftmenschen forderten, wenn möglich vom Typus des Cesare Borgia, gingen ihm nicht aus den Ohren. Wenig Trost hatte ihm offenbar die Anti-Kritik Moritz Heimanns gebracht, der den Autor 1896 im Februar-Heft von Samuel Fischers »Neuer deutscher Rundschau« verteidigt hatte: »Florian Geyer ist die Zertrümmerung des Renaissance-Ideals eines Helden, so wie Bismarck die letzte Verkörperung dieses Ideals ist. Das Heldische als das Verhältnis eines einzelnen Starken zu den vielen ist in der Umbildung begriffen. Nicht eine Renaissance der Renaissance beginnt in unseren Tagen, sondern die Auflösung und das Ende der Renaissance, *die bis jetzt gedauert hat.*«

Bei Autoren wie Hauptmann gibt es keinen Abfall von der Idee der bürgerlichen Humanität, wie sie im sozialen Massendrama als Forderung nach einer Gesellschaft der Barmherzigkeit und des Mitleids mit den Armen und Unterdrückten laut geworden war. Diese Position, die heutigen Kritikern oft als zu schwach erscheint, reichte im wilhelminischen Deutschland aus, eine Kluft zwischen

Dichter und Gesellschaft zu legen und das Bewußtsein einer Außenseiterstellung zu vermitteln. In einer unter dem Titel »Aus den Memoiren eines Edelmannes« 1907 publizierten Vorstufe zum autobiographischen »Buch der Leidenschaft« heißt es dazu: »Ich ging einen Weg, der im Sinne der Anschauung unserer Väter keiner war: denn was ist ein Mensch in den Augen eines feudalen Herrn, der sich in seiner Gesinnung ziemlich offen neben Enterbte und Unterdrückte stellt und sich mit Humanität und Idealen befaßt, statt nach Rang, Gold und Titel zu streben.«

Das von der ästhetischen Theorie des literarischen Naturalismus inbegriffene Postulat sozialer Funktion der Kunst erwies sich angesichts der Verweigerungsstrategie der herrschenden Schichten als nur teilweise erfüllbar; uneingeschränkte Rezeptionsbereitschaft existierte vor allem in den eigenen Reihen, die wenig zählten. Nach dem schnellen Ende des naturalistischen Literaturexperiments verschärft sich die Isolierung des schöpferischen Individuums, das sich mehr und mehr auf sich selbst zurückzieht und sich Problemen des eigenen Künstlertums zuwendet. Die symbolischen Dramen, die jetzt entstehen, sind alles andere als eine sanft in sich ruhende Märchenwelt, vielmehr sind sie Ausdruck der aufgezwungenen Gesellschaftsferne. Das subjektive Krisenbewußtsein hat seine Spuren nicht nur in der Literatur, sondern ebenso im praktischen Leben der Autoren hinterlassen. Hauptmann berichtet im »Buch der Leidenschaft« unter dem Datum des 26. Februar 1895, er habe vorübergehend erwogen, sich in Amerika niederzulassen; ihn reizte die Wahrnehmung gesellschaftlicher Aufgaben in einer Demokratie: »Im kaiserlichen und militaristischen Deutschland habe ich sie nicht. So glanzvoll es auch nach außen ist, so wenig kann dieser Glanz erwärmen, und besonders nach innen kann er einem schlichten, menschlich denkenden Manne nur Augenschmerzen verursachen. Warum soll ich lügen? Ich hasse diese eitle, dünkelhafte, herausfordernde, ganz und gar schwachköpfige, säbelrasselnde Militärdiktatur mit der Kotillonpracht ihrer Uniformen und Orden, die dem eigenen Staatsbürger täglich und stündlich, als wäre er eine wilde Bestie, mit dem aufgepflanzten Bajonette droht. Ich möchte immer diese finster gereizten Grimmböcke von Militärs fragen: Wer tut euch denn was? Man kann in Deutschland augenblicklich nur mittels eines wohlbegründeten philosophischen Gleichmuts Menschenwürde aufrechterhalten, da eben diese Menschenwürde in dem herrschenden System die seinen Bestand am meisten gefährdende Sache ist.«

Die Biographie Hauptmanns ist gekennzeichnet von einem auffallend hohen Maß an Ortsveränderungen durch Reisen, von Unruhe und Bewegung. Unterwegs sind Lesen und Schreiben weiterhin die Hauptbeschäftigung. Zeitungen sorgen für den Kontakt mit der politischen Wirklichkeit, so daß diese stets präsent bleibt. Auch während der Italienreise hat der Autor sich ihr zu stellen versucht, indem er die eben begonnene Arbeit an dem Märchenstück »Sittulhassan« zugunsten eines sozialen Dramas »Jesus von Nazareth« unterbrach. Entgegen der außerordentlichen Beliebtheit in der zeitgenössischen Literatur war es ein schwieriges Thema. Lange vor seinem dichterischen Durchbruch hatte Hauptmann diesen Stoff aufgegriffen, der ihn immer wieder bannte, bis er in dem Roman »Der Narr in Christo Emanuel Quint« abschließende Gestaltung fand. Als eine seiner zahlreichen Vorstufen entsteht am 9. März 1897 im Konzeptionszusammenhang des Sozialdramas »Jesus von Nazareth«, und zwar in Versen, die folgende Szene. Eine Gruppe schlesischer Weber, christliche Schwarmgeister zumeist, ist auf einer Volksversammlung in einem Dorfgasthaus mit einem sozialdemokratischen Agitator und seinen Anhängern konfrontiert. Diskussionsgegenstand soll die Forderung des Achtstundentages sein. Unter Rufen wie »Hoch lebe Bebel! Auer! Singer! Hoch!« verkündet der Redner: »Die Bourgeoisie ist abgelebt und tot, und die Parole heißt: Der Klassenkampf.« Ein linker Anarchist, ein »Bombenwerfer«, legt sich mit der Mehrheit an und bezeichnet die sozialdemokratischen Arbeiterführer als »die schlimmsten aller Bourgois«, ja als Ausbeuter, die im Reichstag »bei Sekt und Bier« säßen, und empfiehlt als politische Alternative die Gewalttat. Nachdem man den Terroristen aus dem Saal geworfen hat, verschafft der Dorfpastor sich Gehör, um der herrschenden Obrigkeit unter dem Gelächter der Menge das Wort zu reden; sein Kontrahent ist vor allem ein vom Geist besessener Weber, der in Zungen redet und statt des sozialistischen Zukunftsstaates die nahe Ankunft des Reiches Gottes predigt. Als der Tumult daraufhin wächst, greift der anwesende Gendarm ein und löst die Versammlung auf. Mit einem Hochruf auf die Internationale bricht die Szene ab. Mediterrane Landschaft und rauschhaftes Naturerlebnis, orientalische Phantasmagorie und Genuß persönlichen Liebesglückes, Märchen und Traum machen die Verhältnisse in Deutschland nicht vergessen; noch bei der Lektüre des zweiten Teils des »Faust« stellt sich die Erinnerung an den Sozialismus ein, dem Hauptmann nur nahestehen wollte, ohne sich zu ihm zu bekennen.

Die beiden gegensätzlichen Dramenpläne blieben Fragmente, die nicht nur vom Umfang her hinter dem Tagebuch der italienischen Reise zurückstehen. Dieses war fünf Monate lang die hauptsächliche schriftstellerische Arbeit; ein Akt der Selbstbesinnung und des Sammelns neuer Eindrücke und Ideen, daneben die Lektüre, deren viele Früchte notiert sind. Die Reisebibliothek war ebenso stattlich wie bunt. Nachdem der Elan der naturalistischen Literaturbewegung gebrochen war, setzte eine historische Vergangenheitsorientierung ein, wich die Nachahmung der Alltagssprache dem Studium der Kunstsprache der deutschen Klassik; das Lesen scheint das Leben zu ersetzen. Der Nachholbedarf des Autodidakten steigerte seine Bildungsbeflissenheit, die jedoch auch dem Gewinn jenes »wohlbegründeten philosophischen Gleichmuts« diente, von dem Hauptmann meinte, daß er ohne ihn in Deutschland seine Menschenwürde nicht bewahren könne. So spiegelt das Leseverhalten den Rückzug des Individuums auf sich selbst; die Lektüre ist subjektbezogen und dann am fruchtbarsten, wenn ihr Identifikationsangebot realisiert wird. Sie ist überaus vielfältig, fast planlos; doch zu einem Autor kehrt Hauptmann immer wieder zurück, zu Goethe, und zwar nicht nur aus dem aktuellen Anlaß zu dessen obligater »Italienischer Reise«. Hauptmanns Zitate und Bemerkungen – die frühesten bisher publizierten – zeigen, daß er kritisch liest, zum Beispiel »Iphigenie« und »Tasso«, und daß jenes Altersgedicht »Entschuldige, Goethe«, darin dieser spießbürgerlicher Gesinnung geziehen und das Ideal einer im Genuß ihrer selbst und der Welt harmonisch sich rundenden Persönlichkeit angegriffen wird, nur eben diese distanzierte Seite seines Goetheverständnisses fast fünfzig Jahre später prononziert wiederholt. Von nachahmender Anverwandlung Goethes ist 1897 nichts zu spüren. Die Goethe-Nähe ist vielen Dichterpersönlichkeiten des 19. Jahrhunderts gemeinsam wie dem Kulturbewußtsein des Bürgertums insgesamt. Karl Kraus spottete am 30. Dezember 1911 in der »Fackel« über Hugo von Hofmannsthal, er habe »ein ganzes Goetheleben – Italienreise, Verpflegung mit inbegriffen – in relativ kurzer Zeit durchgemacht [...] Die große Menge hatte doch schon bei der Geburt des Herrn von Hofmannsthal gehofft, daß er einmal in den Schlafrock des alten Goethe hineinwachsen werde. Jetzt sollte er einmal dazuschauen. Die Allüren sind da [...] nur der dritte Teil des ›Faust‹ bleibt unvollendet.« Begründeter als Kraus an Hofmannsthal hat man an Thomas Manns »Lotte in Weimar« Kritik geübt, den bei aller Ironie wohl umfangreichsten Versuch literarischer Selbststilisierung nach Zügen Goethes. Daß der Goethe-Rezeption, wie sie im wilhelminischen Deutschland einsetzt, auch eine politische Funktion zukommt, hat Eberhard Lämmert in seinem Aufsatz »Der Dichterfürst« herausgearbeitet; durch die Berufung auf Goethe prägt sich ein Geschichtsbewußtsein aus, welches die eigene Zeit »als die historische Erfüllung eines kulturellen Vermächtnisses erleben läßt, zu dem die Dichter der deutschen Kunstepoche den Grund gelegt haben. Auf diesem Wege werden nicht nur hier und künftig poetische Verheißungen für die Mehrheit der bildungsbewußten Bürger zu einem Regulativ politischen Verhaltens; diese bürgerlichen Schichten setzen sich damit auch in den Stand, einen unveräußerlichen Erbbesitz vorzuweisen, den sie in dem Maße reklamieren können, in dem eine reelle Mitherrschaft durch Parteien und Parlament ihnen versagt bleibt.« Auch der literarische Erfolg vermochte nicht über die Außenseiterrolle des progressiven Schriftstellers im deutschen Kaiserreich hinwegzutäuschen. Das Gefühl gesellschaftlicher Isolierung blieb trotz aller Integration in den avantgardistischen Kulturbetrieb bestehen.

Hauptmanns Selbstaussagen während der Italienreise reflektieren den vollzogenen Versuch der Wende vom sozialen zum lyrischen Drama, von der naturalistischen Alltagsprosa zur traditionellen Verssprache, von realistischer zu symbolischer Formgestaltung sowie den neuen künstlerischen Standort, den Anschluß an die literarische Tradition. Die überindividuellen historischen Bezüge zu den geistigen Strömungen der Zeit treten im Tagebuch schärfer ans Licht als in den späteren Werken, zu denen es als Quelle herangezogen wurde. Durchaus zutreffend als

Konjektaneen bezeichnet, mag es sich nun um bloßen Reisebericht oder um Natur- und Landschaftsschilderungen, um Kunst- und Literaturbetrachtungen oder nur um Notizen und Exzerpte handeln, stellen die Aufzeichnungen trotz der unterschiedlichen Inhaltsqualitäten ein signifikantes Dokument der Zeitgenossenschaft ihres Autors dar, so daß es dem Herausgeber sinnvoll erschien, sie als Ganzes erstmals zu veröffentlichen.

REGISTER

Achill 158
Adelsberg 172
Aischylos 21, 136
–, Der gefesselte Prometheus 99
–, Das Totenopfer (Choephoren) 98, 176
Alexander III., Zar 161
Amalfi 107–111
Andersen, Hans Christian 193
Antoine, André 93, 96, 102, 175
Antonius, der heilige 130
Anzengruber, Ludwig 18, 195
Aristoteles 136f.
–, Poetik 180
–, Redekunst 180
Assisi 127
Auer, Ignaz 216

Bacharach 14
Baedeker, Karl 34, 165, 172, 179, 182
Bahr, Hermann 194, 198
Bandinelli, Baccio: Herkules und Cacus 51f., 168
Beardsley, Aubrey 170
Bebel, August 201f., 216
Beethoven, Ludwig van 90, 152
Behl, Carl Friedrich Wilhelm 155, 163
Bellagio 150
Berlin 11, 36, 38, 57, 84, 89, 159, 177, 187, 189, 195ff., 201
Berlin Ost 159, 169, 174, 176, 178, 180
Berlin West 155, 165, 170, 172, 175f.
Bismarck, Otto von 187, 189, 209, 213

Bizet, Georges 92
Björnson, Björnstjerne 93
Böcklin, Arnold 208ff.
Böhme, Jakob 117, 143
Böhtlingk, Arthur 55, 169
Bonino da Campione 49
Borchardt, R. 161
Borgia, Cesare 213
Brammer, Ursula Guenther 181
Brauneck, Manfred 173
Brenner 23
Breslau 201
Bruck an der Mur 16ff., 20, 183
Brüssel 179
Buckle, Henry Thomas 93
Bülow, Hans von 102
Bulthaupt, Heinrich 85, 173
Burckhard, Max 36, 165
Burckhardt, Jacob: Die Kultur der Renaissance 96, 176
Byron, Lord 21, 212

Cannobio 138, 180
Canova, Antonio 48
Capolago 132, 182
Capri 163
Cava dei Tirreni 111
Cellini, Benvenuto 51f.
–, Perseus 52, 168
Cicero 158
Cocumella s. Sorrent
Corinth, Lovis 171
Correggio, Antonio Allegri 167
Crema 182
Cremona 182

Dähnert, Oskar 178
Dal Zotto, Antonio 164
Danckelmann, Eberhard von 158

Dante 60
Dehmel, Richard 10, 173
Devrient-Reinhold, Babette 36
Diamond, Philip 161
Dichter, Michael 12
Dilthey, Wilhelm 159
Donatello 204
Donner, Johann Jakob Christian 176
Dorner, August Johannes 16
Dresden 9, 11, 20, 165, 167, 172, 183
Duquesnoy, François: Manneken-Pis 179
Dyck, Anton van 95

Edda 9, 158
Eloesser, Arthur 166
Emerson, Ralph Waldo 120, 178
Ennius 158
Erdmann, Gustav 163
Ernst, Paul 191
Euripides 136

Fiesole 53ff.
Finsteraarhorn 147
Fischer, Samuel 195, 213
Flammarion, Camille 18, 161
Florenz 40, 50–69, 73, 160, 163, 166, 168, 172, 174, 184, 202f., 208, 210f.
–, Certosa 50, 168
–, Loggia dei Lanzi 168
–, Lungarno 52
–, Michelangelo-Haus 52f., 57
–, Palazzo Pitti 210
–, Palazzo Vecchio 167
–, Piazza della Signoria 51
–, Piazza Manin 52
–, Piazza S. Francesco 55

–, Piazzale Michelangelo 51
–, Uffizien 61
–, –, Apollino 170
–, –, Doryphorus 62, 170
–, –, Ganymed 61, 170
–, –, Merkur 61, 170
–, –, Nerone Fanciullo 62, 170
–, –, Pan und Daphnis 170
–, –, Schlafender Hermaphrodit 170
–, Viale dei Colli (Hügelstraße) 50f., 54ff.
Fontane, Theodor 38, 166
Fouqué, Friedrich, Baron de La Motte: Undine 198
Frankfurt am Main 150
Franz Joseph I., österr. Kaiser 162
Franziskus, der heilige 11
Frenzel, Karl 196
Friedrich Christian, Kurfürst von Sachsen 173
Friedrich II., König von Preußen 174
Friedrich III., röm.-dt. Kaiser 12f.
Fritze, Ludwig 180
Fulda, Ludwig 195, 206
–, Der Sohn des Kalifen 89, 174
–, Der Talisman 192
–, Das verlorene Paradies 192

Galluzzo 168
Gaul, August 171
Geiger, Ludwig 176
Genua 38, 172
George, Stefan 170, 211
Gimnig, Oskar 36
Gleichen, Graf von 10, 159
Glossy, Karl 165
Goldoni, Carlo 25f., 164

224

Goethe, Johann Wolfgang von 21, 33, 37, 41f., 56, 65, 76, 81, 83f., 86, 90f., 98ff., 102–106, 112, 121, 163, 168, 174f., 177, 211, 217f.
–, Benvenuto Cellini 168
–, Dichtung und Wahrheit 101, 177
–, Der ewige Jude 172
–, Faust 26, 30, 32, 95, 102f., 105, 135f., 164f., 173, 175f., 188, 198, 205, 216, 218
–, Iphigenie auf Tauris 58, 78, 217
–, Italienische Reise 39, 100, 165f., 177, 217
–, Prometheus-Fragment 21, 90, 162
–, Torquato Tasso 58, 134f., 217
–, West-östlicher Divan 42, 111
–, Wilhelm Meisters Lehrjahre 168
Grautoff, Otto 206
Graz 19f., 162, 183
Greiner, Otto 70, 171

Hagen, Friedrich Heinrich von der 16, 161
Hanstein, Adalbert von 193
Harden, Maximilian 177, 196f.
Hardt, Ernst 167, 169
Hartmann, Ernst 36
Hass, Hans-Egon 163
Hauptmann, Benvenuto 168
Hauptmann, Carl (Bruder; C.) 109, 138f., 180f.
Hauptmann, Eckart (Ecke) 9, 159
Hauptmann, Georg (G.) 139, 181

Hauptmann, Gerhart: Werke
–, Das Abenteuer meiner Jugend 163, 168, 171, 176
–, Der arme Heinrich 161
–, Buch der Leidenschaft 156, 159f., 170ff., 178f., 202, 214
–, Einsame Menschen 176f.
–, Einsichten und Ausblicke 158, 160f., 163, 165, 175, 180ff.
–, Florian Geyer 200, 213
–, Fuhrmann Henschel 175
–, Goethe 174
–, Gudrun 161
–, Hanneles Himmelfahrt 76, 100f., 175, 177, 191
–, Im Wirbel der Berufung 182
–, Jesus von Nazareth 167, 174, 215
–, Jesus-Studien 167
–, Der Ketzer von Soana 181f.
–, Die Kunst des Dramas 176ff., 180
–, Kynast 161
–, Das Märchen 172
–, Marginalien 160f., 164, 169
–, Das Mediceergrab 169
–, Der Narr in Christo Emanuel Quint 167, 215
–, Die Nibelungen 161
–, Die Pietà 172
–, Raoul Markuse 169
–, Rose Bernd 175
–, Der Schuß im Park 159
–, Sittulhassan (Der Kalif) 24, 159f., 162f., 164–167, 173f., 179f., 207, 209, 215
–, Tintoretto 164
–, Und Pippa tanzt! 165f.
–, Der Venezianer 160, 163,

165, 167, 172, 174, 178, 181, 204
–, Die versunkene Glocke (La Cloche engloutie) 36, 89, 91ff., 102, 106, 133, 150, 166, 170, 174f., 177, 182f., 191f., 196–200, 213
–, Vor Sonnenaufgang 133, 173, 180, 190
–, Wanda 169
–, Die Weber 100f., 173, 175, 177, 191f., 196f., 199
–, Winckelmann 159, 172f., 179
–, Zweites Vierteljahrhundert 166
Hauptmann, Ivo 21, 137, 163
Hauptmann, Klaus 16, 161
Hauptmann, Marie, geb. Straehler (Mutter) 123
Hauptmann, Marie, geb. Thienemann (Maus; M.) 11, 13, 36, 78, 87, 137, 160, 165, 172, 174, 180, 200f.
Hauptmann, Martha, geb. Thienemann 180
Hauptmann, Robert (Vater) 62, 170
Haza-Müller, Sophie 182
Hebbel, Friedrich 90
Heilmeyer, Alexander 169
Heimann, Moritz 159f., 169, 175f., 213
Heliodor: Pan und Daphnis 170
Henning, Max 178, 204
Herder, Johann Gottfried 93
Herkulanum 126, 163, 179
Hermand, Jost 199
Hérold, André-Ferdinand 175
Hildebrand, Adolf von 51, 55ff., 168f., 187, 210
–, Luna 57, 169

Hofmann, Georg Martin 33
Hofmann, Ludwig von 70f., 171
Hofmannsthal, Hugo von 195, 211, 217f.
–, Das Märchen der 672. Nacht 206f.
–, Der Tod des Tizian 209
Hölderlin, Friedrich 87
Hollaender, Felix 89, 174
Holz, Arno 173
–, Die Familie Selicke 173
–, Traumulus 187
Humperdinck, Engelbert: Hänsel und Gretel 192

Ibsen, Henrik 93, 98, 103f., 106, 135, 177, 194
–, Rosmersholm 176
Iffland, August Wilhelm 177

Jena 55, 113, 169, 201
Jerschke, Oskar: Traumulus 187
Jesus Christus 14, 27, 33, 38, 47f., 76, 82, 91, 148, 164, 167, 172
Joseph, Sohn Jakobs 10, 130

Kainz, Josef 174
Kalidasa: Malavika und Agnimitra 180
Kelchner, L. 161
Kempner, Friederike 121
Kierkegaard, Sören 16, 161
Klarmann, Adolf D. 182
Klein-Machnow 122
Kleist, Heinrich von 99, 102ff., 106, 145, 177,
–, Penthesilea 98
–, Prinz Friedrich von Homburg 145, 182
–, Robert Guiskard 99, 162

Kleist, Ulrike von 145
Klemm, Frederick A. 182
Klimsch, Fritz 171
Klinger, Max 10, 171
Kollwitz, Käthe 171
König, Leo von 171
Konstanz 183f.
Der Koran 60, 112, 130, 169, 180
Kraus, Karl 217
Küsnacht 201

Labenwolf, Pankraz 179
Lachmann, Karl 16, 161
Lämmert, Eberhard 218
Lederose 168
Leistikow, Walter 171
Leonardo da Vinci: Das Abendmahl 133
Leoncavallo, Ruggiero 165
–, I Pagliacci 31
Leopardi, Giacomo 61
Lerch, Niklas 12
Lessing, Gotthold Ephraim 103f., 106, 177
Lessing, Julius 159, 172f., 179
Lewinsky, Josef 36
Liebermann, Max 171
Ligornetto 140, 181
Lodi 182
Lohnig 168
Ludwigshafen 183f.
Lugano 57, 180
Lugné-Poe, Aurélien-François 175
Lunatscharski, Anatoli 199
Luther, Martin 81, 130, 144
Luzern 172, 183f.

Machatzke, Martin 176
Magdeburg 158
Mailand 133, 150, 172, 182, 184

Mamroth, Fedor 183
Mangold, Anton 177
Mangold, Valerie 177
Mann, Heinrich 190, 206, 211
–, Der Untertan 187
Mann, Thomas 205, 211
–, Lotte in Weimar 218
–, Der Tod in Venedig 212
Mansuelli, Guido A. 170
Maria 33, 82
Marschalk, Margarete (Gr.; M. G.; G. M.; M.) 13, 79, 113, 122, 152, 159f., 162, 164f., 169, 173ff., 178, 183, 199, 201f.
Mascagni, Pietro 165
–, Cavalleria Rusticana 31
Maeterlinck, Maurice: La Princesse Maleine 194
Maximilian, Erzherzog von Österreich 162
Medici 59, 61, 65f.
–, Cosimo I. 51
–, Giuliano I. 58f., 65, 67, 171
–, Lorenzo, Il Magnifico 58f., 65ff., 171
Mehring, Franz 197
Meier-Graefe, Julius 210
Melano 147
Mendrisio 133, 146, 181f., 184
Menzel, Adolph von 38, 49, 192
–, Der Markt von Verona 167
Meta 107
Michelangelo 37f., 52f., 55, 57, 62, 64f., 66f., 70, 86, 90, 100, 129, 171f., 174, 212
–, David 51, 167
–, Dichtungen (Gedichte) 87f., 119f., 174, 178
–, Moses 69, 90

–, Pietà 69, 74, 79–84, 90
–, Sagrestia Nuova (Mediceergräber) 57–67, 90, 169f., 208
–, Sixtinische Kapelle 69f., 74
Miramare 20ff., 162
Mitterwurzer, Friedrich 60
Mohammed 38, 130f.
Monte Generoso 146f., 182
Monte Rosa 147, 182
Monte Viso 182
Möser, Justus 9, 158
Müller, Adam 145
Müller, Irmgard 175, 177
Mueller, Otto 171
Muller, Siegfried H. 175
München 178

Nabresina 22, 162f.
Napoleon I. 22, 48, 141, 181
Neapel 40, 73, 107, 127, 162, 166, 172, 184, 206
–, Museum (Nationalmuseum) 124, 179
–, –, Narzissus 124, 179
–, –, Satyr mit Schlauch 125f., 179
–, –, Tanzender Faun (Satyr) 125, 179
Neoptolemus 9, 158
Nibelungen-Lied 16, 161
Nietzsche, Friedrich 213
Nikolaus II., Zar 161
Nizza 20
Nürnberg 125ff., 152, 184, 188
–, Dürer-Haus 57
–, Gänsemännchen(brunnen) 125, 179
–, Der Schöne Brunnen 179
–, Sebaldusgrab s. Peter Vischer

–, Tugendbrunnen 125, 179

Orlik, Emil 171
Oxford 40, 166

Palladio, Andrea 33, 37, 39, 165
Paris 91–95, 100ff., 175, 177, 200
Paestum 163
Perugia 124, 127f., 130f., 181, 184
Perugino 37
Piazza, Paolo 165
Pizzo dei Tre Signori 182
Ploetz, Alfred 130, 180, 200
Pobedonoszew, Konstantin Petrowitsch 16, 161
Poe, Edgar Allan 175
Polybius 93
Polyklet: Doryphorus 170
Pompeji 111, 163, 179
Posilip 75
Positano 107f.
Prajano 109
Praxiteles 65, 170

Raffael 37, 43, 58, 62, 80
–, Madonna della sedia 210
–, Stanzen im Vatikan 70
Rehm, Walther 176
Reichart, Walter A. 161
Reinhold s. Devrient-Reinhold
Richter, Ludwig 128
Rilke, Rainer Maria 202f., 211
–, Florenzer Tagebuch 202
Rizzo, Antonio 164
Robert-tornow, Walter 174, 178
Rodenberg, Julius 172
Rodin, Auguste 187

Rom 40, 55, 68–71, 73f., 160, 163, 166, 171, 177, 184, 206, 211
–, Appische Straße 70
–, Corso 68
–, Monte Pincio 171
–, Peterskirche 90
–, Scala Santa 25, 30, 164f.
–, Via degli Incurabili (S. Giacomo) 69, 171
–, Via Flaminia 68
Römpler, Alexander 36
Rothenburg 127
Rovio 132, 134, 136, 138, 140, 143, 145–149, 182, 184
Rubens, Peter Paul 95f.

Salerno 107f.
Sammicheli, Michele 48
Sansovino, Jacopo 164
Scala, Can Signorio della 49
Scheuer, Helmut 173
Scheyer, Ernst 168
Schiller, Friedrich von 21, 102ff., 177
–, Die Braut von Messina 99
–, Don Carlos 102
–, Kabale und Liebe 17f.
–, Wallenstein 102
–, Wilhelm Tell 102
Schlaf, Johannes 87, 173f.
–, Die Familie Selicke 87, 173
–, Frühling 87, 173
–, Meister Oelze 87, 173
Schlegel, August Wilhelm von 101f., 170
Schleiermacher, Friedrich 10, 159
Schlenther, Paul 166, 173
Schmidt, H. Ernst 160, 171
Schnitzler, Arthur 195
Schönchen, Amalie 36
Schöne, Hermann 36

Schratt, Katharina 36
Schreiberhau 172
Schrempf, Christoph 16
Semmering 19f., 162
Shakespeare, William 21, 85, 90, 97, 101–104, 106, 136, 162, 173, 177
–, Hamlet 119, 170
Siena 40, 166
Sigfussen, Sämund 9
Simon, Ferdinand 201
Singer, Paul 216
Sophokles 136
Sorma, Agnes 174
Sorrent 97, 107, 127, 160, 163, 184, 207
–, Cocumella 71–77, 123, 172, 178, 184
Speidel, Ludwig 106, 177, 198
Spiro, Eugen 171
Spoleto 127
Stahr, Adolf 180
Steiger, Edgar 189
Stendal 100
Straehler, Adolf 62
Striegau 168
Strindberg, August 119
Ströbel, Heinrich 197f.
Sudermann, Hermann 192
Swedenborg, Emanuel von 130, 179

Taine, Hippolyte 40ff., 58–61, 63, 65, 67, 93
–, Voyage en Italie 166f., 169f.
Tasso, Torquato 122
–, Das befreite Jerusalem 179
Tausendundeine Nacht 12, 19, 109, 114, 118, 159, 178, 204, 206f., 208f., 212
Tetschen 16

Thienemann, Olga 172
Thimig, Hugo 36
Thorel, Jean 93, 96, 175
Thouret, Georg 174
Tieck, Ludwig 101f., 170
Tintoretto 30, 36f., 164
–, Der heilige Markus befreit einen Sklaven 37, 166
Tivoli 69f.
Tizian 25, 30, 34, 36f., 41, 48, 62, 130
–, Assunta 37, 166
–, Der heilige Markus und vier andere Heilige 35
–, Himmlische und irdische Liebe 69
–, Tempelgang Mariä 37
Tolstoi, Leo 103f., 106, 177, 194
–, Die Macht der Finsternis 103
Torre del Greco 75
Triest 20ff., 78, 162, 172, 183
Troja 158

Ullmann, L. 169

Vahlen, Johannes 158
Vela, Vincenzo 57, 140ff., 169
–, Napoleon I. 141, 181
–, Spartacus 141, 181
Venedig 22–49, 69, 127, 159, 162ff., 165ff., 172, 183, 205, 211f.
–, Accademia di Belle Arti (Akademie) 37, 166
–, Arsenal 48
–, Cà d'Oro 48, 167, 204
–, Campo S. Bartolomeo 164
–, Canale di S. Marco 34
–, Dogenpalast (Palazzo Ducale) 26, 29f., 34, 45

–, –, Scala dei Giganti 30, 164
–, –, Scala d'Oro 30, 84, 164f.
–, Großer Kanal (Canal Grande) 28, 40, 43, 48, 167
–, Kirchen:
–, –, Il Redentore 33, 165
–, –, S. Giorgio Maggiore 33f., 165
–, –, S. Marco 24ff., 34, 45, 208
–, –, S. Maria della Carità 37
–, –, S. Maria della Salute 35
–, –, S. Maria Gloriosa dei Frari 48, 166
–, –, SS. Giovanni e Paolo 48
–, Lido 27, 35
–, Laguna morta 27, 164
–, Markusplatz (Piazza) 24f., 27, 29, 43f., 49, 73
–, Markusturm 27
–, Merceria 164
–, Palazzo Grimani 48
–, Piazzetta 34, 48
–, Procuratie Nuove 49
–, Rialto-Brücke 164
–, Riva degli Schiavoni 29
–, S. Michele 208
–, Seufzerbrücke 43
–, Teatro Rossini 31, 165
Verona 49f., 125, 183f.
–, Arena 49
–, Giardino Giusti 49, 167
–, Skaliger-Gräber 49
Veronese, Paolo 30, 36f., 39, 41
–, Gastmahl im Hause Levis 37, 44–47, 166, 212
Verrocchio, Andrea: Reiterstatue B. Colleonis 48
Versailles 181
Vesuv 75, 107, 111, 163
Vischer, Peter 13, 64f., 83, 105f., 179

–, Sebaldusgrab 24f., 30, 49, 63f., 105, 175, 188, 205
Voigt, Felix Alfred 163

Wagner, Richard 77f., 90, 172
Weimar, Karl S. 182
Weisert, John J. 159
Whitman, Walt 10, 87, 173f.
Wieland, Christoph Martin 101
Wien 11ff., 16, 20, 29, 36, 89, 162, 165, 172, 177, 183, 198
–, Stephansdom 14, 16
–, –, Grabmal Kaiser Friedrichs III. 12f.
Wilde, Oscar 170
Wilhelm I. 187
Wilhelm II. 187ff., 191, 193, 201
Wille, Eliza 172
Wilm, Bernhard 168

Winckelmann, Johann Joachim 10, 56, 80, 93, 100, 117, 142, 211
–, Gedanken über die Nachahmung 129
–, Geschichte der Kunst des Altertums 78, 81, 159f., 172f.
–, Von der Grazie in den Werken der Kunst 159f.
Wölfflin, Heinrich 169, 171
Wolzogen, Ernst von 198
Wurzelbauer, Benedikt 179

Xerxes 98

Zarncke, Friedrich 16, 161
Zenge, Wilhelmine von 182
Ziesche, Rudolf 155
Zola, Émile 93, 194
Zürich 150f., 172, 183f., 194, 201

Für diese Ausgabe stellte die Staatsbibliothek
Preußischer Kulturbesitz, Berlin, den Gerhart-Hauptmann-Nachlaß
zur Verfügung
© 1976 by Verlag Ullstein GmbH, Frankfurt am Main · Berlin · Wien,
Propyläen Verlag
Satz und Druck: Poeschel & Schulz-Schomburgk, Eschwege
Printed in Germany 1976

CIP-Kurztitelaufnahme der Deutschen Bibliothek

Hauptmann, Gerhart
Italienische Reise 1897 [achtzehnhundertsieben-
undneunzig]: Tagebuchaufzeichn. / hrsg. von
Martin Machatzke. – Berlin: Propyläen, 1976. –
ISBN 3-549-05572-2